ライブラリ 経済学15講 APPLIED編 ❶

公共経済学15講

佐藤 主光 著

Fifteen Lectures on
Public Economics

新世社

編者のことば

　『ライブラリ 経済学15講』は，各巻は独立であるものの，全体として経済学の主要な分野をカバーする入門書の体系であり，通年2学期制をとる多くの大学の経済学部やそれに準じた学部の経済学専攻コースにおいて，いずれも半学期15回の講義数に合わせた内容のライブラリ（図書シリーズ）となっている．近年では通年4学期のクォーター制をとる大学も増えてきているが，その場合には，15講は講義数を強調するものではなく，講義範囲の目安となるものと理解されたい．

　私が大学生のころは，入学後の2年間は必修となる語学や一般教養科目が中心であり，専門科目としての経済学は，早目に設置・配当する大学においても，ようやく2年次の後半学期に選択必修としての基礎科目群が導入されるというカリキュラムだった．一般教養科目の制約が薄れた近年は，多くの大学では1年次から入門レベルの専門科目が開講されており，学年進行に合わせて，必修科目，選択必修科目，選択科目といった科目群の指定も行われるようになった．

　系統だったカリキュラムにおいて，本ライブラリは各巻とも入門レベルの内容を目指している．ミクロ経済学とマクロ経済学の基本科目，そして財政学や金融論などの主要科目は，通常は半学期15回で十分なわけではなく，その2倍，3倍の授業数が必要なものもあろう．そうした科目では，本ライブラリの内容は講義の骨格部分を形成するものであり，実際の講義の展開によって，さまざまに肉付けがなされるものと想定している．

　本ライブラリは大学での講義を意識したものであるのは当然であるが，それにとどまるものでもないと考えている．経済学を学んで社会に出られたビジネスパーソンの方々などが，大学での講義を思い出して再勉強する際には最良の復習書となるであろう．公務員試験や経済学検定試験（ERE）などの資格試験の受験の際にも，コンパクトで有効なよすがになると期待している．また，高校生や経済学の初心者の方々には，本ライブラリの各巻を読破することにより，それぞれの分野を俯瞰し，大まかに把握する手助けになると確信している．

　このほかの活用法も含めて，本ライブラリが数多くの読者にとって，真に待望の書とならんことを心より祈念するものである．

浅子　和美

はしがき

　本書は，公共経済学の基本的概念を解説し，さらに近年注目されているメカニズム・デザイン，コミットメント問題，EBPM（エビデンスに基づく政策形成），行動経済学などからのアプローチも紹介した新しいスタイルのテキストである。読者が市場経済における政府の役割に関する経済学的分析を学びながら，様々な政策の問題について論理的に考え，説明できるようになることが本書の目的である。

　社会の少子高齢化，所得（貧富）格差の拡大，経済のグローバル化など今世紀の日本は新たな社会・経済の課題に直面している。経済学はこうした課題に取り組む上で有用なツールとなる。とはいえ，経済学の理論は一見，抽象的・現実離れしているように思われるかもしれない。しかし，複雑な現実をそのまま見ていても，問題の本質は理解しようがない。問題と直接関わらない件は捨象・簡単化し，問題の本質を抽出することで結論に「汎用性・普遍性」を持たせるのが経済学の特徴である。

　他方，日本では従前，実務などの経験が尊重される傾向があった。しかし，経験はそのままでは第三者にとって全く役に立ちようがない。実際，誰かの成功談をそのまま実践しても同じ成功することはない。そもそも，1960年代の高度成長期や80年代のJapan as Number Oneの時代（今の若い世代には信じられないだろうが，日本経済が米国を超えると思われたときがあった）の経験談が，低成長や人口減少，財政赤字を抱え込んだ今世紀に日本の現実に当てはまることなどありえない。抽象化（＝経済モデル化）のフィルターを通すことで個人の属性や時代の運・不運を取り除いて普遍的な原理を導くことが出来るのである。

　また，いまはネット上で情報こそ多いが，情報＝知識ではない。情報を読み解き正しく理解する術がネット社会だからこそ不可欠だ。経済学の特徴はエビデンス（＝実態把握）とロジック（＝論理）に基づくことにある。他方，

人は往々にして経済・社会の「実態」よりこうあるべきだという「理念」や，「論理」よりこうあって欲しいという「願望」に左右されがちである。社会における人々の「支え合い」は道徳的には全く正しい。しかし，そのために働いている人からむやみに高い税を取り，働けない（働かない）人に手厚い給付をするならば，前者＝支え手を疲弊させ，勤労の意欲（＝誘因）までも損ねかねない。実際，年金・医療等社会保障などは「世代間の支え合い（助け合い）」こそ美しい「理念」だが，その「実態」は社会保障の財源＝社会保険料を支払う勤労（若年）世代の負担を高めてきた。

　日本は既に1,000兆円を超える公的（国・地方の）債務を抱えている。財政の持続可能性を懸念する向きもある一方，経済成長さえすれば，（応じて税収も増えるから）問題はないという主張もある。確かに経済が成長すれば財政問題は解決するかもしれない。しかし，問われるべきは今の日本にかつての高度成長の実力が残されているか否かだ。「高成長が実現すれば……」は「願望」であって，日本経済の現実から「論理」的に導かれるものではない。鬱陶しく思われるかもしれないが，19世紀の経済学者のアルフレッド・マーシャルの言葉を借りれば必要なのは「暖かい心と冷静な頭」である。社会・経済を良くしたいという「暖かい心」を抱きつつも，現実に向き合う「冷静な頭」が求められる。

　無論，本書は現実の経済・社会の課題に対して具体的な処方箋を与えるものではない。むしろ，読者がこれらの課題を（著名人の意見のコピーでもなく，ネットの情報などに振り回されることもなく）自ら「考える」ためのツールを提供することを目的とする。その役に立てば幸いである。経済学を学ぶ学生のみならず，医療，労働，教育など公共政策の問題について論理的に考える必要性を感じている，広い領域の読者に本書が読まれることを期待している。

2017年9月

佐藤　主光

目　次

第1講　政府の役割と市場の失敗　　1

1.1　政府と市場 ———— 1
1.2　公共経済学の考え方 ———— 2
1.3　評価の多面性 ———— 4
1.4　市場の失敗 ———— 7
1.5　政府の役割 ———— 12
1.6　本講のまとめ ———— 18

Active Learning ———— 18
　理解度チェック／調べてみよう／Discussion
文献紹介 ———— 19

第2講　外部性の理論　　20

2.1　「外部性」入門 ———— 20
2.2　外部性と効率性 ———— 24
2.3　外部性問題の応用 ———— 27
2.4　外部性の矯正 ———— 29
2.5　本講のまとめ ———— 37

Active Learning ———— 38
　理解度チェック／調べてみよう／Discussion
文献紹介 ———— 38

第3講　公共財理論　　39

- 3.1　公共財とは何か────── 39
- 3.2　公共財と「市場の失敗」────── 42
- 3.3　準公共財の理論────── 47
- 3.4　実験経済学の視点────── 51
- 3.5　本講のまとめ────── 55

Active Learning────── 56
　理解度チェック／調べてみよう／Discussion

文献紹介────── 56

第4講　公共選択論　　57

- 4.1　公共選択論入門────── 57
- 4.2　民主的政治決定過程────── 61
- 4.3　政府の失敗────── 67
- 4.4　本講のまとめ────── 72

Active Learning────── 73
　理解度チェック／調べてみよう／Discussion

文献紹介────── 73

第5講　情報の非対称性　　74

- 5.1　悪貨は良貨を駆逐する────── 74
- 5.2　非対称情報と逆選抜────── 76
- 5.3　保険とモラルハザード────── 80
- 5.4　医療とモラルハザード────── 83
- 5.5　スクリーニングとシグナリング────── 86
- 5.6　本講のまとめ────── 90

Active Learning────── 91
　理解度チェック／調べてみよう／Discussion

文献紹介────── 92

第6講　租税の経済効果　　93

- 6.1 税金入門 ———— 93
- 6.2 税の誘因効果 ———— 98
- 6.3 家計の労働・貯蓄選択と課税 ———— 102
- 6.4 「税等価」という考え方 ———— 106
- 6.5 本講のまとめ ———— 109

Active Learning ———— 110
　理解度チェック／調べてみよう／Discussion

文献紹介 ———— 110

第7講　税の帰着と負担　　111

- 7.1 課税の経済効果 ———— 111
- 7.2 一般均衡の視点 ———— 118
- 7.3 社会保険料の帰着 ———— 123
- 7.4 国際課税の諸問題 ———— 125
- 7.5 本講のまとめ ———— 130

Active Learning ———— 131
　理解度チェック／調べてみよう／Discussion

文献紹介 ———— 131

第8講　望ましい税制に向けて　　132

- 8.1 課税のコスト ———— 132
- 8.2 次善（セカンドベスト）という考え方 ———— 137
- 8.3 ラムゼー・ルール ———— 141
- 8.4 生産効率性 ———— 143
- 8.5 本講のまとめ ———— 149

Active Learning ———— 150
　理解度チェック／調べてみよう／Discussion

文献紹介 ———— 151

第 9 講　最適課税論　　152

- 9.1　なぜ再分配か？ ── 152
- 9.2　社会厚生関数 ── 155
- 9.3　最適所得税理論 ── 157
- 9.4　最適所得税の一般化 ── 160
- 9.5　Atkinson=Stiglitz 命題 ── 163
- 9.6　資　本　課　税 ── 166
- 9.7　本講のまとめ ── 170

Active Learning ── 171
　理解度チェック／調べてみよう／Discussion

文献紹介 ── 172

第 10 講　メカニズム・デザイン　　173

- 10.1　メカニズム・デザインとは？ ── 173
- 10.2　公　共　財 ── 176
- 10.3　契約（政府調達等） ── 180
- 10.4　オークション・メカニズム ── 183
- 10.5　複数財オークションへの応用 ── 187
- 10.6　本講のまとめ ── 190

Active Learning ── 191
　理解度チェック／調べてみよう／Discussion

文献紹介 ── 191

第 11 講　コミットメント問題　　192

- 11.1　時間整合性問題入門 ── 192
- 11.2　資本（利子）所得課税 ── 197
- 11.3　ソフトな予算制約 ── 201
- 11.4　なぜコミットできないのか？ ── 203
- 11.5　本講のまとめ ── 207

Active Learning ── 208
　理解度チェック／調べてみよう／Discussion

文献紹介 ── 208

第 12 講　公共部門の効率化　209

- 12.1 公共部門の効率性 —— 209
- 12.2 効率性の測定 —— 212
- 12.3 新しい公共経営の考え方 —— 216
- 12.4 PFI の課題 —— 221
- 12.5 本講のまとめ —— 225

Active Learning —— 226
　理解度チェック／調べてみよう／ Discussion
文献紹介 —— 226

第 13 講　財政赤字と財政再建　227

- 13.1 財政政策の効果？ —— 227
- 13.2 構造改革＝成長戦略 —— 230
- 13.3 財政の持続可能性 —— 232
- 13.4 財政赤字の経済学 —— 238
- 13.5 本講のまとめ —— 243

Active Learning —— 244
　理解度チェック／調べてみよう／ Discussion
文献紹介 —— 244

第 14 講　EBPM という視点　246

- 14.1 エビデンスで考える —— 246
- 14.2 見える化 —— 250
- 14.3 分析としての EBPM —— 252
- 14.4 ランダム化比較実験（RCT） —— 256
- 14.5 本講のまとめ —— 260
- 補論　計量的手法 —— 261

Active Learning —— 264
　理解度チェック／調べてみよう／ Discussion
文献紹介 —— 265

第15講 行動経済学で考える　266

- 15.1 人間≠経済合理人 —— 266
- 15.2 不合理な人間の意思決定？ —— 269
- 15.3 行動経済学の応用 —— 273
- 15.4 ナッジ＝行動経済学の実践 —— 276
- 15.5 本講のまとめ —— 281

Active Learning —— 282
　　理解度チェック／調べてみよう／Discussion
文献紹介 —— 283

索　引　285

第1講 政府の役割と市場の失敗

■ 機会コスト,規範と実証,公平,効率といった公共経済学の基本的な概念を導入した上で,政府の役割として「市場の失敗」の矯正を取り上げる。また,この失敗の矯正を含む財政の機能として資源配分機能,所得再分配機能,経済安定化機能を紹介する。

1.1 政府と市場

■ 公共経済学とは？

「公共」と「経済学」はぱっと結びつかないかもしれない。「経済学」といえば,資本市場や労働市場など市場メカニズムを学ぶ学問で公共部門に馴染みにくいと感じる読者もいるだろう。あるいは,「公共」と冠することから政府(公共部門)に特化した学問,あるいは公共の福祉を重視して弱肉強食の市場原理に対抗する学問といった印象を持つ人も多いかもしれない。

しかし,公共経済学は,そのいずれでもない。政府のことだけを学ぶわけでも,市場経済にとって代わることを目指しているわけでもない。

確かに市場原理は完全ではない。リーマンショック(2008年9月15日)に始まる金融危機は市場原理の脆さ(不安定さ)を露呈した。加えて非正規社員,ワーキング・プアなど若年層を中心に拡がる貧困など所得格差の拡大への懸念も高まっている。また,市場の自由化や規制緩和が進めば,結果として格差が大きくならざるを得ないかもしれない。だからといって,自由化・規制緩和が望ましくないのではなく,格差を是正するための福祉など,再分配といった公共政策の充実が要請されると考えるのが正しいだろう。

■ 政府と市場

　政府に求められているのは，経済の計画化，ちょっと古い言葉を使えば社会主義化ではなく，経済の安定化や格差の是正など市場メカニズムでは自律的にできないことを担う役割（後述する「市場の失敗」を矯正して，市場原理を健全化すること）である。なお，市場が健全に機能しないから，政府部門の方が優位とは限らない。

　しばしば，市場経済を批判する論者は格差や環境破壊など市場原理の欠点をあげつらう。逆に市場原理を重視する論者は予算のばら撒きや無駄使いなど政府の問題を取り上げる。しかし，「市場の失敗」は「政府の成功」と同義ではない。逆もしかり。

　そもそも，市場経済と公共政策は切り離して考えることはできない関係にある。例えば，法人企業に対する課税の強化は企業の立地や設備投資，新規事業の実施，ファイナンス，雇用の選択などに影響を及ぼすだろう。

　「儲けている大企業から多く税をとればよい」という主張は一見，社会正義に即していて大衆からの政治的な受けも良いかもしれない。しかし，大企業に対する課税を強化した結果，そうした企業が海外に生産拠点を移したらどうだろうか？　国内では工場や事業所が閉鎖され，そこで働いていた労働者が雇用を失うかもしれない。もし国内で行われていた研究開発や新しい生産拠点も海外に移るならば，経済的損失は計り知れない。

　税に限らず，公共政策に対して，市場経済がどのように反応するか（経済学で学ぶ誘因効果）を理解することなく，その経済的な帰結を適確に予見することはできない。公共経済学は市場経済への正しい理解から始まる。

1.2　公共経済学の考え方

■ フリーランチ（「只飯」）はない

　育児支援として子どもの医療費を無料化する自治体が増えているが，医療機関の窓口での患者負担がゼロになったとしても医療サービスそのものが只で提供できるようになったわけではない。患者家族が支払わない分，自治体

が補助金で穴埋めしているわけで，その経費を税として負担する住民がかかった医療費を肩代わりしているに過ぎない。医療や介護コストに対する公費の割合を高めて，保険料を軽減できたとしても，公費の財源が税である以上，人々は保険料の代わり税という形で負担することになる。

社会保障に限らず政府（国・自治体）の支出の拡充には必ずコストが伴う。受益者本人がその費用を払わないならば，他の誰かが負担を被っているはずだ。財政赤字で賄うならば，負担は将来世代に押し付けられてしまう。経済の資源，政府の財源が限られている以上，どこかで帳尻が合わなくてはいけない。真の「フリーランチ」は存在しないのだ。

経済学にとってのコストは課税・公共サービス提供等を実施したとき，同じ資源を他に投下したら得たであろう「逸失利益」（＝失われた利益）に他ならない。これを機会コスト（機会費用）という。例えば，このテキストを買うことで読者は他の公共経済学のテキストを読む機会を諦めているかもしれない。ランチに中華を食べるならイタリアンなど他の料理を食べる機会を逃している。このようにテキストであれ，ランチであれ何かを選択することは何か他の選択肢を逸していることになる。これらが機会コストにあたる。なお，「何もしない」（現状維持する）ことにも機会コストが伴う。「何かをする」（現状を変える）機会を失っているからだ。こうした機会費用は見えない形で生じるかもしれない。第8講では税の機会コストとして税があることで損なわれた経済活動の価値＝超過負担を学ぶが，このコストは政府の予算にも，課税される企業などの会計にも現れない。

■ 規範分析と実証（事実解明）分析

公共事業や福祉を含めて政府の果たすべき役割とその実際は異なる。公共経済学では前者を規範分析として，後者を実証（事実解明的）分析として区別する。

公共経済学は経済の実態を明らかにした上で理論に従い分析，公平・効率の観点から評価して，格差や非効率など課題の解決に向けて政策提言を行う。ここで提言されるのは「あるべき」政策に他ならない。すなわち，環境破壊，市場独占，あるいは所得分配の不平等などいわゆる市場の失敗を是正するた

めの公共政策である。

　ただし，政府の政策の現実が「あるべき」政策に即しているとは限らない。補助金は「ばら撒き」に過ぎないかもしれないし，国の規制は民間企業の主体性・創造力を過度に阻害しかねない。それにも関わらずしばしば公共事業など現行の政策を正当化するために，その規範を強調する向きがある。しかし，現行が規範に即していると考えるべき理由はない。

　ここで重要なのは政策の実態論と規範論のいずれが正しいかではない。経済分析を行う上で，各々に役割がある。現行制度や政策の現状を把握し，理解するには実態論が必要になる。一方，規範分析は現状を評価するためであり，政策提言に方向づけを与えるものである。

■ 理論と実証

　公共経済学は主にミクロ経済学の観点からの「理論」を学ぶ。ただし，統計的手法（計量経済学）と無関係ではない。経済学において理論（モデル）と実証（ここでは計量分析）は互いに補完し合う関係にある。具体的には理論で導かれた仮説を実際のデータを用いて検証したり，あるいは現実に観察される事象（例えば，所得格差の拡大）を理論的に説明したりする。実証（計量）分析については特に**第 14 講**の EBPM（Evidence Based Policy Making；エビデンスに基づく政策形成）において強調していく。

1.3　評価の多面性

■ 評価の観点

　経済分析の評価の視点は多面的である。従って，公共政策や制度改革などで問われるべきは絶対的に正しいかどうかではなく，どの観点からみて正しいか否かということになる。

　こうした評価の視点は①効率と②公平に大きく区別される。このうち効率は資源配分に関わる価値基準であり，公平は所得分配や費用分担の在り方に関わる価値基準となる。この効率，公平のいずれも「社会的」な観点からの

評価であり，中央官庁，政治家など「利害当事者」の視点にはよらない。経済学にとって重要なことは社会の厚生の増進であって，利害当事者の利益ではないからだ。

■ 効 率 性

所定の資源配分が効率的とは厳密には，「誰かの厚生を損なうことなく他の経済主体の厚生を増進するような実行可能な資源配分が他に存在しない」というパレート効率性を意味する。直感的にいえば，限られた資源を最も価値の高い用途に充てた状態を指す。これに関連するが部分均衡分析（1つの財貨・サービス市場のみに着目した分析）では効率性は社会的余剰（＝社会的便益−社会的コスト）の最大化として定義される。最大化し損ねた余剰は効率性のロスとなる。

世間で使われている効率性と経済学における評価としての効率性が異なることに注意してもらいたい。経済学の効率性は生産第一主義，あるいは成長至上主義ではない。経済価値を最も高めるような効率性の追求と営利を求めた商業価値の最大化は異なる。

資源の価値は人々への厚生（効用）水準で測られ，環境破壊・温暖化などは経済活動の社会的なコストとして勘案される。公害を撒き散らしても現在の経済成長を優先させるような政策は経済学的には効率性に適ってはいない。また，効率性とは個々の経済主体ではなく，社会的な観点からの評価である。例えばリストラなど一企業にとっての効率化が社会全体の効率化を意味するわけではない。

なぜ，効率性が大事なのだろうか？ キーワードは資源の希少性である。つまり，利用できる資源，具体的には労働，資本，（土地を含む）天然資源などは限られているからこそ，それを大事に使っていこうというのが効率性の基本的な哲学である。資源を最も必要とされているところ，最も高い経済価値が見出されているところに投下することが効率性の追求に他ならない。

近年，公共部門においても，効率性が強調されるようになった。新保守主義，新自由主義といったイデオロギーの台頭というよりは，財政難の折，限られた予算の有効活用が意識され始めた結果といえよう。

■ 公 平 性

　公平は経済活動の果実としての所得分配などに対する価値基準である。大雑把にいえば，効率性がパイ（余剰＝経済価値）の大きさならば，その分割に関わる価値基準が公平性となる。ただし，効率の「パレート効率性」のような客観的な定義があるわけではなく，個々人の価値観に依拠するところが大きい。

　例えば一口に格差是正といっても，どの程度格差を縮小するのが公平に適っているのかは人によって意見は異なる。完全平等こそ公平という人もいるだろうし，自由主義的な観点から努力の成果に応じた分配こそが公平という人もいる。どちらが正しいかではなく，求める公平の「程度」は価値観に応じて異なるということが重要なのである。とはいえ，そのままでは公平感を織り込んだ分析は難しい。こうした公平感を理論的に定式化したのが「社会厚生関数」である。同関数については第9講で詳述したい。

　公共経済学では公共サービス・社会保障給付の費用分担の在り方でも公平が問われることがある。①所得が高く，税を支払う能力のある個人が多く負担することを公平とみなす向きもあれば，②サービスから享受している受益に対応した支払いが望ましいという見方もある。前者を応能原則という。この原則に従った課税は富裕な納税者が多く税を払い，低所得者の税支払いは低く済むことから，負担を肩代わりする前者から後者への所得再分配を含意する。課税所得とともに税率が引き上げられる累進所得税は，この応能原則に即した課税の典型例である。

　一方，受益に応じた費用分担は応益原則と呼ばれる。公園や生活道路など地域住民が皆等しく享受する公共サービスのコストは皆で等しく負担することが公平に適うという考えである。しばしば，年金・医療など社会保障に関わる世代間の不公平（格差）が問題視される。若い世代は自分たちの支払う社会保険料に見合った年金などの給付を将来的に期待できない。受益と負担の乖離を不公平というのは応益原則の観点からの公平感にあたる。このように公平感は多面的である。

1.4 市場の失敗

■ 神の見えざる手

「神の見えざる手」（厚生経済学の基本定理）として知られるように市場メカニズムが理想的に働くならば，市場均衡として実現する資源配分は効率的になる。

市場経済の優れているところは，①経済主体（家計や企業）の自己利益追求の誘因と整合的であること，これに関連するが②家計のニーズ（選好）や企業の生産技術などに関する情報の自発的な表明を促し，その上で③価格の需給調整機能を通じて数多くの経済主体の選択を調和させることにある。

市場取引に関わる情報（家計のニーズや企業のコスト構造）は自ずと市場の需要関数や供給関数に織り込まれる。誰から求められるまでもなく，あるいは誰かによって集められる（一元化される）までもなく，市場取引の中で自然と顕示される。また，市場参加者は互いに意識して協調するまでもない。価格メカニズムが彼らの需給選択を調整するからだ。誰が意図するまでもなく市場均衡は効率的な資源配分を実現する。

この望ましい帰結を導くのに，我々は誰かの善意や心がけ，調整能力に頼る必要はない。市場原理の下で個人は利己的に振舞うとされる。個人が利己的に振舞うにも関わらず，市場原理は彼らの利害を調和できるのである。同じことを中央政府が集権的・計画的に行おうとしても無理がある。

■ 余剰による説明

図で説明しよう。本テキストでは，しばしば余剰の概念を使って効率性を説明する。私的財，あるいは後に紹介する公共サービスの生産に伴う余剰は便益と費用の差として定義される。

図1-1では，横軸にある財の生産量，縦軸に限界便益と限界費用をとっている。ここで限界とは追加的な財1単位を指す。従って，限界便益であれば現行の消費水準をスタートにして，そこからもう1単位（少しだけ）消費を増やしたときに得る受益（＝満足）の増加となる。限界費用は1単位生産

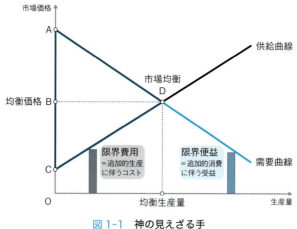

図1-1 神の見えざる手

を増やすことによる費用の増分である。

　一般に，限界便益は消費の増加とともに逓減，限界費用は逓増する（生産コストがかさむ）ことが仮定される。前者は消費の量が少ないほど，財貨は「希少」となって高い価値が見出されることを含意する。財貨の消費や生産には1個，あるいは1グラムといった単位があるが，経済学ではこの単位を一般化して，限界便益や限界費用を消費・生産量の関数として表現することが多い。

　競争的な市場では，家計の効用最大化行動から家計が消費から得る限界便益は需要関数（効用最大化の条件式は価格＝限界便益）に，企業の利潤最大化行動から生産に伴う限界費用は供給関数（利潤最大化の条件式は価格＝限界費用）に織り込まれる。余剰の増減は，限界便益と限界費用の比較による。このことは財が一単位増加することに伴う余剰の変化が

$$\varDelta 余剰 = \varDelta 便益 - \varDelta 費用 = 限界便益 - 限界費用$$

と表されることからも分かるだろう（$\varDelta$は変化分を示す）。限界便益が逓減，限界費用が逓増する性格から，余剰を最大にする生産量は一意に決まる。この点が，余剰を最大化した生産・消費水準となる。

8　第1講　政府の役割と市場の失敗

表 1-1 市場が理想的なための条件と失敗

条　件	含　意	満たされないときの帰結（例）
完全競争	全ての経済主体（企業・家計）は市場価格を与件として行動	独占企業，寡占企業による価格の吊り上げ
情報の対称性	取引に関わる経済主体（買い手と売り手）の間で情報を共有	逆選抜，モラルハザード
外部性の欠如	生産・消費に関わる全ての費用，便益が取引当事者（企業・家計）によって織り込まれている（需要・供給曲線に反映）	環境破壊・公害など外部不経済の発生
私的財の取引	市場で取引されるのは「私的財」としての性格を持つ財貨・サービス	「公共財」の自発的供給に伴う「只乗り問題」

余剰の最大化　⇔　限界便益＝限界費用

　部分均衡分析では効率性＝余剰の最大化として定式化される。市場経済はいわば「神の見えざる手」に導かれるように価格を介して限界便益と限界費用を一致させていることで，効率的な資源配分を実現する。前述の通り，消費者は価格＝限界費用を通じて生産コストを，生産者は価格＝限界便益によって消費者のニーズを知ることができる。ここで価格は情報伝達の役割を果たしている。

　とはいえ市場が理想的なためにはいくつかの条件が満たされてなくてはならない（表 1-1）。さもなければ，市場は失敗しかねない。

　理想的な市場など現実には存在しないのだから，「神の見えざる手」を論じることに意味がないと感じる読者もいるだろう。しかし，経済学において理想化された市場は現実の市場の問題点・課題を理解するためのベンチ・マーク（基準）としての役割を果たす。「市場の失敗」が生じるのは，理想が実現するための条件（のいくつか）が満たされていないからだ。その条件が分かれば，問題の根源と対応策も見えてくる。以下では市場の失敗の例をいくつか取り上げる。

■ 市場の失敗の例１：独占・寡占

　市場が独占ないし寡占状態のとき，（完全競争状態に比して）競争に晒されていない企業は自身の製品の価格を吊り上げて，利益を増やそうとするだろう。消費者の不利益に留まらず，本来（完全競争が実現していたら）より安価により多く提供できるはずの財貨が市場に出回らないことは資源の有効利用（効率性）を損なうという意味で社会全体にとっても望ましくない。

　一般に，①初期投資が大きい，②規模の経済が働く（よって，大企業が競争上，有利になる）など独占・寡占状態になりがちな市場に対しては新規参入の促進，不当な価格の吊り上げへの監視，カルテル（企業間の結託・談合）の禁止等，政府による競争政策が求められる。

■ 市場の失敗の例２：情報の非対称性

　市場経済は消費者主権を原則とする。消費者主権とは消費者にとって何が望ましいかは，消費者自身が最も良く知っており，従って，彼らの選択を最大限尊重すべきという考えだ。ミクロ経済学で学ぶ消費者の効用最大化は，この原則に従う。

　しかし，「消費者主権」が機能するには，消費者が自ら購入する財貨・サービスの品質・効能を正しく理解している必要がある。品質・効能が「偽装表示」されているならば，消費者主権の前提は満たされない。品質への不信は当該財・サービスの価格を低下させるだろう。消費者は質の悪いモノを掴まされるリスクを見越して，低い購入価格を提示するようになるからだ。市場では良質な財貨・サービスが提供されなくなってしまう。この問題は第5講で学ぶ保険市場などにおいて顕著となる。

■ 市場の失敗の例３：外部性

　消費者，企業等，取引の当事者にとっては勘案されない便益や費用が存在しても，これらが市場均衡に反映されることはない。図1-1の需要関数・供給関数が織り込むのは使用参加者らの便益と費用のみだからだ。

　地球温暖化や公害問題などを典型例とする外部性があるとき，社会全体の便益・費用と取引当事者の私的な便益・費用が乖離してしまう。経済成長や

生活の利便性の向上など私的な利益（家計の効用や企業の利潤）の最大化は環境破壊など社会全体の利益を損ねてしまうかもしれない。外部性の問題とその矯正については**第 2 講**で詳述する。

■ 市場の失敗の例 4：公共財

市場で円滑に取引される財貨・サービスの特徴としては，①消費からの受益が消費者個人に排他的に帰結すること（**競合性**という性質），②対価を支払わなくては消費できないこと（**排除可能性**）が挙げられる。

例えば，ピザはある人がそれを食べてしまえば，他の個人が同じピザを食べることはできない。そのピザからの受益は前者のみに帰することになる。無論，対価を支払わずにピザを消費することもできない。

しかし，**公共財**と呼ばれる財貨・サービスにはこれらの性質が当てはまらない。地域のきれいな環境からは，その保全に努力した人々だけではなく，周辺の地域住民も利益を得る。努力した人たちに対価を払うこともない。環境保全からの利益は競合的（排他的）ではなく，かつ（何も貢献しなかった人々を受益から）排除可能でもない。

こうした「非競合的」，「非排除可能」な財貨が市場で自発的に提供されることは考えにくい。皆，誰かがコストを払って提供したものからの受益に**只乗り**しようと思ってしまうからだ。公共財に関わる市場の失敗については**第 3 講**が詳しい。

■ 市場の失敗の例 5：所得分配

そもそも市場均衡で実現する所得の分配が社会的に共有されている公平感に即しているとは限らない。市場メカニズムは「勝ち組」，「負け組」といった形で不公平を生み出しかねない。**格差は市場メカニズムの中で自律的には是正されない**。これも「市場の失敗」の一つである。**格差を是正するには政府の介入が不可欠**となる。ただし，格差を是正するよう課税を強化するなどすれば，経済活動を阻害して成長の機会を損ないかねない。同じ公平を追求するならば，それを最小限のコスト（効率性への阻害）で済ませることが望ましい。これを**次善**（セカンドベスト）という。次善の観点からの再分配の

在り方については**第9講**で学ぶ。

■ 市場の失敗≠政府の成功？

　米国発の経済危機以来，市場（資本主義）経済に対する信認が著しく低下してきた。市場経済に（バブルを招く）マネー・ゲームへの自制や（粉飾決算など）不正を除く自浄作用が働いていないことが明らかになったからだ。

　もっとも，市場経済の弊害（「市場の失敗」）をあげつらうことは政府の介入を正当化しない。政府も選挙目当ての補助金のばら撒きや縦割り行政の官僚主義などの問題を抱えている。

　市場経済に懐疑的な論者は理想的な政府（しばしばケインズ経済学でハーベイ・ロードの前提として知られる良識と能力を備えた政府）を仮定する。逆に，理想的な市場経済を想定して，規制や課税など政府の政策を批判する向きもある。しかし，現実の市場，政府は，いずれも不完全である。政府の失敗は**第4講**で学ぶ通り。

1.5　政府の役割

■ 財政の三機能

　では政府の役割とは何か？　高速道路，公園整備，学校教育，介護サービスなど個別・具体的な政策（事業）を取り上げる前に財政の機能（効）に着目する。その上で，いずれの政策でもって，所定の機能を充足するかを考えるのである。この財政の機能は資源配分機能，所得再分配機能，経済安定化機能からなることが知られている。

1. 資源配分機能

　資源配分は主として市場メカニズムが担うべき役割であるが，前述の「市場の失敗」により，市場によっては効率的な配分が実現しないかもしれない。市場原理に委ねると乱開発や環境破壊が進むようならば，政府による規制が求められるだろう。

　地球温暖化を抑制するには，政府による課税等の手段が必要になるかもし

れない。橋梁や道路など社会インフラなどは，市場では自立的に提供されにくい**公共財**の類である。

　政府は医療や学校教育などそうしようと思えば市場原理に任せることもできる財貨・サービスに対しても資源配分機能を発揮する（公的供給を担う）こともある。受益者に留まらず，社会全体にも（外部）便益を及ぼす，あるいは個々人の選好・価値観を超えて社会的に重要とみなされるような財貨（**メリット財**（価値財）と呼ばれる）の場合などが相当しよう。

　もっとも，政府の資源配分機能とは，企画から財源確保，生産にいたるまで，全て公的に行われなくてはならないことは意味しない。公的供給と公的生産（手段の保有）は異なる。近年ではインフラ・公共施設の建設・管理に民間の資金とノウハウを活用した **PFI**（Private Finance Initiative）が普及している（**第12講**参照）。医療・教育についても，民間の病院や私立の学校に補助金を出したり，規制をしたりする方法がある。

2. 所得再分配機能

　市場メカニズムでは所得格差が自律的に是正されることはない。所得再分配は公共部門が独自に担うべき役割となる。無論，どの程度の格差是正が公平に適うかは人々の価値観によって異なるだろう。

　また，実態として再分配が公平の改善ではなく，政治的な利益（選挙目当て）のために利用される可能性も排除できない。いずれにせよ，この機能をどこまで重視するかは政治的なイデオロギー（保守対革新）や福祉（大きな政府）志向の程度による。

　他方，所得再分配には**保険**としての側面があることにも留意されたい。現在の富裕な納税者などは再分配の財源を負担する側にあたる。しかし，同じ富裕層が将来，職を失くして所得が下がったならば，再分配によって救われるかもしれない。**セイフティーネット**とは，現在の弱者救済のみならず，自身が将来的に弱者になった場合に救済を受けられる保険でもあるわけだ。

　年金保険や医療保険制度も現行の高齢者や患者に対する再分配だけではなく，（現在の若年世代，健康な人々を含めて）誰もが高齢になったときの生活を支える，あるいは病気になったときに費用を賄うものである。

3. 経済安定化機能

　財政にはマクロ経済に対する役割もある。景気の循環はいわば市場経済の新陳代謝ともいえるが、極端な変動は雇用の不安定や経済の先行きへの不安を招くため望ましくない。不況期にはマクロ経済への悲観は消費や設備投資等、有効需要を減退させ、さらなる景気後退を招く悪循環を招きかねない。企業は生産を縮小して雇用を抑えたりする。雇用の悪化は家計の消費を一層低迷させて、需要はさらに落ち込むことになる。これが悪循環となって不景気が深刻になっていく。人々や企業の先行きへの見通し（期待）も悪化し続けることになる。

　景気の変動を緩和する、不況の長期化を防ぐのがマクロ経済安定化機能である。なお、この経済安定化機能は経済成長の促進とは異なることに留意されたい。動学的（ダイナミック）に考えると、（潜在的）成長は一国経済のトレンドであり、景気変動はそのトレンドからの乖離にあたる。前者は規制の見直しやインフラの整備など政府の資源配分機能に関わる。ヒトの体に例えると景気対策は体調管理、経済成長の促進は体質改善にあたろう。

■ 機能と政策

　これらの機能を満たす手段としての具体的な政策は様々である（表1-2参照）。電力やガス等独占産業の料金への許認可（価格規制）は価格の吊り上げなど独占の弊害を除く役割がある。大気汚染など外部不経済（コスト）については排気ガス規制、課税や汚染物質の排出を減じる研究技術開発への補助

表 1-2　機能と政策

機能		政策
資源配分	公共サービス供給	国防、社会インフラ（道路等）、教育、医療、公園など
	規制	環境規制、都市計画、品質規制など
所得再分配		生活保護、所得税、社会保障給付
経済安定化		財政政策（景気政策）、金融政策

金もあり得る。予防接種の普及は外部便益を内部化する政策である。

公的な供給が求められる公共財（**第3講**参照）の具体例としては，国防，治安維持，司法，公衆衛生，道路・橋梁，上下水道等社会資本（インフラ）がある。

所得再分配を担う政策としては累進所得税・相続税のような税制のほか，生活保護や公的年金を含む社会保障制度がある。生活保護を典型とする現金給付の他にも，公営住宅や介護，医療サービスといった現物サービス提供も再分配効果を持つ。中央銀行による金利誘導，貨幣供給量のコントロールなど金融政策や不況期の減税，公共事業など有効需要の喚起（乗数効果）を伴う財政政策は経済安定化機能にあたる。

■ 機能と政策の関係

もっとも政策と機能の間に一対一の対応関係があるわけではない。例えば高所得者から低所得者への所得再分配は累進所得税で高所得者から徴収した税を生活保護で低所得者に移転して初めて実現する。ここでは，累進所得税＋生活保護でもって再分配機能となる。これは複数の政策の組み合わせが一つの機能を果たす例である。

逆に一つの機能に対応する政策が複数存在するかもしれない。地球温暖化策としては，環境税，排出量規制のほか，**第2講**で紹介する通り，排出権の創出と取引市場の整備がある。高齢者の最低限の生活保障としては公的年金制度の基礎年金のほか生活保護もあり得るだろう。

一つの政策が複数の機能を充足することもある。公共事業は生活基盤，産業基盤等社会インフラの整備としてみれば資源配分機能に他ならない。その期待される効果は地域経済の生産性の向上である。

しかし，ケインズ政策として知られるように公共事業は不況期には乗数効果を介して有効需要を喚起するマクロ経済安定化機能を果たす。90年代，景気対策の一環として矢継ぎ早に公共投資の増額が打ち出されている。これには不況期にマクロ経済の底支えをしたと評価する向きがある一方，生産性効果が低いという意味で無駄な公共事業のばら撒きと国・地方の財政悪化をもたらしたとする批判もある。

また，公共事業は地域経済の低迷した地方圏における雇用創出の手段であり，セイフティーネット（所得保障）としての役割を担ってきた。その財源は現在ないし（今期の支出を財政赤字で賄うならば）将来の都市圏の納税者が多く負担する税である以上，公共事業は都市部から地方への「地域間」所得再分配を伴う。

■ 政策評価・判断の難しさ
　政策が複数の機能を持つ場合の政策評価・判断は難しい。資源配分機能の観点からすれば公共事業は生産性の高い地域に重点的に配分されるようメリハリをつけるべきで，経済安定化機能としてみれば景気が一旦上向けば，その役割は終えたことになる。
　しかし，再分配機能としての公共事業は生産性や景気の動向とは別に要請されるものである。資源配分機能としてみれば「無駄な公共事業」であっても，再分配機能からみれば，有用と判断されるかもしれない。であれば，政策ありきではなく，むしろ財政の機能をいずれの政策（手段）でもって充足することが望ましいかが問われなくてはならない。
　前述の公共事業が果たす再分配機能（セイフティーネット）は税制や福祉，職業訓練などでもって代替することも可能かもしれない。政策目的＝地方圏における所得保障は，現行の政策手段＝公共事業を正当化しないのである。再分配を他の政策手段に委ねれば，公共事業の主たる機能を資源配分機能＝社会資本整備におくこともできる。ここで重要なのは所定の目的に対して正しい手段＝政策を講じることである。

■ 大きな政府と小さな政府
　我が国の将来像を巡っては「高福祉・高負担」か「低福祉・低負担」かの選択が議論されている。北欧型の福祉国家を志向する論者は大きな政府を，英米型の市場経済を好む論者は小さな政府を主張する。
　大きな政府は公平重視，小さな政府は効率的といわれることも多い。しかし，政府の規模が小さいから効率的とも，大きいから公平とも限らない。我が国は欧米諸国と比べると政府の規模（対GDP比）は決して大きくはない

図 1-2 政府の規模の国際比較

(図 1-2)。既に小さい政府を実現しているのだ。だが，公共事業のばら撒きなど政府の予算配分の無駄が指摘されることが多い。規模が小さく，(しかも膨大な財政赤字を抱えている現状では) ただでさえ希少な財源を効果的 (効率的) に配分していないということになる。

　また，高福祉・高負担 (大きな政府) を目指すならば，効率を損なうことはやむを得ない。公平と効率との間のトレードオフ (背反関係) は不可避との見解があるが，これも必ずしも正しくはない。同じ所得分配の公平 (所得格差の是正) を追求するにも，それを最も効率的に (あるいは効率性を最大限阻害しないよう) 行う方法を模索する手はある。保育園や介護施設など福祉関連サービスの提供に民間委託等，競争原理を導入するのも，その一つである。はじめからトレードオフを前提にするのではなく，所定の公平を最も効率的に，あるいは効率性の犠牲を最小限にするべく政策・制度を構築していくという考え方があって良い。

1.5　政府の役割　　17

1.6 本講のまとめ

　本講では公共経済学の基本的な概念・考え方を紹介した。真に「無料」の公共サービスはない（「只飯」（フリーランチ）は存在しない）こと，評価の軸が効率・公平と多面的であることを強調した。市場は失敗するとして，その失敗する原因を知るには「理想的」な市場経済をベンチ・マークとして考えることが有用だった。

　現実の市場が失敗するのは理想的な市場経済の前提条件（仮定）が満たされていないからで，そこを矯正することが政策の処方箋となるからである。具体的に政府に求められる機能には「資源配分機能」，「所得再分配機能」，「経済安定化機能」があった。

　繰り返すが政府と市場は互いに補完的な関係にある。政府が市場の失敗を矯正するように，市場が政府の失敗（主に非効率）を矯正することもできる。市場メカニズムを公共部門に適用する試みは後の講で紹介される。

■ Active Learning

《理解度チェック》

- □1　「機会コスト」とは何か，例を挙げつつ，説明せよ。
- □2　公平の基準である，応益原則，応能原則について，その違いに言及しつつ述べよ。
- □3　市場均衡が「効率的」であるための前提条件について整理せよ。
- □4　財政の三機能とは何か，述べよ。

《調べてみよう》

財政の果たしている役割について調べてみよう。
- 財務省HP「財政関係パンフレット」（2017年9月閲覧）
  http://www.mof.go.jp/budget/fiscal_condition/related_data/index.html

《Discussion》

[1]　市場経済における政府（国・自治体）の役割とは何か，環境問題やデフレ不況，少子高齢化，所得格差など具体的な課題を取り上げつつ，考えてみよう。

[2]　大きい政府か小さい政府かの軸ではなく，効率的な政府か非効率な政府かでもって，日本の政府・自治体の現状について考えてみよう。

文献紹介

公共経済学をさらに学んでいくためのテキストとしては以下がある。
- ジョセフ・E・スティグリッツ『スティグリッツ 公共経済学［第2版］（上・下）』藪下史郎（訳），東洋経済新報社，2003年

第 2 講
外部性の理論

■「市場の失敗」の一例として外部性を取り上げる。市場取引に参加する当事者（消費者・企業）によっては考慮されない便益や費用の存在が価格メカニズムを歪めて市場均衡を非効率にすることが示される。この非効率を是正する手段として税の活用，当事者間での交渉，市場の失敗を矯正する新たな市場の創出を紹介する。

2.1 「外部性」入門

■ 外部性とは何か

　一言でいえば，**外部性とは消費者，企業など経済活動を行う当事者にとっては考慮されない利益ないし不利益（費用）を指す**。例えば，企業は，工場から排出される汚水が周辺環境や近隣住民に及ぼす被害を自分らのコストに織り込むことはしないだろう。企業が費用として計上するのは，工場での人件費，利払いや減価償却費など自らの生産に係わるものだ。

　また，通勤や行楽で自動車を運転する個人はガソリン代や高速道路の料金は費用として認識しても，自動車の排気ガスによる大気汚染（ひいては地球の温暖化）までは気にかけないだろう。「自分一人が運転したから大気汚染がひどくなるわけではない」とドライバー各々は思うだろうが，皆が同様の行動をとれば，排気ガスの総量は多くなってしまう。タバコは周りの人に迷惑であっても，喫煙者当人が（喫煙の禁止されている場所や時間帯ではない限り），それを理由に喫煙を控えることはありそうにない。

　工場での生産や自動車の運転，喫煙など経済活動に伴う費用は①**私的費用**

＝当事者が認識するコストと②社会的費用＝周辺環境や第三者を含めて経済（社会）全体に及ぼすコストに区別される。「外部費用」（ないし外部不経済）は社会的費用と私的費用の差にあたる。

費用ではなく便益を伴う外部性もある。インフルエンザなど感染症の予防はそれを受けた当人だけではなく，家族・友人を含めて周辺の人々が感染するリスクを減じる。学校教育で子どもが良い子に育ったら，本人や両親にとって喜ばしいだけでなく，彼らの住む地域コミュニティの安全や発展にも寄与しよう。研究開発など新たな知識の創造は，開発者当人に留まらず，それを活用・応用する後世の人々にとっての利益になるだろう。

ここでは①私的便益＝（予防接種受診者，教育を受けた子ども，研究開発者など）経済活動を行った当人が享受する便益と②社会的便益＝（家族・友人，地域社会，後世の研究者・人々などを含めた）社会全体の見地から評価された便益が異なっている。その差が「外部便益」（ないし外部経済）と呼ばれる。

こうした私的費用（便益）と社会的費用（便益）の乖離は，工場での生産，自動車の運転，予防接種，研究開発など経済活動の水準，一般的にいえば，資源配分の効率性に大きな影響を及ぼすことになる。このように外部性は，「市場の失敗」の典型例である。

■ 市場メカニズムの「歪み」

効率性の視点が重視するのは社会的な費用と便益である。しかし，市場メカニズムが追求するのは，私的な費用と便益の方だ。実際，完全競争の消費財市場について考えると，市場需要に反映されているのは，当該財貨・サービスを購入する消費者当人の私的便益である。ミクロ経済学で学ぶ家計の効用最大化問題によれば需要関数の高さが各消費者の限界便益（限界代替率）に一致する。この限界便益は「私的」限界便益（＝消費者当人が追加的な消費から享受する満足）と言い換えることができる。

一方，完全競争的に振舞う企業は，その供給量を市場価格と限界費用が一致するよう決めることで自身の利潤を最大化する。ここで限界費用とは人件費や投資費用など企業自身が被る私的費用に他ならない。

市場均衡は，この需要関数と供給関数が交わったところで定まる。従って，

均衡価格が反映するのは，消費者の私的限界便益であり，企業の私的限界費用に過ぎない（図 2-1）。

> **均衡条件**：市場の均衡価格＝私的限界便益＝私的限界費用

　市場価格には需給の調整に留まらず，財貨・サービスに対するニーズやコストに関する情報を伝達する機能があった。しかし，市場価格によっては取引当事者が織り込まない外部費用や外部便益に関わる情報は伝えられない。

　生産活動による環境汚染がひどくなっても，（後述するように）政府による課税や規制がなければ，供給関数は以前と変わらない。消費者は環境汚染の費用（＝外部費用）を市場価格から伺うことができない。予防接種など消費に外部便益が伴っていても，それは需要関数の高さには現れない。従って，（多くの人々が感染から守られるなど）社会的な便益が高いにも関わらず，市場での評価（＝市場価格）は低く留まることになる。

■ 均衡と効率の乖離

　部分均衡分析に従えば，資源配分の効率性とは当該財貨・サービスからの「社会的」な便益と「社会的」な費用の差として定義される「社会的」余剰の最大化であり，その条件は社会的限界便益＝社会的限界費用で与えられえる。

　外部性が存在するとき，市場の均衡条件と効率条件は等しくならない。条件式が一致しない以上，当該財貨・サービスの均衡生産水準と効率水準は乖離する。この乖離によって減じられた社会的余剰（＝最大化された社会的余剰－均衡水準の社会的余剰）が効率性の損失である。

　効率水準を基準としたとき，均衡生産水準がこれを超過していれば過剰，逆に下回っていれば過小という。経済学における過剰，過小は感覚的な，あるいは絶対的な評価ではなく，効率水準を基準（ベンチ・マーク）とした「相対評価」であることに気をつけてもらいたい。

　環境破壊等，外部費用は均衡生産水準を（効率水準に比して）「過剰」にする。市場が生産に伴う費用を過少に評価する（社会的費用＞私的費用）からだ。図 2-1（a）にあるように，このとき，効率ロスは△DEF に等しい。効

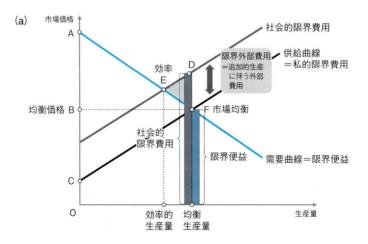

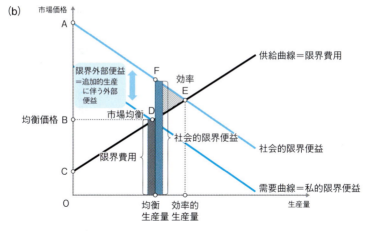

図 2-1 市場均衡と外部性

率水準を超えた部分では、生産拡大による社会的費用の増分が、社会的（ここでは私的と一致）限界便益を上回る。その分、社会的余剰＝便益－費用は減じられていく。△DEF は、この余剰の減少分にあたる。

一方、外部便益があるときの均衡生産水準は効率水準よりも「過小」となる。市場では生産・消費からの便益が低く評価されている（社会的便益＞私的便益）。実際、市場均衡では外部便益分、社会的限界便益が私的限界便益

を超過する。取引当事者らにとっては，均衡水準が好ましくとも，社会的限界便益＞社会的（ここでは私的と一致）限界費用である限り，社会的には生産をさらに拡充することが望ましい。図 2-1 (b) 中の△DEF は市場均衡で実現し損ねた社会的余剰となる。

　一般に環境破壊や予防接種による感染防止などの外部性を定量的に測定することは難しい。しかし，その符号から均衡水準の効率水準からの乖離の向きは知られている。①経済活動（生産・消費）を拡大する外部性がプラス（外部便益を及ぼしている）であれば均衡は効率に比べて過小であり，②逆にそれがマイナス（外部費用を課している）ならば均衡は効率よりも過剰といった具合だ。外部性の符号が分かれば，効率性の改善（社会的余剰の増進）に向けて，当該経済活動を促進すべきか，抑制すべきか，対策の方向性が見えてくる。

2.2　外部性と効率性

■ 効率以外の視点

　経済学では，外部性に伴う「市場の失敗」は効率の視点から評価される。もっとも周辺環境を犠牲にして利益を上げる企業に対しては公平の視点からの批判もあるだろう。企業の社会的責任を問うものだ。あるいは，環境被害につながるような家電製品の廃棄処分に対しては「製造者責任」を求める向きもある。

　いずれが正しいかではなく，これらの視点は効率に基づく評価とは必ずしも一致しないことに留意が必要だ。例えば，公害を出す工場設備の更新のため政府が補助金を出すことは効率には適っているかもしれない。しかし，公害を出している企業に税金を投入することには企業の社会的責任の観点からは異論があるだろう。

　また，経済学の効率性は，環境破壊などを伴う経済活動そのものを否定しているわけではない。そうした経済活動であっても市場に提供される財貨・サービスから社会的な便益が生じているならば，生産量をゼロにすることも

非効率的と評価される。市場均衡が非効率なのは均衡水準が効率から乖離しているからであって，経済活動そのものが非効率といっているわけではないのである。そこが環境を絶対視する環境保護団体と経済学の違いといえる。

■ 外部性≠非効率

全ての類の外部性が「市場の失敗」（市場均衡の非効率）の原因になるわけではない。例えば，完全競争市場において，新しい技術を持った新興企業が参入してきたとしよう。市場での競争が激しくなり，均衡価格は低下する。部分均衡分析では新規参入後の供給曲線は右側にシフトして，需要曲線との交点（＝市場均衡）が右下に移動する。価格が下がる結果，既存の企業の儲けは少なくなる。新規企業が既存企業に外部費用（＝利益の低下）を及ぼしているわけだ。

次に，ブームが到来して，ある財貨・サービスへの需要が高まったとしよう（図 2-2）。これは需要関数の右方向シフトにあたり，新しい市場均衡では価格が上昇（合わせて，生産量も増加）している。ブーム以前から当該財貨・サービスを購入していた消費者にとっては迷惑な話だ。これも外部費用

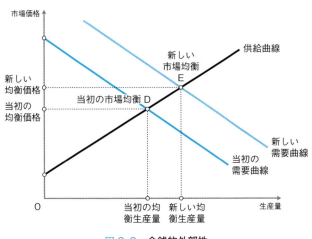

図 2-2　金銭的外部性

（＝既存の消費者の損失）ということになろう。

　ただし，いずれも，新しい市場均衡は新しい経済条件（新興企業の参入，あるいはブーム到来）の下で「社会的」な余剰を最大化しているという意味で効率的である。

　市場価格は新興企業の生産技術など生産に関わる費用，消費者のニーズなど消費に関わる便益を適切に織り込んでいる。環境破壊などその他の外部性がない限り，これらの費用，便益は社会的な観点と一致する。無論，当初の均衡も（企業数や消費者のニーズを与件とすれば）効率に適っている。2つの効率はその良し悪しを比較できるものではない。前提としている経済条件（新興企業・ブーム到来の有無）が異なるのである。

　ここでは既存企業・消費者に及ぼす影響は市場価格を介していることに留意してもらいたい。価格の変化による消費者・企業など当事者間での損得は，公平に関わることはあっても，効率の問題ではない。

　市場価格を通じた外部性は①金銭的外部性と呼ばれる。一方，環境破壊など仲介する市場が存在しない（直接的に第三者に影響する）外部性を②技術的外部性という。外部性が非効率をもたらすかどうかは，外部性の属性によるところが大きい。

　これに関連して，大型店舗が進出したため，地元の商店街の売上が落ち込んだとしても，（独占化や寡占化による弊害がなければ）効率性が損なわれたとは言い難い。公平の観点から商店街の店主らへの所得補償的な政策がとられることはあっても，効率の観点から出店規制をかける根拠は乏しいだろう。

　しばしば，効率化のための経済規制と社会的弱者保護を念頭においた社会的規制が混同されることがある。大型店の郊外立地やタクシー業界への参入規制のような，経済規制の手段が中心市街地の商店街，既存のタクシー運転手の保護といった社会的規制のために使われるケースだ。こうした場合，公平性，あるいは政治的な判断による保護そのものの是非と合わせて，その目的を達成する手段の妥当性が問われなくてはならない。

2.3 外部性問題の応用

■ **ネットワーク外部性**

　携帯電話やパソコンのソフトなど，その便益が他人の消費活動に依存しているものがある。例えば，家族・友人の中で自分だけが携帯電話を持っていても，何の役にも立たない。逆に携帯電話を持つ友人が増えるほど，その利便性は高まる。パソコンのソフトにしても，広く使用され，互換性に優れているものが好まれる。ビデオ機器やゲーム機なども同様だ。海外で英語が役立つのも，それが世界で広く使用されている言語だからである。

　このように消費する人数が増えるに伴い，自身の消費（携帯電話やパソコンソフトの使用）からの受益が増える（＝他人の消費から便益を得ている）現象を**ネットワーク外部性**と呼ぶ。この外部性が働くと，（計算ソフトなど）同じ機能ならば，個々の消費者は「他の皆が使っている」規格を進んで購入するようになる。結果，利便性が一層高まり，更なる普及を促す。ゲーム機のように購入者が多い程，それに合わせて様々なソフトが開発され，爆発的に人気を得る商品も少なくない。

　市場経済では良質な，技術の優れた財貨や規格が競争を生き残るはずだ。しかし，ネットワーク外部性があると，この限りではない。技術・質は劣っていても，広く普及している財貨・規格が競争上，優位になることがある。

　新しい技術（例えば，機能の優れた計算ソフト）が出てきて，既存のものよりも良いと評価されていても，各消費者は他の誰もまだ使っていない状態では，あえて進んで利用する人は少ないかもしれない。このため，既存の製品・技術が市場に居座り続けることになる。

　ここで市場から淘汰されてしまうのは，技術的に優れた新製品の方になりかねない。仮に全ての消費者が一緒になって，この新規製品に買い換えたならば，当該商品は市場を席巻していただろう。劣った既存の製品は市場から排除される。しかし，各消費者は「他の皆が使っている」だけの理由で，既存の製品を使い続けてしまう。各々にとっては賢い選択であっても，社会全体としてみると優れた技術が普及されない結果に終わる。そうなると（皆が

協調して買い換えていたら得られたであろう）新しい技術から享受できたはずの余剰が失われてしまう。これが非効率にあたる。

余談だが，「国際規格（基準）」もネットワーク外部性の例に挙げられる。高速鉄道や送電線等大型インフラの場合，どの国でも使われている規格であれば，部品の在庫が容易に入手できること，既にその技術に慣れ親しんでいることなどから故障時の対応，補修，維持がしやすい。他方，技術的に優れていても，国際規格にそぐわないとたとえ国内で人気でも海外での売れ行きは悪くなる。技術のガラパゴス化にあたる。

■ 隣人効果

「切磋琢磨」といわれるように，学校や会社で仲間同士が相競い合って，互いを高めていくことがある。逆に悪友からは悪いことを覚えてしまうかもしれない。個人の勉学意欲や生活態度は身近な人々によって少なからず影響されている。これを隣人効果という。

経済学では一般に個人の価値観や選好（効用関数）は不変的と仮定される。しかし，この隣人効果によれば，価値観や選好は自身の置かれた生活環境に応じて変わるものである。例えば，親がタバコを吸っていれば，喫煙に対して抵抗感を持つことはないだろう。実際，親の喫煙行動が子どもの喫煙に影響しているとの実証分析がある。

また，米国の研究によれば麻薬の摂取や10代の妊娠も身近な麻薬の常習者や妊娠経験者の有無に依存する傾向が見受けられる。いわゆる一流大学が一流なのも，教員が一流というよりは学生の切磋琢磨によるところが大きい面もある。これも隣人効果の類といえよう。

こうした隣人効果を勘案すれば，スラム街の子どもに教育を施しても，彼らの劣悪な生活環境が変わらなければ，十分な教育効果（就業機会の拡大，犯罪の防止）は見込めない。子どもたちの親を含めてスラム街全体の改善が不可欠となる。政策（ここでは教育）の対象となる個人（スラム街の子ども）だけではなく，その周辺環境を配慮した包括的かつ大規模な対策（例えば，スラム街の再開発・雇用の創出など）が求められる。

■ 共有地の悲劇

外部性は所有権の欠如に起因していることもある。ここで所有権とは排他的使用権，対価を支払わない個人の使用の排除を指す。こうした所有権が設定されていない土地，資源，あるいは施設は共有地と呼ばれる。山林原野などの入会地，漁場，身近なところでは，学生寮の共有スペース（台所・トイレなど）が例として挙げられよう。

この共有地の特徴は，誰でも自由にアクセスできる（山林であれば伐採をしたり，牧草地ならば放牧したりできる）ところにある。皆の共有物といえば聞こえは良いが，要するに誰も，その管理維持に責任を果たさない。各利用者は，将来のために資源（漁場の場合，魚のストックなど）を残しても，他の誰かが取得してしまうかもしれないと考えて，「取れるものは今のうちに取ってしまおう」という目先の利益に走りやすい。

仮に（所有権の確定した）私有地ならば，資源が枯渇しないよう使用料を引き上げて，利用を制限することができるだろう。しかし，共有地は「皆のもの」である以上，誰にも使用料を徴収したり，他人の利用に制限を課したりする権利はない。よって，共有地は乱獲されることになる。（皮肉だが）皆のための共有地が個人の利己心（自己利益の追求）の犠牲になるのである。これを共有地の悲劇という。

2.4 外部性の矯正

本節では外部性の矯正手段（効率性の改善）として，①政府の介入（ピグー税・補助金），②当事者間の自発的交渉（コースの定理），③所有権の設定・再編（合併など）を取り上げる。

■ 政府の介入

前述の通り，外部性は社会的費用（便益）と私的費用（便益）を乖離させる。このギャップを埋めることができれば，市場メカニズムの機能は回復するはずだ。

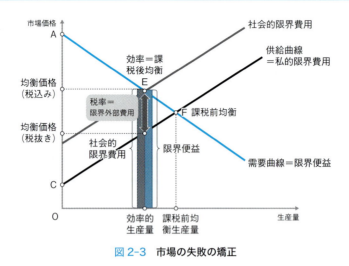

図 2-3 市場の失敗の矯正

　例として生産で大気汚染など公害を生じる財貨について考えてみよう。政府は当該財貨に対して税を課すとする。税率は財貨一単位（例えば，ガソリン1リットル）あたり一定額（従量税という）とする。

　課税の結果，購入者の支払う（税込み）価格（＝消費者価格）が高まり，需要行動は減じられる。一方，生産企業の受け取る（税抜き）価格（＝生産者価格）は下がり，供給も減少する。課税後の市場均衡（需要＝供給）では，生産量は課税前よりも減少，消費者価格と生産者価格は税率分だけ乖離することになる。仮に限界外部費用に等しく設定すれば，均衡は，効率水準に一致する（図 2-3）。

　課税を行うことで，均衡価格にともすると無視されている外部費用を反映させることができる。外部性が「内部化」されるのである。このように外部性を内部化し，市場の失敗を矯正する税を（発案者の名前にちなんで）「ピグー税」と呼ぶ。二酸化炭素の排出やエネルギー消費に対する環境税はこのピグー税の実例である。

　我が国の環境税としては「地球温暖化対策税」（2012年10月施行）がある。既存の「石油石炭税」への上乗せであり，原油・石油製品，LPG・LNG（ガ

ス状炭化水素），石炭に対して CO_2 排出量1トンあたり289円を課している。

1. 二重の配当

環境税は**外部費用**（経済コスト）に相当する税率を市場に課すことで（さもなければ取引当事者には考慮されない）地球温暖化等の社会的費用を市場価格に「内部化」させる仕組みである。税の経済（誘因）効果は消費を抑える点で酒税・タバコ税のような物品税と同じだが，他の税とは違って市場を歪めるのではなく，その健全な機能を促すメリットがある。加えて，政府は環境税から税収を得ることができる（税の経済コストは**第8講**参照）。

一般に環境税といえば，（道府県が独自に実施している「森林環境税」（個人住民税均等割への超過課税）のように）環境対策経費に充当する「目的税」と思われるかもしれない。経済学的には環境税の目的は温暖化ガス等，市場の矯正であり，税収の使途は問わない。財政赤字の解消や法人税や社会保険料など投資や雇用を損なう他の税目の減税に充てることができる。

環境税は①**市場の健全化（経済活動の効率化）**と②**税収確保（減税による経済活動の喚起）**の2つの便益があるという意味で**二重の配当**をもたらす。

2. 効率と所得補償（移転）

上では社会的余剰の増加で効率性の改善を評価していた。もっとも，厳密に効率化といえば，「全ての人々の厚生水準を高める」ような**パレート改善**を指す。**ピグー税は消費者価格を高めることで消費者の利得（消費者余剰）を減じている**。生産者価格の低下で企業の利得（生産者余剰）も減少する。一方，外部費用が小さくなることで，その分，公害などを被っていた人々（被害者）の厚生は高くなる。また，政府は税収を得ており，これを社会的に還元できる。

こうした損得を足し合わせたのが社会的余剰の増分にあたる。全体の余剰が増えているわけだから，利得（所得）の移転によって皆が以前よりも高い厚生を得るようにすることはできるはずだ。具体的には被害者から（外部費用減による厚生改善を超過しない範囲で）別途税を徴収，環境税による増収分とあわせて消費者や企業に対する補填に当てればよい。

実際のところ，こうした補償を厳密な形で行うことは難しい。ここでの含意は環境税などの導入に際しては，消費者や企業に関わる他の税負担（社会

保険料や法人税など）を引き下げることで負担増の緩和を図るということだ。環境税からの収入があるから，政府には他の税を減税する余地（二重の配当）がある。

■ 自発的対応（コースの定理）

外部性は政府の介入を要請するまでもなく，それに関わる当事者間での交渉と補償で内部化されるかもしれない。上述の政府の介入を集権型アプローチとすれば，当事者の自発的交渉に委ねる解決策は分権的アプローチに区別される。

例として，生産過程で川に汚水を出している企業（工場）と環境被害を受ける周辺住民について考えてみよう。企業収益が公害以外の経済価値を反映させるとすれば，社会的余剰は企業収益マイナス住民損失に等しい。はじめに当事者（企業と周辺住民）との間での交渉がない（非協調の）状態を仮定する。このとき均衡生産量がどのように決まるかは，環境に係わる権利が企業と住民のいずれに帰属しているかに依存する。

①企業が自由に生産を行う権利が付与されているとしよう。これは周辺環境の所有権が企業に配分されているものと解釈できる。所有権に含まれる権利には（共有地の悲劇で取り上げた排他的使用権のほか）可処分権（自由に処分する権利）がある。ここで可処分権とは，環境を壊す権利に他ならない。このとき，企業は自身の利潤を最大にするよう排出量を選択する。

逆に②周辺住民に環境を守る権利（環境権）が与えられているとしよう。住民からの合意がなければ工場は生産を行うことができない。環境破壊は彼らの所有権を侵害することになるからだ。周辺住民にとって最も望ましいのは，何も生産させないこと，従って，排出量＝0が均衡として実現する。生産量は過少である。

このように当事者間交渉がない場合，均衡生産水準は所有権の帰属に応じて過剰であったり，過小になったりする。次に，企業と周辺住民が交渉のテーブルに着いたとしよう。

ここでは各人の利得構造は両者によって知られていると仮定する。つまり，周辺住民が環境被害を過大に申告したりすることはない。当面，交渉に要す

る費用（時間・会場の設定や事前の根回しなど**取引費用**と呼ばれるコスト）は無視する。

交渉は，①両者にとって最も望ましい生産水準の選択と②合意を得るための所得補償の2段階からなる。まずパイを最大にした上でその分け方で合意を取り付けるといった具合だ。パイ（企業と周辺住民の利得の合計＝社会的余剰）を最大にする排出量は効率水準に他ならない。ただし，そのままでは損を被る者が出てくる。

①周辺環境の所有権が企業に配分されている場合，効率水準が実現すれば，周辺住民は以前に比べて環境破壊が少なくなることで損失が減る（よって厚生水準が改善する）一方，企業の利益は小さくなる。（生産量を自由に選択できる）企業に効率水準での生産に合意してもらうには，利益の損失分を補償する必要がある。当事者間交渉では，地域住民が利得増（損失の減少分）の一部を企業に移転することになるだろう。全体の余剰は以前よりも増えているわけだから，周辺住民は企業の損失を補っても，なお厚生は改善されている。つまり，補償を通じて**パレート改善**を達成するのである。

他方，②環境権が周辺住民に帰属している場合は，効率水準の生産から損失を被るのは，（工場を地域から締め出していた）周辺住民の方だ。企業は利益の一部を住民に補償することで，合意を促すだろう。前のケース同様，住民の損失を賄ってもなお，企業は非協力（生産ゼロ）に比べて高い利益を確保できている。

このように生産水準や所得補償に関する当事者間の自由な交渉が効率的資源配分を実現することは**コースの定理**として知られている。

1. 所有権の設定と配分

コースの定理によれば，効率水準の実現は，（ここでは環境に係わる）所有権の配分の如何によらない。ただし，所有権は合意に向けた所得補償の方向に影響する。一般に交渉結果から所有権の行使に制限を受ける当事者に対して，その制限から利益を得る当事者は所得補償を行うことになる。

なお，所有権の帰属が明確ではなければ，効率的な生産で一旦合意をしても，所得補償が決まらず，交渉は頓挫しかねない。効率の観点からは，所有権の配分は問題視されなくとも，その設定は必須となる。

2. 取引費用

コースの定理の重大な仮定として**取引費用の欠如**が挙げられる。ここで取引費用とは当事者の利得構造（企業の利益や住民の被害）に関する情報の収集，交渉に向けた事前の打ち合わせ，実際に交渉に要する時間，及び交渉の着実な履行へのコミットメントを含む。

利得構造の情報が不完全であれば，各人は自分に都合の良いように虚偽の申告をしかねない。例えば，合意に伴う損失を過大に申請して，自分への所得補償を増やそうとするかもしれない。結果，相互不信を招いて交渉は進まないだろう。

また，合意を取り付けても，実際に合意が履行されなくては意味がない。上の例でいえば，企業は合意され水準を遵守することが要請される。そのためには周辺住民による監視体制の確立，裁判所など公的機関を介在させた合意（契約）履行の強制が必要となろう。これらに要する費用（不履行の際の裁判費用など）も取引費用の一部である。

■ 外部性と所有権

外部性を内部化する手段としては，外部性が及ぶ企業あるいは自治体同士の**合併**もあり得る。例えば，新しい技術の研究を行っている企業Aとその研究成果から新たな製品へのヒントを得ている企業Bがあるとしよう。企業Aの研究は企業Bに対して外部便益を及ぼしていることになる。このとき，企業Aが選択する研究開発の水準は，外部便益を織り込んだ水準に比して過少になってしまう。

仮に両企業が合併したらどうだろうか？　新たに両企業を所有する合併企業は両企業の利潤の総和を最大化するよう振舞うはずだ。このとき，旧企業Aの研究部門が（合併後は同じ組織に属する）旧企業Bの製品開発部門に及ぼす効果は織り込まれるだろう。外部便益は自ずと内部化される。

河川の浄化など環境保全の努力は地元自治体の住民だけではなく，近隣自治体の住民にも外部便益を及ぼしているかもしれない。しかし，地元自治体は有権者たる地域住民の福利厚生に配慮することはあっても，非居住者の厚生を気にかけることなどあまりない。従って，外部便益は無視され，結果，

環境保全は（近隣住民の受益を反映した効率水準に比して）過小になってしまう。企業合併同様，市町村の合併はこうした外部便益を内部化する。合併自治体は旧近隣住民を含めて広域化した地域の利益を追求するべく，環境保全に努めるからである。

1. 特　許

上の例でいえば，企業 A の研究開発が過小になるのは，企業 B の享受する外部便益に見合う対価を受け取っていないからである。企業 A が開発した技術に特許が認められ，企業 B はその使用にあたって一定期間，特許料を企業 A に支払わなくてはならないとしよう。

特許は A の研究成果に対する所有権を付与することに相当する。特許料を払わない利用者は排除される（第三者が企業 A の研究開発努力に只乗りできなくなる）からだ。この場合，企業 A は特許料収入を見込んで研究開発を強化するに違いない。ただし，新たに特許料を課せられる企業 B は企業 A の研究成果の活用を以前よりは躊躇するようになるかもしれない。その効果には正負の両面があるものの，特許は外部性を内部化する手段の一つとなる。

2. 共有地の悲劇

共有地の悲劇が所有権の欠如に起因していることは前節で述べた通りである。従って，この悲劇を克服する手段として，所有権の設定が挙げられる。新たに所有権が確立した山林や牧草地には，所有者の許可，ないし対価の支払いなしには，勝手に利用することはできない。過剰搾取は回避される。

■ 排出量取引市場の理論

地球温暖化への対応としては環境規制の他，企業に排出枠を与えた上で，その取引を認める排出量取引がある。この排出量取引市場の事例としては欧州排出量取引制度（EU ETS；European Union Emission Treading Scheme）がある。同制度は 2005 年に始まり，現在，固定施設（熱入力 2 万 kw 超の燃焼設備）・航空部門（欧州域内のフライト）を対象としている。キャップ＆トレード型の域内排出量取引制度であり，排出枠の総計は第 3 フェーズ（2013 年〜）から EU 全体で設定されるようになった。

排出量取引とはその名前の通り，排出を行う権利の取引を指す。これが通

常の金融商品（配当を受け取る権利である株券など）のように市場で売買されるわけだ。欧米では既に，温暖化ガス，有害物質であるCO_2やNO_X排出量取引市場が発展してきており，現物（スポット）取引以外にも，先物取引まである。制度開始から2014年までの間に24％の排出削減に寄与している。

　我が国でも「自主参加型排出量取引制度」が2005年度に開始，2008年には国内統合市場が試行的に実施されたが，本格的制度の創設を含む地球温暖化対策基本法案（2010年3月・10月国会提出）は廃案になっている。

　東京都・埼玉県は原油換算した使用エネルギーが3年間連続で1,500kl以上の事業所を対象にした独自の排出量取引制度を行っているが規模は限定的だ。

　排出量取引のアイディアは，外部費用（大気汚染）を伴う排出行為に対して所有権とそれを取引する市場を創出するところにある。市場原理を活用することで，市場の失敗を矯正しようというわけだ。先に言及した通り，所有権とは一般に①排他的利用権と②可処分権を含意する。従って，CO_2の排出権を持っている企業はその権利の枠内でCO_2を排出する権利を行使できる。また，その権利を他者に売却する，あるいは対価を払って購入することができる。

　ここで，①政府は企業に対して排出枠（キャップ）を設定し，②その枠を超えて排出を行う場合，その権利（排出権）を他の排出枠の余っている企業から買い取ることが義務付けられる。これをキャップ・アンド・トレードという。言い換えると，排出権を購入すれば，枠（キャップ）を超えて排出する権利を取得できる。

　政府は許可する排出枠を増減することで，経済全体の排出総量をコントロールし，排出量取引市場の価格メカニズムが企業の排出配分を決定する。一旦，排出枠が企業に割り当てられると排出量価格と各企業の実際の排出量（排出権の売買）は市場の中で内生的に定まる。企業は①自前でCO_2排出量を削減する費用と②市場から排出権を購入したときの価格を比較して，削減量あるいは排出権の購入量を最適化するだろう。①＞②ならば排出権を購入し，①＜②ならば自前で削減をする。よって，最適化の条件は市場価格＝排出削減コストで与えられる。市場では排出削減コストの高い企業が排出枠を

需要，同コストの低い企業が供給側に回る。同じ量だけCO_2排出を減らすにしても，そのコストの低い企業が削減義務を多く請け負う（コストの高い企業は免じられる）ことで，市場全体でみた削減費用は低くなる。通常の市場同様，「神の見えざる手」に導かれるならば，排出量価格は企業間の需給をバランスさせるとともに，価格を介して排出削減の限界コストを企業間で均一にする。これは経済全体でみて排出削減の総費用を最小化していることに他ならない（逆に限界コストに違いがあるなら，コストの高い企業から低い企業に排出削減の義務を移すことで総費用を減じることができる）。

このように排出権市場の価格メカニズム（需給調整機能）は所定の排出総量の下で，排出削減費用を最も低めている（よって，他の用途に充当できる資源の量を最大化している）という意味で効率的な排出量配分を実現している。

2.5 本講のまとめ

外部性は市場の失敗の典型例といえる。市場参加者によっては考慮されない外部便益や外部費用が均衡と効率を乖離させていた。これを矯正する手段としては環境税といった政府の介入の他，「コースの定理」として知られる当事者間交渉，及び排出行為等に所有権を与えてこれを売買する排出量取引市場の創設などがあった。

いずれも市場メカニズム自体を否定するのではなく，その健全な機能をサポートする，あるいは（排出量取引市場のように）新たに市場を創設することで対応していたことは強調に値する。

■ **Active Learning**

《理解度チェック》・・
- □1　外部性が市場均衡を非効率にする理由について整理せよ。
- □2　効率性に影響しない外部性とはどのようなタイプであったか？
- □3　環境税が市場の失敗（非効率）を矯正する理由と「二重の配当」について述べよ。
- □4　排出量取引市場の特徴は何だったか？

《調べてみよう》・・
- [1]　ネットワーク外部性の例として製品・技術の国際標準化があった。日本の製品・技術が国際標準を得たことによる成功，国際標準にならなかったことによる失敗にはどのような例があったか？
- [2]　当事者間の交渉でもって外部性の非効率を解消するという「コースの定理」の実例にはどのようなものがあるだろうか？
- [3]　EU諸国を含む世界の排出量取引市場の現状と課題は何だろうか？

《Discussion》・・・
地球温暖化への国際的な協調として「パリ協定」が締結された。地球温暖化対策と経済成長を両立させるためにはどのような取り組みがあるだろうか？

■ **文献紹介**

環境税・排出量取引市場については下記を参照。
- 石　弘光『環境税とは何か』岩波書店，1999年
- 環境省 HP「地球温暖化対策のための税の導入」（2017年9月閲覧）
　http://www.env.go.jp/policy/tax/about.html
- 環境省 HP「諸外国における排出量取引の実施・検討状況」（2017年9月閲覧）
　https://www.env.go.jp/earth/ondanka/det/os-info/mats/jokyo.pdf

第 3 講
公共財理論

■市場では効率的に提供できない財として「公共財」を取り上げる。非競合性・排除不可能性として知られる公共財の性格が民間の自発的な供給を困難にする。また，公共財と私的財の中間に位置付けられる「準公共財」も紹介する。

3.1 公共財とは何か

■ 公共財の定義

はじめに公共財の定義は財の性質によるものであり，提供主体が政府だからではないことに注意してもらいたい。政府が生産・供給を担うような財貨・サービスは公的供給財と呼ばれ，公共財とは区別される。

実際，公共財でも民間で提供されるケースもあれば，医療サービスや住宅など私的財に分類されるような財貨・サービスでも公的に供給される場合がある。また，義務教育など公共性が高い財貨・サービス（「メリット財」）だから公共財というわけでもない。

公共財の性格としては次の非競合性，排除不可能性が挙げられる。

1. 非競合性

個人の消費が他の人の消費機会を損なうかどうかによって財が競合的か非競合的かが決まる。例えば，1枚のピザや1個のミカンは誰かが食べてしまえば，他の人は同じピザやミカンを食べることはできない。これは消費に競合性があるケースにあたる。他の人がピザやミカンを消費するには，その供給を増やさなくてならない。つまり，追加消費（消費者数の増加）には追加

的な生産コストを要する。これらが競合的な財貨・サービスの特徴である。

　大学の講義を考えてみよう。ある履修者が受講しているからといって，他の履修者が同じ講義を受けられなくなるわけではない。TVドラマも視聴者の数が増えたとしても，他の誰かが同じドラマを見られなくなるわけではない。コンサートも（会場がよほど混んでいない限り）皆が同じ音楽を楽しむことができる。よって，消費に競合性がない。こうした財貨・サービスは非競合的な性質を有しているのである。

2. 排除不可能性

　通常，（食い逃げや詐欺など犯罪行為を別とすれば）対価を支払うことなく消費をすることはできない。支払いをしない消費者は排除可能なのである。しかし，生活道路を通るのにいちいち利用料金を求められることはない。河川の清浄化など地域環境の改善については，自分が清掃に参加していたかどうかなど，対価（公共財への貢献）の有無を問わず便益を享受することができる。これを排除不可能性という。国が福祉政策の一環として，医療サービスや住宅の家賃を無料にすることはあるが，これらは（そうしようと思えば料金を取れるにも関わらず）政策判断によるものだ。一方，排除不可能性は財貨・サービスの「技術的な」特性を反映する。後述するように，この排除不可能性は，自分では負担しないで他の人の（河川の清掃などの）努力をあてにする只乗り（フリーライド）の誘因を与えることが知られている。

■ 公共財の特性による区別

　公共財とは上記の①非競合性，②排除不可能性という特性を持った財貨・サービスであり，①消費が競合的，かつ②対価を払わない消費者を排除可能な私的財の対極に位置付けられる。通常，市場で取引される財貨・サービスは私的財に分類されるものが多い。

　もっとも，現実の財貨・サービスの多くは競合性・排除可能性を部分的に有しているなど，厳密に二種類に区別できるわけではない。例えば，ケーブルTVの番組は（皆が等しく視聴できるという意味で）非競合的だが，料金を支払わない視聴者は排除可能である。ラッシュアワーの一般道路において料金を課されることはないものの，混雑は各ドライバーにとっては迅速な移動

という道路からの受益が損なわれているケースに相当する。ドライバーの利用は他のドライバーが同じ時間帯の同じ道路を利用する機会を完全には奪わないまでも、渋滞を悪化させることで、その便益を損なっている。部分的に競合的といえる。従って、①競合性・非競合性、②排除可能性・排除不可能性は、二者択一的ではない、連続的な性質と考えるのが妥当だろう。

後の節で詳しく説明するように、非競合性・排除不可能性を厳密に満たす財は**純粋公共財**と呼ばれ、これらの性格を部分的に満足する財は**準公共財**と定義される。この準公共財は純粋公共財と私的財の中間に位置している。

■ 等量消費

（純粋）公共財の競合性の欠如は、皆が等しく消費（受益）することを意味する。例えば、コンサートの音楽からの消費（音楽を楽しむことからの受益）は来場しているA氏、B氏等々の間で均一で、かつそれが音楽からの消費の総量に等しい。大学の講義にしても、（皆が等しく真面目に聞いていることを前提にすれば）同様だ。これらを**等量消費**という。

一方、競合性を有する私的財の場合、ある消費者の消費量は他の消費者の消費量とは異なるかもしれない。自身の好みに応じて異なった消費を行うだろうからだ。かつ、当該財貨の消費の総量は消費者の消費の合計として与えられる。ミクロ経済学で学ぶ市場の需要関数は個々の消費者の需要の合計（水平和）となるのも、私的財の性格による。

市場で取引される私的財であれば、それが好きではない消費者は購入しない（あるいは少なく消費をする）権利がある（消費者主権を行使できる）。一方、国防（軍事支出）のように公的に提供される典型的な公共財の場合はどうだろうか？

国防は原則、国民全体を守ることを使命としており、その意味で競合的ではない。また、その受益はコストを賄うための税金の支払いの多寡によらない。よって、税金を払っていない（あるいは少なくしか払っていない）国民の受益を排除しない。しかし、平和主義を称する人々は軍事の拡大に対して同意しないだろう。逆に愛国主義的な人々は現行の国防水準に不満を持つかもしれない。彼らの間で選好が異なるにも関わらず、等しい消費が強いられる。

表 3-1 公共財と私的財

		私 的 財	公 共 財
競合性		あり	なし
排除可能性		あり	なし
消 費	各個人の消費	個人間で異なる	個人間で均等（均等消費）
	消費総量	個人の消費の和	個人の消費に一致

公共財は仮にその水準が効率的であるとしても，皆を満足させているとは限らない。

3.2 公共財と「市場の失敗」

■ 公共財の効率的供給

ここでは純粋公共財の効率的供給の条件式を導く。ある公共財が 2 人の個人 A と B によって消費されていると仮定しよう。簡単化のため，この公共財供給 1 単位あたりのコストは 1 万円で一定とする（平均費用＝限界費用＝1 万円）。ここで限界便益は総便益の変化量に等しい。

1 単位目では，消費者 A，B は各々 5 万円に等しい便益を得ている。2 単位のとき A の総便益は 8 万円，限界便益は 3 万円（＝8−5 万円），B の総便益は 7 万円，限界便益は 2 万円（＝7 万−5 万円）といった具合だ。公共財を追加することから両消費者が受益している。社会的便益（＝経済価値）は両消費者の私的便益の合計に等しい。

よって 2 単位目の社会的限界便益は

A の限界便益＋B の限界便益＝3＋2 万円＝5 万円

と計算される。これは外部便益があるとき，社会的便益が（取引当事者が享受する）私的便益＋外部便益として与えていたのと同様である。

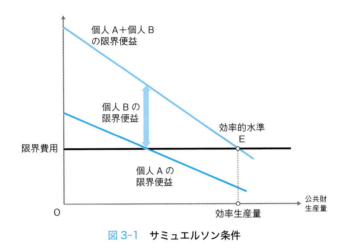

図 3-1 サミュエルソン条件

このとき社会的限界便益が，追加的費用（＝限界費用）を上回る限り，公共財供給を増やすことから社会的余剰（＝便益−費用）は増加する。

逆に社会的限界便益＜限界費用ならば，公共財供給を減じることで，公共財に充てていた資源を（限界費用＝1万円分）別の用途に回すことができるから，効率性が改善する。

従って，効率的水準は以下のように与えられる。

効率的公共財供給：Aの限界便益＋Bの限界便益＝限界費用

一般化すれば，純粋公共財の効率条件は全ての受益者の限界便益の「合計」が限界費用に等しいことである。これを**サミュエルソン条件**という。（外部性のない）私的財の効率的資源配分の条件と比較しよう。競合性により総消費量は各個人の消費の合計に等しい。

他方，効率的な消費配分は両消費者間で限界便益（限界代替率）が一致することを要請する。仮に限界便益が異なるならば，相対的に高い価値をおく消費者の方に多く配分することが効率に適している（限界便益が低い消費者には他の財貨を割り当てれば良い）。私的財の生産は（消費者間で均等化された）限界便益と限界費用を一致させる水準が効率的（余剰が最大化）となる。

3.2 公共財と「市場の失敗」

再び消費者A, Bに限ったケースでいえば,

> **効率的私的財供給**：消費者Aの限界便益＝Bの限界便益＝限界費用

こうした効率条件の相違は，競合性に関する財貨の性質の違い（競合的か非競合的か）による。実現した資源配分が効率に適っているか否かを評価するには，当該財貨の性質に対する理解が不可欠となる。例えば，公共財にも関わらず，私的財の効率条件で評価するのはミスリーディングだ。

■ 協調の失敗＝只乗り問題

公共財を個人が自発的に拠出（供給）していたらどうだろうか？ ここでは2人の個人A, Bからなる簡単な非協調ゲームでこの問題を考える。

彼らの選択は高い水準の拠出か低い水準（ゼロを含む）かの二者択一とする（拠出水準の選択が「連続的」であったとしても本質に変わりはない）。各人は他方の選択（拠出）を与件として，自身の選択を最適化している。選択にあたって協調行動がとられない。両個人が高い拠出を選択しているところから始める。

個人Aは，Bが高い拠出を選択している限り，自分の拠出を下げる誘因を持つだろう。公共財の消費量は少なくなるものの，拠出負担を減じることができる利益が大きいからだ。

しかし，個人Bの状況も同じである。彼も個人Aが高い拠出をするのを当てにして，自分の拠出を減らすだろう。すると，いずれも低い拠出を選ぶため，公共財の消費量（＝拠出の合計）は低水準に留まる。ここからあえて自分だけ公共財供給を増やす誘因はいずれの個人にもない。よって均衡は低い拠出にとどまってしまう（表3-2 参照）。この問題は各個人が自分は努力しないでおいて，他方の拠出から，対価を支払うことなく便益を得るように振舞うことに起因する。対価を払わなくても済む，逆に言えば，自身の拠出に対して見返りを求めることができないのは公共財の排除不可能性による。互いに「只乗り」し合おうとする結果，全ての個人が自身の供給を減らし，全体として過少供給に陥ってしまうのである。

只乗り問題の例は数多い。例えば，地球の温暖化に対して，各国が（**第2**

表 3-2　公共財供給の只乗り

（単位：万円）

個人A \ 個人B		公共財提供を	
		する	しない
公共財提供を	する	(Aの利得, Bの利得) = (4−3, 4−3) = (1, 1)	(2−3, 2) = (−1, 2)
	しない	(2, 2−3) = (2, −1)	(0, 0) ＝ナッシュ均衡

＊各個人の被る公共財コストは3万円，1人の公共財供給からの受益は2万円

講で紹介した環境税や排出量取引など）何らかの環境対策を求められている状況について考えてみよう。温暖化を防止することは全ての国々の利益となる。しかし，そのために課税や排出規制を行ったりすると自国の経済発展が損なわれたり，自国製品の生産コストが高くなり国際競争力が損なわれるかもしれない。

各国の立場に立てば，自国の環境規制は程ほどにしておいて，他国の環境政策の努力に只乗りするに越したことはない。ところが全ての国々が同じように振舞う結果，温暖化対策は一向に進まないということになる。地球環境の分野で実効性のある国際協調が求められるのは，さもなければ，只乗り問題を克服できないことによる。

■ 囚人のジレンマ（協調の失敗）

この均衡は効率的にならない。両個人の利得は，効率的な拠出をしたときよりも低くなっているからだ。ここでは両者の利得を改善できる（パレート改善という）選択肢があるにも関わらず，均衡はそれを達成できていない。この状況はゲーム理論では「囚人のジレンマ」として説明される。

「囚人のジレンマ」とは以下のようなものである。ここに，2人の囚人が別々に取り調べを受けているとしよう。各囚人は黙秘を通すか，自白をするかを選択しなければならない。仮に共に黙秘を通せば，裁判が有利に進み，刑は軽く済む。しかし，一方が自白し，他方が黙秘の場合，黙秘した方に罪

が着せられ，彼の罪は重くなる。自白した囚人は，両方が黙秘したときよりも，情状酌量でさらに刑が軽くなる。両方が自白すれば，共に刑は重い。

このとき，仲間に罪を被せて自分は軽い罪で済ませようという利己心が働く結果，いずれも自白することを選択するのが均衡となってしまう。しかし，本来は，協調して共に黙秘するのは両囚人にとってはパレート改善となる。

公共財拠出の非協調ゲームでも，両者が協調できるならば，それが望ましいという結論に至る。しかし，協調の実効性が担保されない限り，各々の利己心と（相手は協調破りをするかもしれないという）不信感から，共に過小供給のまま（囚人のジレンマでいえば，率先して自白する）となる。協調を実現できない状態が**協調の失敗**である。理想的な私的財市場とは異なり（利己利益の追求が社会的利益（効率）と調和するという）「神の見えざる手」は働かない。

■ 公的供給と情報の非対称性

自発的供給に代えて，政府が公共財を公的に供給するとしよう。供給費用は公共財から受益する個人に課税をして賄うことができる。課税は強制だから，受益者が支払いを拒否することはできない。自発的に拠出をする個人Aが受益する個人Bに対し対価を要求できなかったのとは対照的である。

この強制手段は上記の只乗り問題を回避する手段となる。ただし，公共財を効率的に供給するには，一般に個人間で異なる選好（限界便益）に関する情報が必要となる。

しかし，市場で取引される私的財とは異なり，公共財ではそうした情報が自律的に顕示されるメカニズムは働いていない（私的財であれば，効用最大化の結果，個人の選好が価格に織り込まれていた（価格＝個人の限界便益）ことを想起せよ）。政府が直接訊いたとしても消費者は正直に自分の選好を表明しないだろう。

環境保全を考えてみよう。環境に高い関心を持っているとしても，自分が表明する限界便益の高さが自身への高い税金になって跳ね返ってくるならば，あえて過小に申告するかもしれない。たとえ自分一人が過小申告でも他の誰かがコストを負担してくれるだろうと考えるわけだ。

逆に自身の税負担と表明する受益が無関係であるならば，公共財供給をなるべく高めるべく過剰申告する（環境対策への真の評価は年間10万円程度なのに1千万円と吹っかける）に違いない。どのように個人の選好の正しい表明を促すかがメカニズム・デザインの課題となる（**第10講**参照）。

3.3 準公共財の理論

■ 準公共財とは

実際のところ，多くの財貨・サービスは部分的に競合性や排除可能性を持ち合わせているという意味で，私的財と公共財の中間に位置付けられる。非競合的かつ排除不可能な公共財が「純粋公共財」であるのに対して，これら中間的な財貨・サービスは準公共財と呼ばれる。

■ 混雑財

例として生活道路を取り上げてみよう。その利用にあたって料金を課されることはない。よって排除不可能性を有する。日中であれば，車の流れはスムーズで各ドライバーの利用が他のドライバーの道路からの受益（＝迅速な移動）を損なったりしない。しかし，朝・夕方のラッシュアワーになると，道路は渋滞し始める。前述の通り，渋滞は各ドライバーにとってみれば，移動に時間がかかるようになる（その結果，イライラが募るばかりか，貴重な時間を失う機会コストが発生する）わけだから，道路からの受益の低下に等しい。これを混雑現象という。

このとき，道路は競合的な財貨となる。ラッシュの時間帯でもドライバーの受益を減じないようにするには，道路を拡張するなど，追加的なコストを要する。私的財の追加的消費が追加的生産を必要とするように，道路需要の増加を満たすには，新規の供給（具体的には道路の幅）が必要となるわけだ。さもなければ，道路サービスの質（利用者の満足・利便性）は低下する。

一般道路はこうした混雑現象を伴う準公共財にあたる。同様のことが都市公園や公共施設などにも当てはまる。混雑現象の特徴は，①所定の供給水準

の下で，サービスからの受益が利用者数（及び利用頻度）に応じて低下する，②混雑（競合性）の程度が利用時間帯・時期に応じて変わってくるところにある。つまり，利用者数や時間帯によって（競合性のない）純粋公共財に近くなったり，競合的な（私的財のような）財になったりするのである。

　混雑現象は外部費用としても説明できる。例えば，一般道路の場合，あるドライバーの利用が，渋滞を悪化させ，移動時間をさらに遅らせることで，他のドライバーの受益を損なっている。この外部費用が個々のドライバーによって考慮されることはない。その結果，（所定の道路供給の下で）彼らの道路の利用頻度（具体的には渋滞時の車の台数）は効率的な利用水準に比して過剰になってしまう。ラッシュアワーを避けられるはずの自動車（長距離トラックや行楽に出かける自家用車など）まで，自身の利便性だけのために道路を利用するわけだ。

　この外部費用を減じるには，①道路幅を拡張するなど準公共財の供給水準自体を高めるか，②料金の徴収など過剰利用の誘因を矯正する手段が必要となる。一般道路で料金を徴収することは難しいかもしれないが，美術館など公共施設であれば，混雑の度合いに応じて料金を差別化することは可能だろう。例えば，人出の多い週末の料金を平日よりも高く設定するといった具合だ。同じ道路でも高速道路は，料金を徴収することができる（従って，一般道路よりも排除可能性が高い）。交通量の異なる夜間と昼間で異なる料金を課すことで，高速道路の利用を分散（よって渋滞の緩和）できるだろう。このように混雑の状況に応じて料金を差別化することをピークロード・プライシングという。

■ 地方公共財の理論

　同じ公共財にも①便益が全国に渡る公共財と②それが地域的・空間的に限定される地方公共財の区別がある。国防や司法，外交などは前者の典型例であり，国家公共財と呼ばれる。一方，公園，生活道路，地域環境保全は後者の分類に属され，地方公共財となる。

1. 国と地方の比較優位

　国家公共財，地方公共財の区別は財の性質（受益の及ぶ範囲）による。しかし，この区分は国（中央政府）と地方自治体（都道府県・市町村）のいずれが公的供給に際して，比較優位を持つかを示唆する。国家公共財を自治体が供給するとなれば，自治体の域外への外部効果（スピルオーバー）に起因する非効率が生じるだろう。また，公共財供給に規模の経済（施設費など固定費用）が伴うならば，行政区の小さな自治体が担うにはコストが高くついてしまう。従って，国家公共財の供給には国が優位する。

　これに対して公園を含む地方公共財の供給は子どもの数や近隣住民からの要望など地域的な特性を考慮しても然るべきだろう。生活道路にしても気候や通行量を勘案すれば，道路幅等規格に地域差が考慮されることが望ましい。生活習慣病対策などは健診の普及等，地域ごとに工夫がなされても良い。学校教育も，読み書き演算等，社会で生きていく上で不可欠な基礎的な知識こそ国家公共財的な性格を持つが，子どもの学力や社会性の向上（「良い子」に育つこと）は子どもの両親のほか，地域社会が多く受益する地方公共財である。加えて，きめ細かい教育サービスや教職員の配置を含む学校運営については地方によって事情は様々だ。このとき国の通達で画一的に行うことの弊害は大きい。地方公共財の供給については，地方自治体に比較優位がある。

2. 足による投票

　医療や教育，地域環境の保全など様々な地方公共財の様々な組み合わせが様々な地方自治体によって提供されているとしよう。このとき，諸個人は自身の好みに最もあった地域を選んで居住するだろう。これを足による投票という。このとき，消費者がショッピングを通じて自分の好みを明らかにするように，居住者は足による投票を通じて地方公共財に対するニーズを表明する。

　税金は高いが良質な学校教育を提供する地域に居住する人々は教育を好んでいるに違いない。生活に不便があっても環境の保全に熱心な地域の住民はエコな人たちなのだろう。公共財の水準は低いものの税金の安い地域に住むのもそれが自分の好みに合っているからだ。高いニーズを持っているのに，あえてサービス水準の低い地域に住むような行為は個人の効用最大化には適

わない。

　前述の通り，一般に公共財に対する真の選好を申告させることは難しい。直接訊いても，誰もが負担を避けて過小申告をするか，受益を高めるよう過大に申告しかねない。これに対して，足による投票は選好顕示メカニズム（同メカニズムの詳細は第 10 講参照）として，政府と個人との間での情報の非対称を解消するように働くわけだ。

■ 公共財消費の最適規模

　混雑現象を伴う準公共財の場合，①公共財の供給水準に加えて，②当該公共財からの受益者の人数も効率性に関わってくる。

　公共財の具体例として，スイミング・プールを考えてみよう。このプールは民間団体（フィットネスクラブ等）ないし公共団体（自治体）によって提供され，その管理運営費は利用者からの料金で賄うとする。利用者の数が多すぎると混雑が悪化して各人の受益が減ってしまう。しかし，利用者があまり少ないと，一人当たりの利用料金が高くつくかもしれない。運営に係わる固定費用（施設の維持費用・光熱費など）をカバーしなくてはならないからだ。

　ここでは利用者数の増加に伴う①混雑現象と②利用者一人当たりの固定費用が低下する「規模の経済」（スケールメリット）との間で背反関係が生じる。公共財の消費者（ここではプールの利用者）数の最適規模は，両者をバランスさせるように決まってくる。

1．ク ラ ブ 財

　会員制のプールやゴルフ場など（会員以外の利用は制限されるという意味で）排除可能性と上記の混雑現象（＝部分的競合性）を伴うような公共財をクラブ財という。

　このクラブ財の効率性としては①前述のサミュエルソン条件を満たすような供給水準のほか，②会員数の最適規模がある。クラブの収支均衡を前提にすれば，最適規模は追加的会員の受け入れに伴う限界費用（＝混雑による運営費増加や既存会員の受益減）と新たな会員による費用分担（＝会員一人当たりクラブ運営費用）を一致させる。これは一人当たり費用を最小化する水準にあたる（図 3-2）。

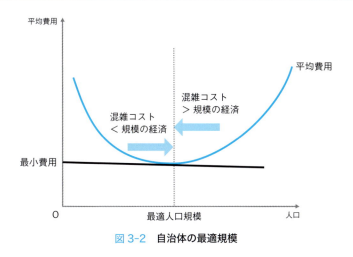

図 3-2　自治体の最適規模

2. 地方自治体の最適規模

　地方自治体にも最適規模（人口）がある。行政区が広域で人口が多いほど自治体はきめ細かいサービスを行うことが難しくなるだろう。同じサービスの質を維持するためには，多くの人員を要したり，新たな施設が必要になったりするならば，供給費用も嵩んでしまう。規模の経済が働く（公共財供給に大きな固定費用が伴う）ならば，規模の大きな自治体の方が住民一人当たりのコスト（＝国からの補助金がなければ，住民一人当たりの税負担に一致）は安く済む。クラブ財同様，自治体人口（規模）は両者をバランスさせることが望ましい。

3.4　実験経済学の視点

■ 個人は利己的か？

　効用最大化であれ利潤最大化であれ，経済学における合理的な経済人（家計・企業）は利己的に振る舞うものとされる。無論，経済学は利己主義を奨励しているわけではない。

ただし，公共政策を考える上で，個人は利己的と想定する方が「安全」なことが多い。増税すれば，それを嫌う富裕層や企業が国外に流出したり，節税に走ったりするかもしれない。手厚い福祉は，就労を怠ってあえて低い所得水準に留まることで給付を受け取ろうとする誘因（モラルハザード）を助長しかねない。性善説（人々の善意）を前提にした制度は往々にして悪用されやすい。

しかし，人間はそこまで捨てたものではない。ニュースで途上国における貧しい子どもたちの境遇を知れば心を痛めるし，美しい自然や文化は将来の世代のために残してあげたいと思うだろう。ヒトには利他心もあるわけだ。こうした利他心を満たすべく，人々は貧困撲滅や環境保全の慈善活動（チャリティー）に寄附をしたりする。

こうしたチャリティーには公共財としての性格がある。①子どもたちの貧困の解消は利他心を持つ全ての人々にとって喜ばしい。つまり，彼らは等しく受益するという意味で競合性はない（利他的な人々はこの喜びを分かち合える）。②その便益は実際に寄付金を支払ったかどうか，あるいはその金額によらない。寄付金を払わない利他心を持った個人も同様に貧困解消を喜ぶことができる。よって，排除不可能である。

公共財理論に即すれば，個人は環境保全や子どもの貧困問題に率先して取り組むことも，これらを担う非営利団体（NPO）に寄附することもしないだろう。誰かが貢献すれば，その成果（環境や貧困の改善）に対して対価を支払わないまま享受できるからだ。

環境や貧困に関心を持っているという意味で個人には「利他的」な面があろう。しかし，公共財を拠出する（活動や寄附をする）他の個人を思いやることはないため，只乗りの誘因が働くのである。

ただし，互いに只乗りし合うような人々は真に利他的とはいえないかもしれない。自分は何もしていないのに貧困の是正という結果だけをみて満足する利他的な個人というのも考えにくい。

もっとも現実には，理論の予想に反してNPO活動はあるし，寄附も行われている。この結果への説明としては，個人は公共財たる寄附や慈善活動の「結果」だけでなく，自身の行為自体から満足を得ているというものだ

(warm glow という)。この私的利益は公共財とは異なり他の利他的個人と分かち合うことはない。

上記の理論モデルに即していえば、各個人は①（貧困の削減に寄与する）寄付金合計（＝公共財供給量）のほか、②自身の拠出からも別途、受益しているということだ。利他的個人は公共財への貢献に加えて、寄付金からの私的利益を充足しようとするだろう。その意味で寄附は準公共財的ともいえる。只乗りをあえてしないのは、人々がこの満足感を追求しているためかもしれない。

■ 公共財供給ゲーム[1]

あるいは公共財を拠出する個人の間で一定の行動規範が共有されているのかもしれない。「公共財供給実験」という実験経済学の手法では被験者に対して仮想的に公共財拠出のゲームをしてもらう。そこでは100円分拠出しても公共財の受益増は80円など各人の拠出からのネットの受益はマイナスであるが、参加者が全員拠出すれば（公共財からの便益は80円×参加者数となって）ネットの受益が高まるような利得関数を実験の参加者に割り当てる。具体的には

> 個人の利得＝所得－彼の拠出＋定数×公共財受益
> 　　　　　　（彼の拠出＋この個人以外の拠出の合計）

ただし、定数は1より小さな値をとる。被験者はこの利得に応じて報酬（参加料）が貰えることから、利己的な個人であれば、これを最大化しようとする。参加者が2人の場合、表3-2のような利得関係になる。よって、利己的個人ならば、理論上、公共財の拠出ゼロが均衡になる。

しかし、実際のところプラスの拠出が観察されている。観察される協力（プラスの拠出）は利己的な個人の選択（戦略）として説明できるだろうか？あるいは何等かの利他性に訴える社会規範が働いているのだろうか？

実験は繰り返し行われ、毎回参加者の拠出が観察される。このとき、前の

---

[1] 公共財供給ゲームを含む実験経済学の実践は西条辰義『実験経済学への招待』（NTT出版、2007年）などが詳しい。

回まで協力関係（公共財拠出）が続いていれば，今回も協力する．一旦誰かが逸脱（拠出をゼロに）すれば，その後は公共財を供給しない非協力が戦略＝参加者の選択となり得る．ゲーム理論ではこれをトリガー戦略という．

トリガー戦略の下では一回の非協力＝拠出ゼロはそのときは利得を上げるが，そのあとのゲーム（実験）からの利得は低下する．このことが非協力を牽制するように働くのである．個人は利己的だが，後のことを勘案するという意味で先見的に振る舞っている．

あるいは戦略というよりも，前の回の他の参加者の拠出（＝協力）に対する恩返し＝互恵として拠出の決定をしていることもあり得よう．その場合，「恩返し」が参加者の間での規範となっているケースにあたる．

トリガー戦略か恩返しかは公共財拠出ゲームの最終回あるいは最終回に近いゲームの回の振る舞いで識別できる．トリガー戦略によれば次の回がない，あるいは残った回数が少ないと，協力から得る後の利得が少なくなるから個人は利己的＝非協力的な選択をするようになるだろう．他方，恩返しは将来ではなく過去の行為への見返りである．協力関係は変わらない．

協力＝拠出への「恩返し」に加えて，非協力＝只乗りへの「罰」も規範として共有されるかもしれない．実験では前の回に非協力だった参加者に対して他の参加者が罰を加える（その利得を減らす）選択肢も与えたりする．ただし，罰則をすると自身の利得も減る．利己的ならば，あえて自身の利得を減じるような罰を課さないだろうし，他の誰かが，そうしてくれることを期待する（他者の罰則に只乗りしようとする）はずだ．

実験では参加者はあえて非協力者に罰を加える選択をすること，このとき「恩返し」的な振る舞いが観察されやすい（ゲームの最終回に近づいても協力関係が続く）ことが知られている[2]．総じて個人は規範（ここでは恩返しと罰）に則することがあり，単に利己的というわけではなさそうだ．

---

[2] Ernst Fehr and Simon Gächter, "Cooperation and Punishment in Public Goods Experiments," *American Economic Review*, vol.90(4), pp.980–994, 2000.

3.5　本講のまとめ

　本講では市場における効率的な供給が困難な財として「公共財」を紹介した。繰り返すが，公共財は非競合性，排除不可能性という財の性格であり，公的供給と同義ではない。

　こうした公共財の性格は「只乗り」の誘因を働かせ，民間ベースでの自発的な供給を過小にしていた。もっとも，テレビ番組（地上波）をはじめ公共財の民間供給の例は少なくない。スポンサー収入など受益者以外からの収入確保の工夫もなされている。

　公共財の公的供給についても課題はあった。「情報の非対称性」（詳しくは**第5講**参照）として知られるが，政府は個人の受益に係る情報を得る術に事欠いている。市場での取引とは異なり個人の選好が自発的に表明される機会もない。

　公共財と私的財の中間的な性格を有しているのが「準公共財」であり，ラッシュ時に混雑する道路や受益の範囲が空間的に限られた地方公共財などが例として挙げられた。このうち混雑を伴う財についてはその緩和を目的とした受益者からの料金徴収があっても良い。これは外部費用を内部化させるための税（**第2講**で学んだ環境税）に相当する。

　実際のところ，公共財供給に係る「只乗り」問題は，どこまで深刻なのだろうか？ 実験経済学の検証によると，個人の利益を最大化する観点からすれば拠出ゼロが最適なところ，被験者はプラスの公共財拠出を選択するという。他人の善意（公共財拠出）には恩で報い（自身も公共財拠出で呼応して），只乗り（拠出ゼロ）には，自身の利益も損なわれるにも関わらず罰を課して協力を維持する規範が働いていることが類推されていた。個人の選択に影響する自己利益だけではなく，集団内で共有される規範であることが伺える。このように実験経済学は公共財供給の決定メカニズムに新たな知見を与えている。

■ Active Learning

《理解度チェック》
- □1 （純粋）公共財の性格である「非競合性」，「排除不可能性」の定義を述べよ。
- □2 公共財の効率条件と私的財の効率条件の違いを整理せよ。
- □3 なぜ公共財の自発的供給は非効率に陥るのか？「只乗り」をキーワードに説明せよ。
- □4 準公共財として一例を挙げて，それがなぜ，純粋公共財と私的財の中間にあたるのか説明せよ。

《調べてみよう》

道路における「混雑現象」（渋滞）の緩和に向けて英国ロンドン市のように「道路料金」を導入した事例がある。その運用と課題について調べよ。

《Discussion》

寄附行為も公共財の一種とされる。寄附でもって地域環境が保全されたり，貧困が改善したりすれば，その便益は広く及ぶからである。とすれば，寄附行為も「只乗り」の誘因でもって過小供給に陥るかもしれない。実際，我が国では寄附文化が未発達とされる。本当に寄附は過小なのか，仮にそうだとすれば，寄附文化を醸成するにはどうすれば良いのだろうか？

文献紹介

公共財については
- 井堀利宏『リスク管理と公共財供給』清文社，2004年

公共財供給ゲームを含む実験経済学については以下参照。
- 西条辰義『実験経済学への招待』NTT出版，2007年

第4講
公共選択論

■市場が失敗するように政府にも失敗はある。本講では多数決投票など公共政策の決定過程に着目した公共選択論を紹介する。具体的には民主的な政策決定としての多数決，官僚・利益団体による政策決定への影響等を取り上げる。

4.1 公共選択論入門

■ **私的選択と公共選択**

ミクロ経済学では家計の効用最大化を学ぶ。家計（消費者）は自身の予算制約の枠内で自らの選好に適うよう財貨・サービスの組み合わせを選択するということだ。無論，選好が異なれば，家計の間で選択される消費が違っても構わない。これは消費者主権（消費者の自己決定権）を含意する。

一方，政府（国・自治体）による政策決定（＝公共選択）において，この消費者主権は成り立ちにくい。第3講で学んだ公共財に分類される治安（警察）や環境保全，生活道路など，決まった政策は個人の選好の如何によらず，一律に提供されていた（等量消費）。医療のように私的財に近い財貨・サービスであっても公的に供給される場合，自身のニーズに即するようにサービスの種類や基準を選択する（例えば，政府が認定していない治療薬を使ったりする）ことは難しい。

また，受益と負担が対応しているとも限らない。公的教育は所得税など富裕層が多く支払う税でもって賄われるかもしれない。富裕層が必ずしも教育から多く受益しているわけではない。例えば，子どものいない世帯，あるいは子どもが私立の学校に通っている世帯を考えてみよ。彼らは受益よりも多

くの負担を強いられる一方，所得が低く子どもが公立学校に通っている世帯は負担を超える便益を享受できる（よって再分配機能が働いている）。

生活道路や公共施設の建設費用は公共事業・ハコモノ行政に反対する，従って，便益を多く感じない個人によっても分担される。よって，公共選択は対象となる政策（生活道路の整備など）に関わる全ての個人を満足させる（効用最大化を実現する）ことはできない。皆が多かれ少なかれ不満を持つことになるだろう。

■ 公共利益と私的利益

経済学では消費者であれば効用最大化，企業であれば利潤最大化のように「利己的」に振舞うことが仮定されている。では，教育や医療，環境保全や道路整備に関わる公共選択に際して，人々はどのように振舞うだろうか？同じ社会の一員として，自身の利益よりも社会の連帯や相互扶助，社会全体の福利厚生を尊重するに違いないという見方もあるだろう。人々には利他心もあることは**第3講**で述べた通りである。

しかし，買い物をするときは自分の利益（効用）を追求し，選挙など公共選択への（政治）参加に際しては己の利益を省みないという二重人格的な行動パターン（いわば，ジキルとハイド）は考えにくい。経済学では，個人は通常の財貨・サービスの消費選択同様，自身の利益に即するよう公共選択に関わる，具体的には投票行動や政治家への働きかけを行うものと仮定することが多い。

公共選択には様々な利害当事者（ステイク・ホルダー）が関わる。高速道路などの公共事業について考えてみよう。①公共事業の受益者であり，その財源を負担する納税者でもある有権者は選挙でもって政治家を選出，②有権者の付託を受けた（はずの）政治家が事業の規模や規格などを意思決定，③官僚が政治家のエージェント（代理人）として予算の配分を受け，政策を執行する。他方，④工事を受注する企業など事業に関わる利益団体は政府に働きかけて，政策に影響を及ぼす。

無論，有権者や政治家も一枚岩ではない。公共事業からの受益の範囲が地域的に限定されている（「地方公共財」としての性格を有している）一方，財源

は国税でもって国民全体から徴収するならば，受益する当該地域の有権者と負担だけ押し付けられる地域外の有権者との間で利害対立（前者は事業の推進を求める一方，後者は反対する）が生じるだろう。政治家同士も所属する政党，イデオロギー，代表する有権者層（年齢，所得，地域など）の違いから利害は背反する。

　有権者から選出される政治家も彼らの「忠実なる代理人」というわけではない。選挙資金絡みで業者や特定の利益団体と癒着するかもしれない。政治家と官僚の間にも利害対立はある。つまり，官僚は自分らの予算が多く獲得できるよう公共事業の経済効果（便益や費用）に関する情報を歪めて政治家に伝えるかもしれない。専門家である官僚の方が概ね，情報と知識の上で優位に立つからだ。さらに，官僚同士でも対立はある。官庁間での予算の獲得合戦や縄張り争いは日常茶飯事だ。

　こうした入り乱れた利害構造を一つの理論モデルに集約することは難しい。以下では①政治家と有権者との関係（「リバイアサン仮説」），②有権者間での利害対立（「中位投票者定理」），③政治家と官僚の間のエージェンシー問題（「ニスカネン・モデル」），④共有財源問題，⑤特定利益団体間での権益獲得競争（「レント・シーキング」）に分けて説明していく。

■ 異なる政府観

　公共経済学ではしばしば，異なる2つの政府観が出される。いずれの政府観を持つかによって政府に許されるべき裁量や市場経済に対する政府の介入への見解が異なってくる。

1. 慈悲深い専制君主

　一つは「市場の失敗」を是正して経済の効率と公平を高める政府の役割に期待するものである。ここで，政府は「共同事業に従事し，社会的共存の問題を解決するために，また，民主的かつ公平な仕方でそうするために形成された個人の連合」（ブキャナン＝マスグレイブ（2003, p.38））[1]とみなされる。経済全体を展望しつつ，（人々の間で合意された公平感を織り込んだ）社会厚生の

---

[1] ジェイムズ・M・ブキャナン，リチャード・A・マスグレイブ『財政学と公共選択――国家の役割をめぐる大激論』関谷登・横山彰（監訳），勁草書房，2003年。

観点から規範的に要請される規制，公共支出，税制など諸政策を打ち出すだけの能力と意志を持った政府である。ケインズ経済学ではしばしば政府を優秀かつ献身的な賢人とみなし，そのマクロ経済管理能力を積極的に評価する向きがある（「ハーベイ・ロードの前提」という）。公共経済学ではこうした政府を慈悲深い専制君主と呼ぶ。

2. リバイアサン仮説

　対照的な政府観を持つのが公共選択論である。公共選択論では政府（国・地方）は，市民の厚生を損ねてでも自らの利益を追求する利己的な主体と考えられる。「政治家および官僚は，彼らが代理人の役割を想定するとき，聖人にはならない」（ブキャナン＝マスグレイブ（2003, p.149）），具体的に政府は税収を高めるべく個人や企業を搾取するリバイアサン（伝説の怪物であり17世紀の哲学者ホッブズの著作『リバイアサン』による）として振舞う。典型的なリバイアサンであれば利権＝税収を最大化する。

　このとき，さもなければ乱用される課税権に制限を課すことは有益となろう。例えば，国際的租税競争（**第7講**参照）は企業間の競争が価格を引き下げるように企業と（所有者としての）個人の税負担を軽減する。課税には受益が伴わないから，税率の低下はそのまま納税者の利益になる。政府の税収が低められる結果，効率に適った「小さな政府」が実現する。

　「慈悲深い専制君主」と「リバイアサン」のいずれが正しいかというよりも，経済理論や政策論議で前提とされる政府像によって結論（政府の積極的な介入を是とするか否か）が大きく左右されることに留意が必要だ。

　なお，政府の本質がリバイアサン的（利己的）であったとしても，それを規律づけることで国民に奉仕する政府に代えることはできる。市場競争に晒される企業が顧客に奉仕することで自らの利潤の最大化を図るように，政府は国民の厚生を高めることで自らの利益，例えば税収を増大させようとするかもしれない。有権者の投票行動（民主主義）はそうした規律づけになり得る。あるいは徹底した情報公開でもって政府に説明責任を課すことも，無駄な事業やむやみな増税に対する牽制効果を持つだろう。

4.2 民主的政治決定過程

■ 直接民主主義

本節では，有権者以外の利害当事者を捨象した公共選択のモデルを紹介する。公共サービス供給など公共政策は有権者間での多数決投票によって決められる。有権者が政治（政策決定過程）に直接参加する，この体制は直接民主主義と呼ばれる。

我が国の実例としては，憲法改正時の国民投票や自治体の首長のリコールなどを問う住民投票がある。政治家や官僚の権益も，特定利益団体の介入もない。従って，政策には民意が直接，反映される。

■ 理想的な民主主義？

現実に直接民主主義が採用される機会は少ない。投票にかける政策の決定，有権者への情報・知識の提供，投票手続き等，政策決定に関わる費用（取引費用）が高くつくからだ。この体制は現実の民主主義（＝有権者が政治家を選出し，政治家が政策決定を担う間接民主主義・代議員制）を評価するベンチ・マークとして理解されるべきだろう。

ただし，直接民主主義は失敗するかもしれない。その失敗は公共選択の整合性の欠如（後述する「投票のパラドックス」）によることが知られている。

■ 多数決投票モデル

ある公共サービス（例えば，学校教育）の規模として高水準，中水準，低水準の選択肢があるとしよう。有権者はA，B，Cの3人とする。公共サービスに対する彼らの純便益（＝便益－負担）の高さは図4-1（黒の実線）のようであると仮定する。

例えば，有権者Aは低水準の公共サービスからの純便益が最も高く，その後，中水準，高水準と続いている。多数決投票は低いところから公共サービスの水準を引き上げるか否かについてである。

最初の投票は低水準と中水準の選択肢の間で行われる。明らかに有権者A

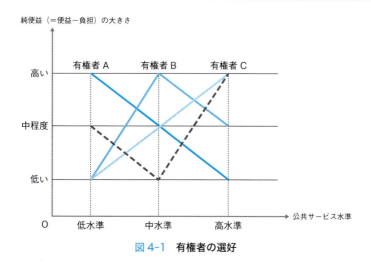

図4-1 有権者の選好

は低水準の方に票を投じる。しかし，BとCは低水準よりも中水準が好ましいから後者を支持することになる。よって中水準が過半数の同意を得る。

では，さらに公共サービス水準を引き上げるとしたらどうだろうか？　有権者Cは賛成するが，残りの有権者は反対票を投じる。よって公共サービス供給は中水準に留まり，これが多数決均衡となる。他の選択肢（低水準，高水準）はいずれも多数派の支持を得ない。

1. 中位投票者定理

多数決投票（公共選択）に反映されるのは，公共サービスを極端に嫌う有権者Aの選好でも，サービス拡大を志向するCの選好でもなく，ほどほどの（ただし，「平均」ではなく「中位」な）好みを持った有権者Bの選好となる。

これは有権者Bのような投票者の数が過半数を占めるからではなく（この例でも有権者Bは1人しかいない），彼の最も選好する水準よりサービス量を増やすにも減らすにも過半数の同意が得られないためである。ちょうど有権者の利害が「拮抗」した状態になるわけだ。Bのような投票者は中位投票者と呼ばれる。

多数決投票では概ね，この「中位」な選好を持った有権者の意向が反映さ

れる。これを中位投票者定理という。仮に公共サービスへのニーズが所得水準に依存する（治安サービスであれば，所得の高い，よって守るべき資産のある人ほど受益も大きくなる）ならば，中位投票者は（平均ではなく）中位な所得を有する者である。あるいはサービスに対する選好が同質で，税負担が所得に依存する（所得税が課されている）場合も負担が中程度の中位所得者が中位投票者となる。

　ただし，中位投票者定理は効率的な資源配分を保証するものではない。公共財を例にとれば，サミュエルソン条件は個人の限界便益の総和が限界費用に一致することを要請する。これを受益者＝有権者で割れば，「平均」的な平均便益＝一人当たり限界費用を意味する。しかし，中位投票者定理で実現するのは「中位」の限界便益＝「中位」の限界費用負担である。仮に中位投票者＝中位所得者のとき，所得税など累進的な課税でもって財源調達をするのであれば，中位投票者の税負担は一人当たり公共財価格を下回るだろう。その分，効率水準よりも支出が拡大しやすい。

　同様のことが所得再分配＝格差是正にもいえる。格差是正（再分配）の政治的な圧力はいわゆる「中流階級」が崩壊して，彼らが低所得に陥るほど高まる。ここで中位投票者は再分配の受益者（福祉等の給付を受ける側）に回る。彼らの意向に即して所得税等課税が強化されると（就労や投資を阻害することで）経済成長にはマイナスに働くだろう。実際，所得格差と経済成長の間には負の相関があることが知られている。これは格差の拡大⇒（中位投票者ら）多数派による再分配強化の要求⇒課税強化⇒就労や投資へのマイナス効果⇒成長の低下が働いている面がある。

2. シルバー民主主義

　年金，医療・介護といった社会保障制度は保険料を若年世代が負担して，高齢世代が受益する世代間再分配（移転）の性格が強い。このとき，投票者の選好（利害）は所得ではなく年齢に応じてこよう。社会全体の高齢化とともに，投票率（実際に投票するかどうか）を勘案すれば，中位投票者の年齢は高くなってきた。結果，こうした高齢者の利益を反映した政策が実現しやすくなる。これをシルバー民主主義という。

　シルバー民主主義の弊害は社会保障制度の改革を難しくすることだ。彼ら

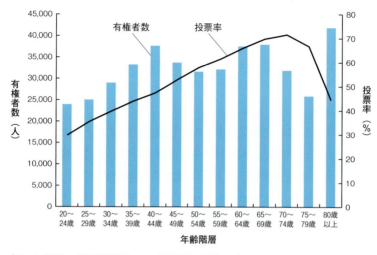

（データ出所）　総務省選挙部による標本調査（平成 27 年 2 月。全国・男女計）

図 4-2　年齢階層別の有権者数と投票率（第 47 回衆議院議員総選挙（2014 年））

は自身の給付＝受益の削減には激しく反発するだろう。給付の拡大に合わせて保険料・税が伸びなければ，政府の赤字が拡大していく。一方，社会保険料の引き上げは勤労者等若い世代の負担になる。財政赤字にしてもいずれ現在の若年世代や将来世代に（増税や給付削減の形で）しわ寄せが及ぶ（**第13講**）。このため世代間格差と称される現在の高齢世代と若年世代・将来世代の間での受益と負担の乖離が著しくなる。

■ 投票のパラドックス

　中位投票者モデルは選択肢の数や有権者数が 3 以上になっても結果に変わりはない。ただし，各有権者の選好は単峰型であることが要請される，単峰型選好とは有権者にとって最も望ましい水準から離れるにつれ，効用が単調に減少することを意味する。図 4-1 の例の有権者の選好（実線）はいずれも単峰型を満たす。有権者 A であれば低水準，B ならば中水準，C は高水準がそれぞれピークとなっている。

　この単峰型選好が満たされないならば，多数決投票に「均衡」はないかも

しれない。ここで均衡がないとは，投票が政策選択に至らないことを指す。この問題は投票のパラドックスとして知られている。

仮に有権者Cの純便益が図4-1で破線のようだったとしよう。彼は以前と同様に高水準な公共サービスを最も好む一方，中水準よりも低水準の方から高い純便益を得ている（選好順位は高水準，低水準，中水準となる）。このとき有権者Cの選好は複峰型であるという。山に見立てると先端が低水準と高水準の2つになるからだ。こうした選好は，各個人が当該公共サービスの消費を市場財の消費で置き換えることができるケースに起こりうる。

例えば，公立学校を考えみよう。有権者Cは教育の質などで測られた公立学校のサービス水準が中水準以下ならば，自分の子弟を私立に通わせることを選択するかもしれない。その場合，公立学校の拡充は有権者Cにとって何ら受益がなく，税負担を増やすに過ぎない。であれば，サービス水準は低いに越したことはない。高水準になって初めて有権者Cは子どもを公立学校に行かせても良いと考える。（彼は教育熱心なため）純便益は高い。

前と同じく，サービス水準の選択肢を2つずつ取り上げて多数決投票にかけるとしよう。低水準と中水準の間では，有権者AとCが賛成するため低水準が選択される。次の低水準と高水準で多数決投票をすれば，有権者BとCが高水準に票を投じるため，高水準が選ばれる。では高水準が実現するかといえば，そうではない。高水準と中水準で多数決投票を行うと，有権者AとBは中水準の方を支持するからだ。つまり，多数決投票で勝つ選択肢を＜で表せば，

中水準＜低水準＜高水準＜中水準＜低水準＜……

と循環してしまう。理想的な形で民意を反映するはずの多数決投票が何も決められない状態に陥るのである。これを「投票のパラドックス」と呼ぶ。

ミクロ経済学では家計が合理的ならば，その選好は推移性を満たすことが知られている。有権者Aは低水準を中水準より好み，中水準を高水準より好む，よって，彼は低水準を高水準よりも選好するということだ（上の記号を借用すれば，低水準＞中水準，かつ中水準＞高水準ならば，必ず低水準＞高水準となる）。

複峰型の有権者Cの選好も推移性を満たしている。つまり，選択に一貫性がある。他方，多数決投票は政策に対する個々人の異なる選好を社会全体の総意として**集計化**する役割を担う。個々人は合理的であるにも関わらず，その集計が合理性（ここでは推移性）を満たすとは限らない。このため，整合性に欠いた結果を多数決投票は導きかねない。

■ 政党間競争

以下では再び全ての有権者に単峰型の選好を仮定するとして，中位投票者定理は**代議員制**（間接民主主義）にも適用できる。例えば二大政党（保守系と革新系の政党）が国政選挙で国会の議席を争っているとしよう。有権者から過半数の票を集めた政党が政権を担うことができる（現実には全国は選挙区ごとに分かれるため，獲得する議席数と得票率が厳密に対応するわけではない。ここでは簡単化のため，得票に応じて議席が割り当てられると仮定する）。

彼らは**公約**（マニフェスト）を示して，有権者から票を獲得しようとする。公約には社会福祉への支出，税負担などが盛り込まれるだろう。保守政党は低福祉・低負担を，革新政党は高福祉・高負担を志向するに違いない。しかし，自身のイデオロギーを前面に出すだけでは，多くの票は期待できない。極端な低福祉・低負担（小さな政府）では，中福祉・中負担や高福祉・高負担を好む有権者が離れていってしまうし，逆に極端な高福祉・高負担（大きな政府）では低福祉・低負担，あるいは中福祉・中負担を望む有権者の票は望めない。

保守政党はライバルから票を奪うべく，あえて公約に掲げる福祉と負担の水準を引き上げ，有権者の取り込みを図るだろう。保守政党の支持基盤である保守層は不満だろうが，だからといって革新政党に転じることはあるまい。同様に，革新政党もより中道路線に政策を転換し，集票を図る。

結果，どちらの公約も，中くらいの福祉と負担へと近づいていく。特に政党の目的が得票率（議席）の最大化（＝政権獲得）であるならば，イデオロギーの相違にも関わらず，両政党の公約はさして変わらなくなる。いずれも福祉・税に対する好みが中位な有権者にアピールしようとするだろう。多数決投票同様，政策に反映されるのは中位投票者の選好となる。有権者の選好

が年齢に応じるならば，前述の通り，社会の高齢化は社会保障給付の維持・拡大など高齢者に利する（長い目でみれば，若年世代・将来世代には不利益な）公約が実現しやすくなる。これを（提唱者にちなんで）「**ダウンズ・モデル**」と呼ぶ。

4.3　政府の失敗

■ 官僚の自己利益の追求

1. 官僚の機能

官僚には①政治家が決めた（国会で可決された）社会保障や社会資本整備計画などの政策を執行する役割に加えて，②その政治家に政策立案に関する情報や助言を行う役割がある。情報提供や助言は官僚が当該政策分野の専門知識を有しているという優位性によるところが大きい。

このとき，官僚は政治家の「忠実なる下僕」であるより，その専門性を自己利益のために発揮しようとするかもしれない。国民の付託を受けた政治家と自らの権益を追求する官僚の間で利害の対立（**エージェンシー問題**）が生じることになる。

もっとも官僚からすれば，「政治家（の先生方）が決めた政策」を実施しているに過ぎない。実際，政府案を国会に提出したり，その案を議決したりするのは政治家自身だ。官僚の影響力は政策の決定ではなく，その立案・提案（議題設定）にある。

2. 官僚の目的関数？

家計が効用を，企業が利潤を，（ダウンズ・モデルによれば）政治政党が得票率を最大化するように，官僚にも最大化を図る目的関数があって然るべきだろう。

その一つとして，政治学者のニスカネンは官僚が属する省，ないし局に充てられる予算を挙げている（**ニスカネン・モデル**）。予算は権益に直結する。社会保障であれ，公共事業であれ，予算規模が大きいほど，その配分について裁量を発揮する余地が大きくなる。結果，事業の受注や補助金を通して業者・関係団体と癒着したり，天下り先のポストを作ったりできる。加えて予

算の獲得は自身の業績となって，将来の昇進にもつながるだろう。予算自体は官僚個人の所得ではないが，権益や昇進機会など間接的ながら，私的利益の源となるわけだ。

　無論，官僚といっても単一の主体ではない。省庁間あるいは省内の局同士で官僚らの利害は相対立するかもしれない。彼らは政治家への働きかけ（「ご説明」）などを通じて毎年，予算の獲得合戦を繰り広げるのである。

　では，官僚はどのように政治家に働きかけるのだろうか？　その一つとして，議題（アジェンダ）の設定がある。ここで議題とは官僚が政治家に示す政策の選択肢を指す。道路建設などインフラ整備の規模の決定について考えてみよう。官僚はインフラ整備の予算案を提出，政治家が，その可否を決めるとする。①予算案が承認されれば，原案通り執行，②否決ならば，所定のデフォルト予算（前年のインフラ予算など）が代わりに採用されることになる。

　つまり，政治家は官僚による予算案とデフォルト予算との間で，いずれかを選ぶのである。このとき，予算の最大化を目指す官僚は政治家（及び国民）が受け入れられるギリギリの水準まで予算案を引き上げる。政治家（及び国民）は公共事業の無駄を感じつつも，予算案を受け入れるだろう。

3. 情報の非対称性

　政治家は自分で同水準を選択することはできない。その理由として，専門知識の欠如から政治家（や国民）には予算規模に対する純便益の構造を正しく把握していないことが挙げられる。提案された予算における純便益については官僚の説明や事前の政策評価などから分かっていても，当該予算以外での純便益の大きさは明らかではないということだ。信用できないからといって官僚の助言に頼らずに予算を決めることは，かえって判断を誤るかもしれない。つまり，官僚は社会インフラ等政策からの純便益（費用対効果）に関する情報上の優位を利用して，議題を設定する（政策案を示す）役割を担う。結果，政府の予算は官僚に任せておくと肥大化してしまう。

■ 共有財源問題

　本来，国政を担うべき国会議員や政党は経済成長の促進や所得分配の公平など一国全体の見地から政治的判断を下すことが望まれる。しかし，実際の

ところ，彼らは国民ではなく自分の選挙区にのみに「奉仕」する傾向にある。政治家が政治的裁量を利かせ自分の選挙区向けの補助金（とりわけ公共事業の補助金）を政府（国庫）から捻出することは日常茶飯事といっても過言ではない。こうしたばら撒きを利益誘導政治という。

第2講で学んだ外部性の内部化や，第3講の公共財供給に関わる「協調の失敗」（囚人のジレンマ）の解消は政府のあるべき役割（資源配分機能の一つ）であった。この規範的役割を充足するには，政府は①社会厚生（公平・効率）を追求するとともに，②経済全体を見渡す包括的な視点から利用可能な政策手段を最適に組み合わせることもできなくてならない。

1. 利益誘導政治

他方，地域的（主に自身の選挙区）な利益を代弁する政治家（国会議員）は生活道路など受益の範囲が当該地域に限定される地方公共財的な事業の実施，あるいは実施主体である地方自治体への補助金を要求するだろう。地域再生・格差是正など美辞麗句は並ぶかもしれないが，本音は利益誘導（ばら撒き）にある。彼にとって重要なのは，事業がどれくらい選挙時の得票に結びつくかであって，実際に地域経済を活性化，都市との格差縮減に寄与するかではない（むしろ，地域経済が自立して国からの補助金が要らなくなると，自身の影響力が低下しかねないことを危惧するかもしれない）。

事業・補助金の財源は国の税金（国費）でもって賄われなければならない。最終的には国民全体の負担（現在の財源が借金で調達されるならば，将来の納税者の負担）となってしまう。しかし，当の政治家は事業費（補助金）が地域外の納税者に及ぼすコストを勘案しないだろう。これは（市場経済における公害や環境破壊同様）外部費用にあたる。外部費用が過少評価される結果，事業（補助金）の水準は過剰になる。

2. 縦割り行政

利益誘導は政治家に限ったことではない。我が国では縦割り行政の弊害が長く指摘されてきた。情報や権限が組織の下層部に偏重する形で分権化・分散化し，意思決定が積み上げ型となっている。その結果，「省益あって国益なし」とばかりに中央官庁は自身の予算や既得権益の拡大を図る。経済全体でみれば，無駄な事業であっても，省益（官僚の予算最大化）に適えば，実

施されるだろう。内閣や財政当局のコントロールが甘いと，財政（予算）の増加に歯止めがかからない。

　こうした利益誘導政治の当事者（政治家・官僚）にとっては国の財政（究極的には国民負担）は，そこから予算（補助金）を裁量的に引き出せるという意味でアクセスの自由な共有財源となる。共有財源は「共有地」に類似する。その健全化・長期的な財政収支のバランスには誰も責任を果たそうとはしない（責任を果たすべき内閣や財政当局は主導権を握れない）。結果，支出膨張，納税者からの反発でその予算支出，増税で措置されなければ，財政赤字を垂れ流すことになる。共有地と同等，共有財源は過剰に搾取されてしまう。

■ レント・シーキング

　民主主義は「一人一票」を標榜するが，利益団体は政治献金（「一ドル一票」）などを通じて政府の政策決定に働きかけている。政府から利権（レント）を獲得，あるいは既得権益を確保しようとする活動をレント・シーキングと呼ぶ。公共事業の発注や補助金の支給についていえば，①前述の利益誘導政治が，その供給（提供），②レント・シーキングは需要（陳情）の側に位置する。

　公共事業や業界の規制において便宜を図ってもらいたいと考える事業者や業界団体は，関係する政治家や官僚に対して陳情合戦を展開する。陳情にあたっては，次の選挙協力の約束や政治献金などが取り交わされる。政治と業界の癒着ということになるのだが，その全てが違法（賄賂性を有している）というわけではない。グレー・ゾーンがあるとはいえ，政治献金は法律の枠内で認められているし，選挙協力の如何は関係者の自由である。

　また，利益団体によるロビー活動には情報提供も挙げられる。その情報には政策・事業の経済的・政治的効果（例えば，公共事業が地域の雇用増にどれくらい貢献して，それがどれくらいの得票に結びつきそうか）がある。利益団体がより詳細な情報を有しているとすれば，その情報上の優位が彼らのロビー活動の源となる。

　政府予算から権益を得ている利益団体間の競合について考える。社会資本整備関連の予算が，道路建設や農業整備事業，福祉施設などに配分されると

しよう。各利益団体は各々の業界を代表する。彼らはより多くの予算を自分たちの関連事業に割り当ててもらうよう政治家・官僚に対して働きかけをする。一般に政治献金の金額や陳情に費やす時間（接待を含む）が他の利益団体と比べて多いほど，獲得できる予算も相対的に手厚くなる。予算の総額は決まっているから，各利益団体は他を出し抜くべく，レント・シーキング活動を積極化していく。

割り切って考えれば，レント・シーキングは利益団体（レントの需要者）から政治家・官僚（レントの供給者）への利益（所得）移転に過ぎない。しかし，長い目でみると，レント・シーキングは市場経済の発展を阻害しかねない。個人や集団は新製品・技術の開発や市場の開発など経済の付加価値に寄与する活動に代えて，政府からの権益（レント）の獲得に自身の努力（時間）や資源（資金）を振り向けるかもしれないからだ。優秀な人材が多くレント・シーキングに投入されるならば，経済にとっての損失（機会コスト）は計り知れない。

■ 良い競争と悪い競争

競争にも「良い競争」と「悪い競争」がある。①競合する主体間で切磋琢磨を促し資源配分の効率化や一国経済の成長をもたらすならば，それは良い競争であろう。財政の効率化や公共政策のイノベーションを促す政府間競争や新しい産業を育成する地域経済の活性化はこの類である。

一方，レント・シーキングは，②パイの奪い合いであり，新たな価値を生み出さないゼロサム・ゲームの典型となる。つまり，補助金の獲得，規制による利潤の増加など政府に働きかけることで得る権益は，他の誰かの損失（補助金を獲得できなかった事業者，規制の結果，高い価格を支払うことになる消費者など）にあたる。誰かに損をさせて儲けるわけだ。経済全体に新たな価値（成長・効率化）をもたらしてはいない。

無論，競争する本人たちはそれが①の経済の付加価値を高める良い競争か，②のゼロサム・ゲーム（パイの奪い合い）的な悪い競争かを意識して競合しているわけではない。良いか，悪いかは競争の結果に対する評価であって，競争の意図を指すものではない。

4.4 本講のまとめ

　市場の失敗同様，政府にも失敗はある。民主的な政策決定である多数決投票は必ずしも効率的な公共財供給を実現するわけではない。加えて，循環投票が生じるという意味で「決められない政治」に陥る可能性もあった。

　仮に多数決投票に均衡があるとして，公共選択が反映するのは「中位」な選好を持つ投票者（有権者）の意向である。政策でいえば極端に小さな政府＝保守でも，大きな政府＝革新でもない中道路線がとられやすいということだ。

　もっとも，昨今の諸外国の政治情勢を鑑みると過激なナショナリズムや古い社会主義的な政治思想への支持が集まってきている。「社会の分断」と称される通り，本講の例でいえば，有権者全体が個人A＝保守か個人C＝革新に分かれ，中道＝個人Bが失われている状況なのかもしれない。

　また，社会の高齢化とともに中位投票者が高齢化すると「シルバー民主主義」と揶揄されるように高齢者の利益に政策が偏りがちになる。このことは受益者＝高齢世代と負担者＝若年・勤労世代が分かれる社会保障（年金・医療等）の分野で顕著に見受けられる。

　公共選択は多数決ではなく官僚の議題設定や利益団体によるレント・シーキング（ロビー活動）によって左右されることもあり得る。このとき実現する政策は民意（＝多数決投票でいえば中位投票者の選好）に適うとは限らない。

　ではどうするか？ 官僚の優位が政策効果に係る情報の独占にあるならば，データ等情報を広く公開して官僚の提案以外の選択肢を模索できるようにすることが一案だ。大学・シンクタンクなど外部機関の政策提案能力の向上も求められるだろう。

　レント・シーキング活動は主にパイ＝補助金等権益の奪い合いであり，生産的な競争とは言い難い。その活動自体を制限することは難しくても，レント＝権益が生まれる要因，具体的には特定の事業者だけに活動を認める許認可といった規制を見直すことだ。経済活動が自由にできるならば，あえて政府に便宜を働きかける必要もなくなる。市場の失敗を矯正するように政府の失敗を矯正する制度設計（情報公開や規制の見直し）が求められてくる。

■ Active Learning

《理解度チェック》
- □ 1 多数決投票の帰結としての「中位投票者定理」とは何か？
- □ 2 「投票のパラドックス」が生じる原因とその帰結について述べよ。
- □ 3 ニスカネン・モデルにおいて官僚はどのように予算に対し影響力を及ぼすのだろうか？ 説明せよ。
- □ 4 レント・シーキングがなぜ「悪い競争」なのか説明せよ。

《調べてみよう》

「共有財源問題」として本講で紹介した補助金等国の支出の膨張は予算制度（予算の編成の仕組み）や政治構造によるところが大きいとされる。例えば，予算制度が各省庁からの要求をベースに決まる「ボトムアップ型」のとき，国の総理・財務大臣が予算の大枠を「トップダウン」で決定するような予算制度よりも支出に歯止めが利きにくい。諸外国（例えば，英国や北欧諸国）における予算編成の仕組みと調べ，日本の制度と比較してみよ。

《Discussion》

[1] 経済のグローバル化や所得格差の拡大の中で政治ではポピュリズムが台頭してきた。中位投票者定理（ダウンズ・モデル）の予想に反して，両極端な思想が有権者の支持を集め，社会の分断が顕在化する国もある。これは民主主義の健全な姿なのか？ そうではないとすれば，どのような改善策があるのだろうか？

[2] シルバー民主主義の理由には高齢化だけでなく，若年世代の政治離れ（低い投票率）が挙げられる。こうした世代の投票率を上げる方法はあるだろうか？ 若い世代・子育て世代の声を政治に伝えるためのあるべき選挙制度とはどのようなものが考えられるだろうか？

文献紹介
- 小西秀樹『公共選択の経済分析』東京大学出版会，2009 年
- 井堀利宏・土居丈朗『日本政治の経済分析』木鐸社，1998 年

第 5 講
情報の非対称性

■取引当事者間で情報が共有されていないときの非効率（市場の失敗）として「逆選抜」、「モラルハザード」を取り上げる。こうした非対称情報は保険市場、労働市場、資本市場など多くの市場において生じうる他、政府も同様の問題に直面する。

5.1 悪貨は良貨を駆逐する

■ レモン市場

　レモン市場として知られる問題がある。ただし、ここでいうレモンは果物のレモンではなく、英語で粗悪品を意味する。典型例として挙げられるのが中古車だ。中古車の売買について考えてみよう。自分の中古車を売ろうとしている「売り手」はこれまでの故障個所や不具合について知っている。他方、中古車の購入を考えている「買い手」が知っているのは、せいぜい車種や使用年数、（傷の有無程度なら判別できる）外観くらいだろう。

　売り手は自分の車をできるだけ高く売りたい。そのため、特段、法律などで義務付けられていなければ、売り手に率先して故障や不具合を伝えることはない。買い手としては故障や不具合のある中古車を掴まされたくないため、購入には慎重にならざるを得ない。不良車のリスクを織り込んで、買値は低めに設定されるだろう。具体的には中古車が良質（故障・不具合がない）なときの価値と不良のときの価値の平均値といったところだ。ウェイトは（経験や口コミ情報などから得た）中古車市場で不良品が出回っている割合にあたる。しかし、この買値は良質な中古車の売り手からすれば安すぎる。一方、

不良車の売り手にとっては本来の価値を上回る。前者は売るのを思いとどまり，後者は率先して売ろうとする。結果，市場に出回る不良車の割合が増加，このことはさらに買い手を慎重にさせ，買値を押し下げる。

買値の低下はさらに良質な車の市場からの撤退を助長する。中古車市場はいわば買値の低下⇒良質な中古車の撤退⇒市場における不良車の割合の増加⇒買値の低下という悪循環に陥ってしまうのである。不良車ばかりになれば買い手がつかず，中古車市場自体が存続できない。

■ 逆 選 抜

この市場で「淘汰」されているのは質の良い中古車の方である。本来，市場では品質が良く，安価な製品が競争に勝ち残るはずだろう。しかし，そのために品質について当事者（売り手と買い手）の間で情報が共有されていなくてはいけない。この情報が「非対称」になっているとき，レモン市場のように「悪貨（＝不良車）が良貨（＝良質な中古車）を駆逐する」事態が生じかねない。これを（悪い方が選ばれるという意味で）逆選抜という。こうした非対称情報に起因する問題は数多い。産地や賞味期限を偽った「食品偽装」，地震に対する建物の強度を誤魔化した「耐震偽装」なども情報が非対称になっていた典型例である。

我が国では諸外国に比べて中古住宅の取引が活発ではない。実際，住宅売買に占める中古住宅の比率は米国で約8割，英国で約9割に上る一方，日本は14％（2008年）あまりに留まってきた（国交省資料）。住宅の売り手と買い手のマッチング（物件の紹介）がうまくいっていないこともあるが，中古住宅の品質（耐震性や老朽化の程度，木造であればシロアリ対策など）への懸念も，買い手の（比較的品質が担保されている）新築志向を高め，中古住宅への需要を低迷させている要因だ。このため政府は中古住宅の品質を保証して評価を適正化させる「住宅性能表示制度」（2002年12月～）の創設や中古住宅の瑕疵（不良）を保証する既存住宅売買瑕疵保険の提供（2009年12月～）に取り組んできた。図面（設計図）の保全や改修（リフォーム）歴など「住宅履歴情報管理システム」の検討も進んでいる。

前述の中古車についても個人間売買に代えて，事業者が介在することで品

質の確認等を行うこともできる。非対称情報は「市場の失敗」をもたらす一方，（仲介業者のように）市場において，あるいは政府の取り組みでもって是正（矯正）することもできる。

5.2 非対称情報と逆選抜

■ 保険市場

　中古車市場や中古住宅市場同様，情報の非対称性に苛まれる市場として**保険市場**が挙げられる。一口に保険といっても火災保険や自動車保険，医療（健康）保険など様々あるが，以下では医療保険を例に説明をしたい。我が国では医療保険はがん保険など一部を除くと専ら公的（社会）保険が主流であるが，ここでは民間市場で提供されている場合について考える。

　保険市場において情報上，優位に立つのは，中古車市場とは対照的に保険の「買い手」（加入者）の方である。加入者は持病や大病等疾病歴，喫煙・飲酒，運動などの生活習慣から自身のタイプ（属性）＝健康状態，つまり病気になるリスク（確率）について見当はつくだろう。他方，保険会社は年齢・性別など外観を除けば加入者の健康リスクの情報を知ることは難しい。民間保険に加入するに際して持病の有無や病歴などを申告させることが多いが，情報量は「相対的」に加入者本人には劣ることになる。

　保険の基本的な仕組みは加入者から保険料を集め，病気治療などの際に治療費等として保険金を支払うものである。個人がリスク（ここでは病気の際の治療費）を忌避する，つまり，「リスク回避的」であればこそ，保険への需要が生まれる。

　無論，加入者個々人が病気になるかどうかは予め分からない。しかし，①リスクが個人間で独立（個々人が病気になる確率は他の個人の病気の如何によらない）していて，かつ②加入者数が十分に多ければ，各加入者の健康リスク＝病気になる確率（例えば5％）と実際に病気になる加入者の割合（例えば，100人中5人）が等しくなる。これは**大数の法則**として知られる。保険にはリスクを分散させる機能があるのは，この大数法則が働くからに他ならない。

このとき，健康リスクに応じて保険料を設定しておけば保険金支払いとのバランスがとれる。つまり，（簡単化のため事務コスト等を無視すれば）保険料＝病気になる確率×保険金となることで（加入者にとって受益＝給付と負担＝保険料が見合っているという意味で）保険数理的に公平となる。

■ 保険市場の逆選抜

ここで前提となっているのは加入者間で健康リスクが同じであることだ。年齢・性別は同じでも生活習慣などの違いから健康リスクは異なってくるだろう。喫煙者や運動量の少ない個人の場合，リスクは高いはずだ。保険会社がこうした情報を欠いている場合，収支が合うよう設定される保険料は年齢・性別には応じるとしても「平均的」な健康リスクを反映せざるを得ない。この保険料は持病もなく，日頃から健康管理に気を付けている，よって平均よりもリスクの低い個人からみれば「割高」になってしまう。

他方，生活が不摂生だったりして平均より健康リスクの高い（病気がちな）個人にとっては「お得」な保険となる。ここで保険市場は中古車（レモン）と同じ悪循環に陥ることになる。

民間保険の加入は個人の選択に委ねられる。平均より低リスクの個人は医療保険の購入を見送るだろう。保険に率先して加入するのは比較的高リスクな個人ということになる。このことは加入者の間での「平均リスク」を高め，保険会社は保険料の引き上げを余儀なくされる（図 5-1 参照）。

高い保険料はこの平均より低いリスクの個人の保険市場からの撤退を加速させる。ここでも淘汰される（加入を断念せざるを得ない）のは健康リスクの低い，保険会社からみれば良好な顧客の方になる。仮に加入者が高リスクばかりになれば，保険自体が成り立たない。

同じことは他の保険市場でも起こりうる。例えば，自動車保険の場合，事故が起きる確率は加入者の運転の技術や注意力，性格によるところが大きい。これらも保険会社が知りえない（あるいは知るのが難しい）非対称情報だ。再び平均的なリスクに基づいた保険料は良貨＝運転の安全な加入者を排除し，悪貨＝運転の危険な加入者を選別することになりかねない。

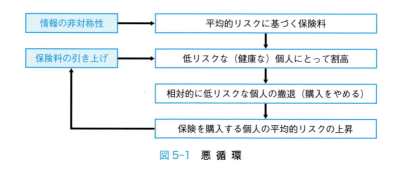

図 5-1　悪循環

■強制保険

情報の非対称性に加えて保険が任意加入なことが低リスク者の撤退⇒平均リスク増⇒保険料の上昇⇒更なる低リスク者の撤退という悪循環＝逆選抜の原因として挙げられる（図 5-1）。これを回避する方法の一つは保険を強制加入の社会保険にすることだ。保険料には「全個人」平均の健康リスクが反映され，逆選抜で高騰する保険料よりも保険料自体は安価に抑えられる。

それでもなお，進んでは加入を望まない健康リスクのきわめて低い（極端に言えば，健康リスクがゼロに近い）個人もいるだろう。しかし，多くの個人にとっては保険がないよりも厚生（効用）は改善される。また，生涯ベースで考えると現在，健康的であっても，将来的に大病を患って健康リスクが高くなり得る。であれば，今日は，強制保険が（未加入と比べて）損であっても，長い目でみれば得になるかもしれない。

民間保険に対する社会保険の優位は公共財の公的供給のメリットに通じるものがある。後者の場合，政府は個々人から税を強制的に徴収して公的供給の財源としていた。税は個々人が「只乗り」する誘因を除いている。他方，社会保険は強制加入の性格でもって悪循環を解消している。

■信用割当

次に，資本市場における非対称情報とそれに起因する需給の不均衡を取り上げる。保険者同様，資金の貸し手＝銀行等は，借り手＝企業の事業リスク

を正確には把握できていないかもしれない。事業が成功すれば，利子付きで返済が見込めるが，失敗すれば企業は倒産して債権は回収できない（不良債権化する）。

当然，貸し手は倒産リスク（**リスク・プレミアム**）を織り込んだ（国債等安全資産と比べて）高い金利を借り手に要求するだろう。一方，借り手は堅実な事業を行い倒産リスクの低いタイプと事業が「一獲千金」（ギャンブル）型で成功時の収益は高いが失敗の確率も高いタイプに分かれるとしよう。投資額＝借入額は一定とする。更に極端なケースとして，彼らの期待収益＝成功確率×成功時の収益は同じものと仮定する。つまり，堅実型はギャンブル型よりも成功確率は高いが収益は低い。

このとき，高い金利はギャンブル型ではなく堅実型を先に資本市場から締め出しかねない。企業は「有限責任」によって倒産時は債務の返済を免れるからだ。従って，企業の期待利潤は

> 成功確率×（収益－元利償還）＝定額－成功確率×元利償還費

となる。第一項（＝成功確率×収益）と元利償還費（＝元本＋利払い費）は両タイプで等しい。成功確率が低い分，堅実型よりギャンブル型の企業の期待利潤が高いことが分かるだろう。

よって金利が上がって元利償還費が膨らめば，期待利潤が先にマイナスになり，借入を断念せざるを得なくなるのは堅実型の方である。資本市場における「逆選抜」にあたる。これを放置すれば，金利の上昇が（相対的に堅実な企業の撤退を進め）リスクを高め，それが金利の更なる高騰を招く例の悪循環に陥りかねない。

貸し手＝銀行からすれば金利が高水準になると堅実タイプが撤退して「平均的」な成功（回収）確率が下がって，かえって期待収益（＝回収確率×金利）が減少してしまう。

この「逆選抜」を予め予見しているならば，貸し手は金利を堅実型でも許容できる低い水準に留めるだろう。従って金利の上昇には歯止めがかかる。しかし，低い金利の下では堅実型，ギャンブル型の両企業が資金を需要する。一方，貸出金利が低いと銀行の預金金利も（逆ザヤが生じないよう）低めら

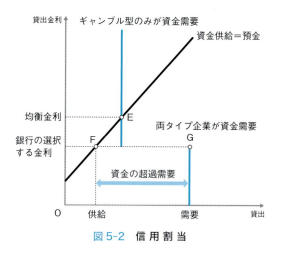

図 5-2　信 用 割 当

れる。（貯蓄が金利の増加関数とすれば）十分な預金が集まらないかもしれない（図 5-2）。

　資金需給を調整する金利が逆選抜を回避するため上限が課されるとなれば，資金の超過需要は解消されないままとなる。貸し手＝銀行は全ての借入要望に応じることはできず，（どちらのタイプか判別の付かないまま）一部の企業への貸出しを拒否（いわゆる貸し渋り）せざるを得ない。こうした状態を信用割当という。

5.3　保険とモラルハザード

■ モラルハザードとは？

　非対称情報に起因する問題として逆選抜の他，モラルハザードが挙げられる。モラルハザードといえば，一般に国の救済・支援による規律の弛緩（無駄の助長）や生活保護など制度の乱用を批判する言葉として用いられる傾向があるが，元々は情報の非対称性の文脈から出てきたものだ。健康リスクなど個人の「属性（タイプ）」に代わり，ここで非対称になっているのは，リ

スクに影響する個人の選択である。

　再び，医療保険を例に説明しよう。いざ病気になったら治療費が保険金で賄われるという「安心感」で加入者は日頃からの健康管理にさほど「関心」を払わなくなるかもしれない。無論，誰も進んで病気になりたいわけではない。不愉快だし，病気で欠勤が続けば収入も減る（収入を補填するタイプの医療保険もあるが）。しかし，治療費の心配がなくなった分，早朝から運動したり，大好きな揚げ物や飲酒を控えたりして生活習慣の改善に努める誘因（意欲）が低下することは否めない。自治体や会社で定期健診を受けたり，定期健診で（糖尿病など）病気のリスクが指摘されても早期に受診したりするのも面倒に感じるかもしれない。

　これらの行為がモラルハザードであり，加入者の健康リスク（病気になる確率）を高めることになる。皮肉なことに保険は保険対象となるリスクを増加させかねないというわけだ。話はここでは終わらない。総じて健康リスクが高まれば，（保険会社の収支を均衡させるよう）これを反映した保険料も高くならざるを得ない。結局，加入者の不摂生は彼ら自身の負担となって跳ね返ってくることになる。

■ 市場の失敗だけではない

　逆選抜とは異なり，社会保険でもモラルハザード問題は避けられない。我が国では医療保険の財源の約4割は保険料ではなく，税金（公費）で賄われている。75歳以上を対象とした後期高齢者医療制度にいたっては高齢者からの保険料は給付費の1割程度に過ぎない。残りは税金と現役（勤労）世代が加入する公的医療保険からの支援金による。モラルハザードによる健康リスクの増加，ひいては医療費の拡大は保険財政だけでなく，国・自治体の財政（社会保険とは区別された一般会計ベース）を悪化させかねない。その分，税金が上がるか，さもなければ財政赤字が拡大して将来の負担を増すことになる。

■ モラルハザード＝合理的選択？

　標準的な経済学ではモラルハザードを個人の「合理的」な反応（効用最大

化行動の一環）として捉える．無論，各人にとっては合理的でも，皆が同じように振る舞うことで，最終的に保険料の引き上げという形でツケを払わされるという意味で合成の誤謬（公共財の理論でいえば協調の失敗にあたる）がある．

そもそも健康管理について個人は必ずしも合理的ではなさそうだ．自分の健康に過信をして，健康リスクを過小評価しているかもしれない．行動経済学（**第15講**参照）の知見によれば，データに基づく科学的な根拠による確率に比べて個人の主観的な確率は発生頻度の高いリスク（例えば，不摂生で病気になるリスク）については過小評価，低いリスク（例えば，飛行機事故）については過大評価する傾向があるという．実際にはリスクが高いにも関わらず「自分だけは大丈夫」と思ってしまうわけだ．

また，喫煙や過度なアルコール摂取は個人が進んで嗜好しているのではなく，依存症の結果でもあり得る．「合理的」な個人であれば将来的に健康に害のある喫煙・飲酒を避けるところ，依存症に陥った個人は本人が望まないにも関わらず，これまでの喫煙・飲酒習慣に引きずられてしまう．

ミクロ経済学では観察された需要行動は個人の選好の表明（よって需要関数は個人のニーズを反映する）と解釈する．しかし，彼らの選択が依存症によるものであれば，例えば，喫煙量が多いとしても，それが彼らの真の選好（望むところ）を表していないことになる．

■ モラルハザードと部分保険

モラルハザードへの対処が民間であれ公的であれ保険者（＝医療保険の提供主体）の重要な役割になる．合理的な個人を想定すれば，医療費を全て保険金でカバーするのではなく，受診時に一定の自己（窓口）負担を求めることで彼らのコスト意識を喚起することもできる．

さらに個人が不合理な選択をすることを考慮し，加入者に定期的な健康診断を喚起，必要に応じて早期の治療を促すなど予防の段階から介入したり，過去の健診記録や受診行動からリスクの高い加入者を割り出して集中的に指導・助言したりすることもあり得る．

無論，加入者の生活習慣の詳細まで把握して指導することなどできるわけもないが，健康管理に対して保険者が果たせる役割は大きい．実際，厚生労

働省は 40 歳から 74 歳までを対象にした「特定健診」や「特定保健指導」などを 2008 年度より実施し，費用を市町村国保や組合健保等，公的保険者が担っている。

5.4 医療とモラルハザード

■ 事後的モラルハザード

　医療については健康管理の他，病気時の加入者の受診行動にかかわるモラルハザードが知られている。病気になった後の行動を指すことから事後的モラルハザードという。

　医療費の多くが保険から支払われ，自己負担が低いとなれば，個人はコスト意識を持たないまま，医療を需要することになるだろう。我が国では医薬品を含めて医療費の自己負担は 3 割（70 歳以上の高齢者については原則 1 割）であり，フリーアクセスと称されるように患者は自ら医療機関を自由に選ぶことができる。このため，ちょっとした風邪で市販薬を飲んでいれば治るところ病院に薬を貰いに行ったり，同じ病気で医療機関をいくつも受診して回ったりするなど医療への過剰需要が見受けられる。

　ここで「過剰」とされるのはコストが患者本人の便益を超過する傾向があることによる。仮に医療サービス水準（例えば，受診回数）を連続的とすれば，患者は自身の（追加的サービスからの）限界便益と自己負担が見合うように医療を需要するだろう。しかし，このとき，限界便益は保険給付を含めて医療コスト（＝給付＋自己負担）を下回っている。コストが限界便益を超過した分が社会的にみて損失（非効率）にあたる。

　実際のところ非効率がどの程度あるかは医療需要の価格（自己負担）弾力性によるだろう（価格弾力性については第 7 講参照）。弾力性が高いほど，自己負担に患者は敏感になるから，その低下は医療需要を増加させ，社会的な損失は大きくなる。

　こうした過剰需要を是正する手段としては自己負担の引き上げ（保険給付の縮小）がある。ただし，その分，病気時の医療費をカバーするという保険

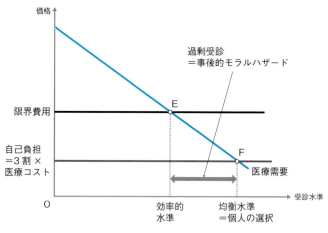

図 5-3　事後的モラルハザード

の機能は縮小する。保険としての機能と事後的モラルハザードの間はトレードオフ関係にある。

　過剰需要は患者のフリーアクセスが保証されていることが一因だ。英国やオランダでは一般医（GP；General Practitioner）という制度がある。個人は予めいずれかの一般医に登録しており，（救急を除いて）病気の折はこの一般医からの紹介がなければ病院を受診することができない。いわば，この一般医が患者の受診行動を管理する役割を果たしている。このようにフリーアクセスへの制限（一般医制度の活用）は事後的モラルハザードへの対応策となる。我が国でも GP＝家庭医（かかりつけ医）の普及が図られてきた。

■ 医師誘発需要

　また，通常の財貨・サービス市場とは異なり医療サービスについて患者の主体的な選択＝消費者主権は成り立ちにくい。患者にとって，どのような治療行為や薬が望ましいかを決めるのは専門知識に欠く（加えて病気で気弱になりがちな）患者本人ではなく，専門家である医師であろう。つまり，観察される医療需要は患者ではなく医療サービスの供給サイドに立つ医師の選択

の結果ともいえる。

　ここで非対称情報になっているのが医療の専門知識だ。無論，医師はプロ意識を持って患者にとって最良の治療等を心がけるかもしれない。しかし，前述の通り，その患者はコスト意識に欠き，過剰なサービスを求めがちである。

　では医師の側にコスト意識は働くだろうか？　それは医師に対する報酬支払の在り方に依存する。診療報酬制度と称されるが，保険者から医療機関への支払いには大きく出来高払いと包括払いがある。このうち出来高払いとは治療や検査の頻度に応じて支払いが増える仕組みだ。医療サービスを増やすほど医師（医療機関）の収入が増加することから，患者のためのみならず，医師は自身の利益のためにも過剰診療（患者の事後的モラルハザード同様，コストを度外視して医療サービスを提供する）する誘因が働きやすい。これを医師誘発需要という。

　他方，包括払いは患者の疾病に応じて報酬は定額のため，治療や検査の頻度を高めても収入は連動的には増えない。よって出来高払いに比べて過剰治療は抑制されやすい。我が国では大病院の入院に対してこの包括払い（DPC）が適用されている。なお，患者の受診行動を管理する英国の一般医は包括払い（登録者数に応じた人頭払い）のため，やはり過剰診療にはなり難い。

　診療報酬制度だけではなく，病院の間での競争も医師誘発需要に影響する。一般に競争状態では生産者が良いサービスを安価に提供しようとするため，コストの引き下げ要因になると考えられる。しかし，出来高払いの下，患者を巡って競合する医師（医療機関）は受診した患者を長く「引き留める」，外来であれば検査を含めて受診回数を増やし，入院治療であれば在院日数を長くする誘因を持つ。ライバルとの競争で減った患者数を各患者への医療の回数を増加させることで補おうとするのである。

　実際，医師誘発需要の実証分析でも医療費と一定人口当たりの医師の数（競合の程度の指標にあたる）に統計的にプラスの関係があることが確認されている。

　これに関連して，我が国では都道府県別データでみると人口一人当たり入

院医療費と病床（ベット）数との間にも相関関係が見出されている。人口に比して多くの病床数を抱えた地域（都道府県）では病床の稼働率を上げるよう患者を長く入院させる結果，入院費用が高くなるものと考えられる。

5.5　スクリーニングとシグナリング

■ スクリーニング

　情報が非対称なとき情報に劣る主体（例えば保険者）が情報を有している主体（加入者）に対して健康リスクなど情報を表明するように促すことをスクリーニングという。

　保険であれば，スクリーニングはリスクに応じて保険契約を差別化することで可能になり得る。簡単化のため，（年齢や性別が同じ）個人間で健康リスクは高いか低いかの2タイプに分かれるとしよう。情報が完全であれば，保険会社は契約上，同じ保険金支払い（具体的には医療費に対するカバー率）に対して低リスクの加入者には低い保険料を，高リスクの加入者には高い保険料を設定するだろう。

　しかし，非対称情報の場合，そのままでは後者は前者向けの契約を選ぶ誘因を持つ。仮に健康リスクについて自主申告を求めるとしても自身のリスクを偽られる（高リスクな個人が低リスクの「振り」をする）ならば，保険者はこれを防ぎようがない。実際には，病歴・既往症などを偽って保険契約をしても契約自体が無効になる（病気になっても保険金が下りない）こともある。とはいえ，（喫煙や飲酒習慣など）生活習慣は確認できないし，契約上確認の記載のない病歴等があれば，こうした罰則だけでは十分ではない。

　ではどうするか？　保険会社は保険料と合わせて保険金の水準も両者の間で差別化することができる。結論だけ言えば，①低リスク向けの保険のカバー率を下げて，自己負担の比重を引き上げる。②「保険数理的に公平」な保険料（＝低リスクの個人が病気になる確率×低い保険金額）もこれに応じて低下する。他方，③高リスク向けの保険は高いカバー率（低い自己負担）と高い保険料（＝高リスクの個人が病気になる確率×高い保険金額）を組み合わ

せる。

　健康リスクの高い個人からすれば，たとえ保険料が低くても，受診のときに高い自己負担が求められる保険契約は望ましくない。高リスク者が進んで選択しないよう低リスク向けの保険契約を魅力的でないようにしておけば，高リスク者は高リスク向けの保険契約を選ぶよう誘導される。

　一方，魅力が下がったとはいえ，低リスク者からすれば保険料の低い契約の方がましだ。よって，保険契約の選択を介して加入者のリスク・タイプが識別（スクリーニング）できるようになる。これを**分離均衡**という。対照的に全てのタイプに同じ契約を提示した（逆選抜が生じた）均衡を**プーリング均衡**という。

　無論，リスクが分かるのは契約を選択した結果であり，保険会社がその情報を用いて契約内容を改めるわけではない。また，低リスク者はカバー率の低い保険契約に甘んじなければならない。仮に個人のリスクが知られている完全情報のときの契約に比して不利になる。

■ 所得移転の問題

　非対称情報にさいなまれるのは医療保険を含む市場だけではない。**第1講**では政府の機能（役割）として所得再分配機能を取り上げた。所得の再分配では高所得層に課税した上で低所得層へ所得移転（給付）することが求められる。課税に係る課題は**第8講**以降で学ぶとして，ここでは所得移転について考えてみたい。

　一口に「低所得層」といってもその実態を知ることは難しい。かねてから**クロヨン問題**として知られる通り，農家や自営業が被用者（サラリーマン）に比べて所得の捕捉率が低い。具体的にはサラリーマンの所得の9割が正しく税務署にとって捕捉されているのに対して，農家であれば4割，自営業者は6割しか正しい所得が申告されていないとされる（ただし，実際の捕捉率には諸説がある）。年金生活者についていえば，年金収入は低くても，銀行預金や株，土地など資産が多ければ，低所得層とはいえないだろう。しかし，資産からの所得や**含み益**（売却すれば得られるだろう**キャピタルゲイン**）の捕捉は困難かもしれない。つまり「所得情報」は往々にして個人と政府との間

で非対称情報なのである。

　所得移転するにしても，真に低所得ではない（低所得を装っている）個人に利するようでは，再分配への信認を損ないかねない。とはいえ資力調査というが所得・資産の調査を厳格にするには費用が嵩む。低所得者以外は選好しないような，よって結果として低所得者とそれ以外を識別（スクリーニング）できるような給付の形態があれば良い。これは現金給付には望めない。現金なら真の所得の如何によらず誰でも好むだろうからだ。

■ 現物給付

　では現物給付ではどうだろうか？　現物給付とは住宅や食料，医療・介護サービスなどを指す。ここでは公営住宅に着目しよう。公営住宅は低所得層向けに提供され，家賃も割安だ。ただし，外観や部屋の大きさ，内装，（駅からの距離など）交通の利便性は民間の賃貸住宅に比べて見劣りしたりする。お役所仕事だからというわけではない。「あえて」品質を落とした住宅にすることで，所得・資産の多い個人からみた魅力を減じ，質に拠らず住居を必要とする真の低所得層のみが応募するようにすることもできる。誰でも欲しい現金給付とは異なり，現物給付は質を操作することでスクリーニングを促すのである。民間の賃貸住宅に比べて公営住宅の品質が劣ることは自己選抜を促すためのコスト（非効率）になる。

■ シグナリングと学歴社会

　スクリーニングとは対照的に（非対称な）情報を有している主体が，これを発信して識別を促すのがシグナリングである。例として学歴が挙げられる。結論から言えば，労働市場における個人の生産性＝能力の非対称情報が受験戦争及び学歴社会の原因となる。

　簡単化のため，個人の能力＝生産性は高いか低いかの2種類からなるとしよう。能力の多寡は生来であり，教育水準によらない。つまり，ここで教育は全く「非生産的」である。

　対照的に，教育が個人の生産性の向上につながる経済モデルもある。インフラ・機械設備など物的資本に対して「人的資本」というが，教育が労働生

産性に与える効果を強調する。

　個人の能力は賃金水準に直結する。このため本当は生産性の低い個人であっても就職活動で高い「振り」をする誘因を持つ。無論, 就職して働けば, 能力の多寡は明らかであろう。しかし, 雇用した後で能力が低いことが分かったとしても, とりわけ正社員を解雇することは法律的にも雇用慣行的にも難しい。このため, 企業は否応なく雇用に慎重にならざるを得ない。

　このとき, 能力の高い個人はその能力を認められ高い賃金を得る職に就くために自身の「差別化」を図るだろう。生産性と学習能力にプラスの相関関係があるとしよう。つまり, 高能力者は受験勉強に費やす労力を厭わない。結果, 高学歴（一流大学への進学）も難しくはない。

　他方, 能力＝生産性の低い個人は勉強も得意ではなく, 良い大学に進学するには苦労することになろう。結果, 高学歴者に占める高能力者の割合は低学歴に比べて高くなる。スクリーニング同様, 両タイプは「分離」することになる。学歴は能力を証明する証左＝シグナルというわけだ。

　学歴社会の背景にはこうした（個人の資質に係る）非対称情報と解雇が難しい雇用慣行がある。ただし, 学歴＝能力のシグナルには問題が少なくない。

　第1に大学で何を学ぶかは全く問われない。一流大学に入学さえすれば, そこから4年間は遊び放題（＝大学は遊園地）ということにもなりかねない。国公立大学などは税金によってその財源の多くが賄われている。それが全く非生産的だとすれば, 大学の存在自体の意義が問われてしまう。

　第2に高学歴＝高能力が社会的な認識であるとしても, 実際には良い大学に進学できたのは能力ではなく, 親が富裕で塾など教育機会に恵まれていただけかもしれない。とすれば, 高い学歴は個人の能力というよりは実際のところ, 親の資力を反映しているに過ぎない。

　第3に少子化で大学全入時代と言われる昨今, 大学進学自体は能力のシグナルになりにくいかもしれない。とすれば学部卒では不十分で, より良い大学の大学院（修士課程）への進学が（何かを学ぶ意思がなければ,「学歴ロンダリング」と揶揄される）志向されるようになろう。その分, 大学の在籍期間が長くなる。何か学ぶなら良いが進学自体が目的なら, 社会全体からみて教育にかけるコストは（生産性の向上につながらないという意味で）無駄になる。

同様に，企業へのインターンシップであれ，海外の大学への留学であれ，本人の能力を高めるならまだしも，能力を顕示する機会に過ぎないとすればどうだろうか？

■ 労働市場の失敗？

　繰り返すが教育がシグナルになるのは労働市場において雇用に際して能力の多寡に情報の非対称性があるからだ。自身を他者から差別化するため真に高能力な個人の負担も増すことになる。同じ労力を自分が本当に情熱を傾けられる分野（スポーツや趣味，自己啓発など）に充てる方がまだましだ。

　いずれにせよ，学歴偏重社会の原因が教育現場ではなく，新卒採用の労働市場にあるというのは興味深い。仮に企業が本人の能力＝生産性を見極めた上で雇用できるとしたらどうだろうか？　大学等の新卒採用者に仮雇用として一定期間，働いてもらった後，本契約を交わすようにしたら，企業も学歴に頼らず，採用を積極化させるだろう。

　多くの大学ではテニュアトラックといって，若手研究者を任期付き（一定期間）雇った上で研究・教育実績を見極めて，終身（テニュア付き）雇用をする制度がある。これも研究者の能力に係る非対称情報への対処の一環だ。労働市場の柔軟化（解雇の自由を含む）は個人の能力＝生産性に係る情報の非対称性を是正する。

5.6　本講のまとめ

　本講では「非対称情報問題」として逆選抜，モラルハザードを取り上げた。保険市場のほか，資本市場・労働市場においてもこれらの問題が生じうる。医療の分野では患者の過剰受診（事後的モラルハザード）や医師誘発需要が医療費の増加につながっていた。

　加えて政府も個人のニーズ・選好について情報の非対称に直面している。市場だけでなく，政府も失敗する要因なのである。これに対処する工夫としてはスクリーニングやシグナリングがあった。

このうちスクリーニングは情報を有さない主体（例：保険者）が情報を持つ主体にその顕示＝自己選抜を促す仕組みである。自身の正しいタイプの表明を促す制度設計については**第10講**で詳しく学ぶ。

　シグナリングは情報を持つ主体が他は真似できないという意味で説得力のある形で自身のタイプを伝えるものであり，「学歴」がその例として挙げられていた。学歴偏重を是正するには雇用の柔軟化など労働市場における非対称情報を緩和する策が求められよう。

■ **Active Learning**

《理解度チェック》・・・
- □1　「逆選抜」（悪貨は良貨を駆逐する）が発生する理由とそれが保険など市場機能を損なうプロセスについて説明せよ。
- □2　資本市場における信用割当が起きる理由とその結果について説明せよ。
- □3　医療保険の分野における事後的モラルハザードとは何か，その原因と結果について述べよ。
- □4　スクリーニングとシグナリングの違いについて述べよ。
- □5　非対称情報は市場に限った問題ではない。公営住宅など「現物給付」が「現金給付」よりも低所得者支援に有用になり得る理由と課題について説明せよ。

《調べてみよう》・・
　信用割当は企業の信用リスク（破綻確率）に情報の非対称性があることによる。実際のところ，こうした信用リスクや事業の有望性を把握した上で貸出しをする「目利き」の役割を担うのは，銀行，地方圏では（地域に密着した）地方銀行の役割である。企業，特に中小企業や新興企業（ベンチャー企業）への銀行の貸出しの実態はどうなっているのだろうか？

《Discussion》・・・
　学歴社会の原因として個人の能力に係る非対称情報があった。仮に学歴社会を是正するとしてどのような方法があるのだろうか？

文献紹介

- 藪下史郎『非対称情報の経済学——スティグリッツと新しい経済学』光文社，2002年

金融（資本）市場における非対称情報問題を扱った書籍としては
- ジョセフ・E・スティグリッツ，ブルース・グリーンウォルド『新しい金融論——信用と情報の経済学』東京大学出版会，2003年

第6講
租税の経済効果

■税の特徴（機能）とその誘因効果（税に対する反応）について取り上げる。消費の他，労働・貯蓄行動への税の効果を紹介する。また，制度上，異なる税が実質的に同じである「税等価」についても学ぶ。

6.1 税金入門

■ **市場価格≠税**

はじめに，通常の財貨・サービスへの対価である市場価格と対比させることで，税の基本的な性格について説明しよう。市場価格は①消費者主権と②受益者負担に基づく。つまり，市場価格の支払いは「自発的」であり，そこでは自らの満足（ニーズ）を充足する消費者の選択が尊重されている。

一方，税の支払いは強制的である。自身がたとえ同意していなくとも，納税は拒否できない。納税拒否は脱税であり，罪に問われてしまう。

また，受益と負担に一対一の対応関係があるわけでもない。例えば，自身が今年納税した所得税が同じ年に享受した公共サービス（子どもの学校教育，ゴミの回収，生活道路の清掃など）のいずれに，どれくらい対応しているのか自明ではない。市場財・サービスとは異なり，個別公共サービスごとに値付けがなされているわけではないからだ。

加えて，課税は再分配的で，受益よりも多く負担したり，その逆だったりすることがある。子弟を私立学校に通わせている高所得者は，所得税を多く負担していても，彼の税金が投入されている公立学校から受益していない。低所得者の生活を支援する生活保護や社会福祉に税金が当てられるならばな

おさらだ。

　こうした①支払いの強制と②厳密な受益者負担の欠如（再分配）の結果，家計や企業の税に対する反応は市場価格に対する反応とは決定的に異なってくる。負担に見合った受益が認知されないため，彼等は税を純然たる費用とみなし，それを回避するように努めるのである。

■ 税 の 分 類

　所得税に消費税，法人税，酒税，固定資産税など，税の種類は様々である。これらの税は制度的には異なっているが，経済的には似通った性格を持つことがある。実際，税は大きく①所得課税，②消費課税，及び③資産課税に分類される（表6-1）。

　所得課税の例としては，給与所得や金融所得（利子・配当など），法人税などがある。いずれも経済活動の成果への課税にあたる。他方，消費税も酒税もいずれも，消費活動に対する課税である。もっとも消費税が広く様々な財貨・サービスを対象にするのに対して，酒税はアルコール類に限定される。

表6-1　我が国の税制

		所得課税	消費課税	資産課税等
国		所得税 法人税	消費税 揮発油税 酒税 たばこ税 自動車重量税 石油ガス税等	相続税 登録免許税等
地方	道府県	法人事業税 個人道府県民税 法人道府県民税 道府県税利子割 個人事業税	地方消費税 自動車税 軽油引取税 自動車取得税 道府県たばこ税	不動産取得税
	市町村	個人市町村民税 法人市町村民税	市町村たばこ税 軽自動車税	固定資産税 都市計画税 特別土地保有税 事業所税

資産課税としては市町村が課す固定資産税がある。これらが遺産として相続されるならば、相続税も課せられる。

ただし、所得課税、消費課税、資産課税は互いに独立に存在しているわけではない。①所得としての稼ぎから所得税を支払うが、それが一旦、消費に回されれば消費税も課される。②貯蓄は課税後の所得（可処分所得）から（消費税や酒税・タバコ税など）消費課税込みの消費支出の残余（貯蓄＝可処分所得－（税込み）消費支出）だが、これが蓄積されたのが資産であり、相続時には資産課税の対象となる。貯蓄を住宅購入に充てれば、固定資産税を毎年払わなくてはならない。

これらの課税の間での経済効果の相違は、①課税のタイミング（所得を稼いだときか、消費をしたときか）、②課税対象で重複しない部分（例えば、所得税は今期、貯蓄に回される分にも課されるが、消費税は今期の貯蓄には課税しない）に現れてくる。

■ 直接税と間接税

このほか、税には徴税に着目した直接税と間接税の区別がある。①直接税とは、税の支払い義務のある経済主体が納税する税であり、所得税や法人税が例として挙げられる。

一方、②税を支払う主体と納税する主体が一致していない税が間接税にあたる。例えば、消費税は、消費者が税を支払うことになっているが、実際に税務署に納税するのは商店等の事業者である。事業者が消費者に代わって納税義務を果たしている格好だ。こうした直接税と間接税の区別は納税義務者を誰に負わせるかという意味で税務執行（手続き）上、重要となる。

もっとも、我が国では所得税の多くは源泉徴収となっており、給与所得を得ているサラリーマン本人が税務署に確定申告をすることはあまりない。これは雇用主が本人に代わって納税手続きを負っているからである。利子や配当にも（各々銀行や企業にとって）源泉徴収がかけられる。このように納税の実態は直接税の原則に必ずしも一致しない。

また、経済学の観点からすれば、この区分の前提となる「税の支払い義務」には留意が必要だ。制度上、税を支払っている経済主体が税を負担して

いるとは限らないからである（**第7講**参照）。

■ 税 の 機 能

　財政の機能（**第1講**）に合わせて，税の機能も多様である。その機能の一つは政府の財源確保にある。この財源は教育や医療等，公共サービス提供や道路・上下水道等社会資本整備を含む資源配分機能を充足するために使われる。この財源確保以外にも税は「市場の失敗」を矯正する役割を果たしている。例えば，環境税の主たる目的は税収を上げることではなく，市場価格に外部費用を反映させて消費者や企業の誘因を矯正する（外部性を内部化させる）ことにあった。税収はいわば副産物（二重の配当）に過ぎない。

　財源確保に留まらず，課税は所得再分配機能の一環でもある。所得とともに税率が高くなっていく累進所得税は高所得者から多くの税を徴収する（低所得者であれば，納税額はゼロが低くて済む）。徴収された所得税を低所得者向けの移転（福祉や社会保障など）に充てるならば，税を介して高所得者から低所得者への再分配（格差の是正）を実現していることになる。

■ 自動安定化機能

　経済安定化にも税制は寄与している。好景気で所得（収益）を多く稼ぐと，家計や企業の所得税・法人税の納税額は増える一方，不景気になって稼ぎが減れば，税の支払いも少なくて済むようになる（収益が赤字であれば法人企業は法人税を払う必要はない）。納税額と景気はプラスの相関関係にあるわけだ。その分，課税後の家計の可処分所得や企業の利潤は，課税前に比べて景気に左右される度合い（変動幅）が小さくなる。家計は可処分所得から消費を行い，企業は課税後利潤を配当や設備投資資金に回すわけだから，変動が軽減される結果，消費や投資の増減も緩和されることになる。景気の良いときは消費・投資の過熱化を抑え，景気後退期には消費・投資を下支えするといった具合だ。総需要（有効需要）を構成する消費や投資の安定は，マクロ経済の安定化につながる。

　このように税制（特に所得税・法人税）が経済の安定化に果たす役割を自動安定化装置（ビルトインスタビライザー）という。ただし，政府の税収は不安

定となる。景気がよければ，所得税・法人税は増収となるが，不景気には税収が大きく落ち込むからだ。もっとも，この変動を請け負うことが経済安定化機能なのである。このとき，政府は財政赤字・黒字を創出する（公債を発行・償還する）ことで税収の増減が安定的な財政運営を損なわないようにしなくてはならない。

■ 課税の原則

「望ましい税制」の条件としては①公平，②中立，及び③簡素が挙げられる。このうち税の公平としては，応能原則，応益原則があった（**第1講参照**）。こうした公平感を理論的に定式化したのが社会厚生関数である（**第9講**）。税が中立的とは納税者の誘因を歪めないことである。ここで「歪める」とは，もし課税がなければ，行っていた（あるいは，行っていなかった）選択をしなくなる（あるいは，するようになる）ことを指す。

例えば法人税の結果，もし実施していた事業や設備投資が行われなくなるとすれば，これは税が「納税者」としての企業の行動を「歪めている」に他ならない。歪みの程度は超過負担として表される（**第8講**）。

もっとも，いかなる税も超過負担の発生は不可避であるから，経済に対する「歪みを最小限に留める」と言い換えることができるだろう。中立性は税制が可能な限り効率に適うことを求める。

他方，「簡素」とは，税金の仕組みが国民（納税者）にとって分かりやすく，納税の手続きが容易なことである。税は納めるにも，集めるにも手間がかかる。①家計や企業が納税のために費やすコスト（例えば，申告書類の作成にかける時間，税理士への支払いなど）を納税費用，②査察など政府が徴税に要するコストを徴税費用という。税制が簡素であれば，こうした納税費用と徴税費用が低く済む。

6.2　税の誘因効果

■ **税を避ける誘因**

　前述の通り，自身の支払う税と政府から受けるサービスとの間に対応関係が見出せない結果として，納税者（家計や企業）は税の支払いを回避する誘因を持つことになる。脱税や節税のようなあからさまな方法によらなくとも，税の負担を伴うような経済活動を避けるといった方向に個人の選択が偏るであろう。このことが課税の家計に及ぼす誘因効果となって現れてくるのである。

■ **異なる次元の意思決定**

　家計や企業は課税を免れる誘因を持つとはいえ，彼らは税の必要性自体を否定しているわけではない。社会保障（年金，医療・介護等）の安定財源を確保するための消費税の増税や格差の是正（社会福祉の充実）のための所得税の税率引き上げに対して納税者は賛同するかもしれない。彼らは多数決投票のような公共選択において増税に賛成票を投じる（選挙において増税の必要性を訴える政治家・政党に票を入れる）だろう。このとき，彼らは税とその使途（社会保障や福祉）をリンクさせている。

　しかし，一旦税率が引き上げられれば，増税への賛否の如何によらず，納税者はなるべく自身の税負担を避けようと思うはずだ。例えば，消費税の増税前に駆け込みで高い買い物（住宅や自動車など）を済ませしまおうとする。増税に同意があったからといって，増税が誘因効果を持たない（納税者の選択を歪めない）わけではない。

　フランスではリーマンショック後の経済・財政危機を乗り越えるべく，ロレアル創業者の娘らの富裕層が「我々に課税せよ」と特別貢献税の導入を提言していた。これを真に受けたわけではないだろうが，当時のオランド政権は2013年からは2年間の時限措置で年収100万ユーロ（約1億1,500万円）を超える個人の所得税率を，現行の約40％から一気に75％に引き上げる案を示した。

　しかし，増税を嫌う富裕層が隣国ベルギーなどの外国籍を取得する動きが

相次いだ。①課税に関わる政策決定（公共選択）と，②課税に起因する誘因（経済）効果は区別しておく必要がある。ただし彼らが2つの選択の間で「二重人格」（ジキルとハイド）的に振舞っているわけではないことに注意されたい。課税自体からの受益は理解できても，自分自身の負担はその受益と結びつき難い（自分が税を支払わなければ社会保障は破綻するとは誰も考えないはず）。自分はあえて負担しなくとも，他の誰かが負担してくれるという「只乗り」の誘因が働いているとも解釈できるだろう。

■ 課税と消費者選択

以下では，税が家計の消費選択に及ぼす誘因効果について考えてみよう。税としては特定の財貨に対する物品税を取り上げる。酒税やタバコ税などが物品税の例となる。また，住宅消費に対する課税という性格に着目すれば（制度的には資産課税であるが）固定資産税も，ここでの物品税に近い。

代表的家計（消費者）は2つの財を予算制約の枠内で自身の効用を最大にするよう選択する。物品税は一方の財に課税される。よって，物品税は課税財と非課税財の間の相対価格（＝課税財価格÷非課税財価格）を変化させる。この相対価格の変化が家計の消費選択（需要行動）に及ぼす誘因効果は①代替効果と②所得効果に区別される。この区別は課税のネットの効果や，税の経済コスト（機会コスト）を理解する上で重要となる。

1. 代 替 効 果

相対価格が引き上げられると限界代替率で表される消費者の財貨に対する主観的価値（ニーズ）との間で乖離が生じる。消費者の観点からすれば，価格が相対的に上がった財貨は，（その追加的消費に対して）消費者が置いている主観的価値に比して「割高」となる。代替効果はこの割高感によって生じる。消費者が限界代替率と相対価格を再び一致させるように消費配分を変更するのである。このとき，相対価格の上がった財貨の需要に対する代替効果はマイナス，価格が据え置かれている（相対価格が下がった）財貨にはプラスの代替効果が働く。

2. 所 得 効 果

価格の変化は消費者の「購買力」にも影響する。価格が高くなれば，所定

の所得で購入できる消費が少なくなる。総じて所得の購買力が低められるのである。例えば，エネルギー価格が高騰すれば，エネルギー消費に限らず，他の財貨の消費まで切り詰めなければならなくなるだろう。これは所得の購買力が下がった結果である。所得効果は所得の購買力の変化による。

　ミクロ経済学では所得の上昇とともに需要が増える財貨を正常財，逆に需要が下がる財貨を劣等財という。価格の増減は，その購買力を変えることで，所得の変化と実質的に同じ効果を発揮するわけだ。価格の引き上げによる所得効果は正常財であればマイナス，劣等財はプラスとなる。

■ 一 括 税

　次にベンチ・マークとして，政府が一括税を課しているケースを取り上げる。一括税とは消費行動の如何によらない定額の税であり，「人頭税」とも呼ばれる。我が国でいえば，地方税である住民税の均等割（市町村・都道府県合わせて年額4千円）が例となる。

　一括税は家計の所得は税額だけ減じ，合わせて消費量の組み合わせを示す予算制約式を下方に平行にシフトさせる。ここで「平行」とは，二財間の相対価格には変化がないことを指す。課税後所得（可処分所得）の減少は，（家計の購買力を低下させることで）所得効果をもたらす。両財とも正常財とすれば，その需要が減る結果，家計の消費選択はE点からF点に移動する（図6-1 (a)）。

　無論，こうした一括税が現実の税制で重要な役割を果たすことはありそうにない。そもそも所得の多寡によらない課税は不公平であろう。とはいえ，一括税は（理想的な市場同様）現実の税制を理解する上でベンチ・マーク（基準点）となる。

■ 物 品 税

　一括税に代えて一方の財にだけ物品税を課すとしよう。課税によって，当該財に対して消費者が支払う価格（消費者価格）に引き上げられる。当初の選択を起点とすれば，限界便益は価格を下回り，家計の主観的価値（限界代替率）に比して課税財は割高になる。

(a)

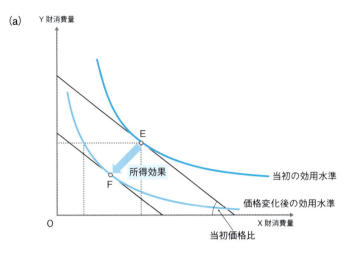

(b)

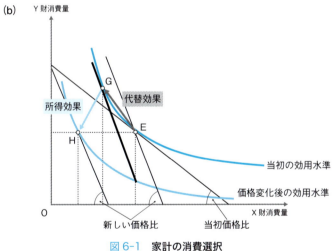

図 6-1　家計の消費選択

　仮想的に家計の購買力は不変（価格の上昇に対し当初の効用水準を一定に保つよう所得補償がなされている）としても，その選択は E 点から G 点（限界代替率が新たな価格と一致）に移る。この移動が代替効果である。

　無論，実際には購買力自体が下がっており，G 点は実現可能な消費ではない。新しい（税込み）価格の下で，購買力の低下の影響（＝所得効果）は G

6.2　税の誘因効果　　101

点から H 点への消費選択の変化となって現れてくる。両方の財貨が正常財であれば，G 点に比べて H 点の消費量は少なくなる（図 6-1 (b)）。

このように物品税は課税財の（相対）価格を高め，家計の消費選択に対して，所得効果と代替効果を及ぼす。ここに誘因効果が所得効果のみとなる一括税との違いがある。

■ 税収の還付

一括税と物品税の違いは次のような思考実験からも知られる。政府は一旦徴収した税を全額，家計に一括還付するとしよう。一括還付とは家計の観点からすれば，還付金が彼の消費選択に依存せずに定額であることを意味する。よって，一括還付の効果は所得効果に限定される。一括税を同額一括還付する帰結は明らかであろう。予算制約式は下の位置に戻り，家計の消費選択は E 点に留まる。

一方，物品税を定額還付したときの効果は異なる。還付によって家計は以前と同じ購買力を維持できるが，相対価格は相変わらず割高なままである。還付は物品税の所得効果を相殺するが，代替効果はそのままとなるのである。家計の消費選択は E 点には戻らない。代替効果分，課税財の消費は減じられ（非課税財の消費が増加し）たままとなる。

「お金の流れ」だけをみれば，家計と政府との間で税金が一周したに過ぎない。しかし，物品税は家計の認知する財の価格を変更することで，その経済活動に代替効果分，影響を残す。税に伴う経済活動への歪み（非効率）は，この代替効果に起因する（第 8 講）。

6.3 家計の労働・貯蓄選択と課税

以下では，課税の誘因効果として，(1) 賃金所得税が労働供給に及ぼす効果，及び (2) 利子所得税が貯蓄に与える効果を取り上げる。しばしば，（賃金や金融所得に対する）所得税を減税して，勤労意欲を喚起したり，貯蓄を促進したりすることが提言される。こうした主張は 1980 年代，「サプライサ

イド経済学」として一世を風靡し，当時の米国のレーガン政権（共和党）の税制改革（1983年）に影響を及ぼした。

近年でも，経済活性化の観点から，所得税の減税を求める向きがある。減税で一時的には税収減になっても，経済の成長が促されれば，中長期的には税収が上向くとの見解もある。一見，直感的であるが，税の誘因効果はそれほど単純ではない。

■ 労働供給

代表的家計の労働供給選択に着目しよう。労働1時間あたりの賃金率（時給）に対して一定の税率で所得税が課されるとする。家計は勤労時間で計られた労働を供給することで賃金所得を稼ぎ，賃金所得税を支払った後の可処分所得を消費に充てる。一口に消費といっても様々あるが，単純化のため，消費は一括りにしておく（合わせて，消費の価格は1に基準化する）。

家計は予算を制約に効用を最も高めるよう余暇と消費を選択する。1日あたり最大余暇時間（睡眠時間を除いて例えば18時間）から余暇を差し引いたのが労働供給になる。なお，この余暇は単なる「暇」ではなく，家族と過ごす時間，家事労働，自己啓発などに充てる時間と解釈できる。

こうした余暇から効用を得る反面，労働は（余暇時間を減らすという意味で）不効用になる。無論，勤労には社会的地位の向上や充実感，人間関係など，むしろ個人の効用を高める要素もあるが，ここでは「働く喜び」を超えた労働（例えば，残業）を想定する。

■ 労働の代替効果 vs 所得効果

賃金を一定とすれば，減税によって課税後賃金率が（例えば時給2千円から2千5百円に）引き上げられる。よって，1時間多く働いたときに得られる報酬は当初の限界代替率（＝労働者が要求している追加報酬）に比べて高くなる。彼はあと1時間働く不効用に比べて「割が合う」と思うだろう。結果，労働供給は喚起される。これは代替効果である。

その一方で減税前に比べて家計の懐には余裕が出てくる。豊かになった分，あえて苦痛を伴う労働よりも，余暇や趣味，子育てなど他のことに時間を使

おうと考えるかもしれない。

　例えば，生活のために1日あたり1万円稼ぐことを目的としているならば，時給が2千円から2千5百円に上がると，労働時間を5時間から4時間に減らすことができる。よって時給が上がれば，生活のためにあくせくしなくて済む。労働には劣等財としての性格がある。このため，減税の所得効果（生活水準の改善）は負となる。

　一般に代替効果と所得効果のどちらが強いかは判断しにくい。直感や通念に反して，賃金所得税の減税が「勤労意欲」＝労働供給に及ぼす効果は確定的ではない。実証研究では，概ね成年男子の労働供給（＝労働時間）の（課税後）賃金率弾力性は高くない（ゼロに近い）ことが知られている。両効果がほぼ帳消しし合った格好だ。

■ 労働供給以外の課税の効果

　ただし労働時間で測られた労働供給が課税に対して，さほど反応しない（供給が非弾力的）からといって，税率を高くしても構わないというわけではない。勤労に関わる家計の意思決定は労働時間に限定されないからだ。

　例えば家計は教育投資をすることで自身の労働生産性を高めることができる。しかし，生産性が高くなっても，手取りの報酬がさほど増えないとなれば，あえて教育投資を進んでしようとは思わないかもしれない。

　職業選択にも課税は影響するだろう。事業の成功から得られる（課税後の）報酬が多くなければ，誰もリスクを負って自ら起業しようとはしないはずだ。安定感のあるサラリーマン生活をむしろ志向するかもしれない。

　高齢化の進む我が国では働き手の不足を埋めるために，元気な高齢者により長く働き続けてもらう環境整備が不可欠となっている。しかし，現行の公的年金制度では，年金を受け取っている高齢者が働いて所得を稼ぐと，年金の一部が減額される仕組みになっている。働くことにペナルティーが課せられた格好だ。特に年金や貯蓄でもって生活に余裕のある高齢者はこのペナルティーを払ってでも働こうとはしないだろう。結果，高齢者の就業率が低い水準に留まることになる。ここで所得税と公的年金制度は一体となって，高齢者の退職選択に影響をしていることになる。このように税に対する家計の

反応＝誘引効果は多様である。

■ 貯蓄選択問題

続いて，家計の貯蓄行動に着目する。ミクロ経済学では個人の貯蓄選択は現在と将来との間での消費の選択（**異時点間消費選択**）としてモデル化される。以下では利子（資本）所得に対する課税が家計の貯蓄額に及ぼす効果を再び代替効果と所得効果に区別する。

家計が今期に稼いだ所定の所得を今期（現在）と来期（将来）との消費に配分する選択のケースを取り上げる（図 6-2）。単純化のため 2 期間に限定しているが，3 期間以上に時間を延ばしても，議論の本質に変わりはない。ここで貯蓄は現在の所得を将来の消費に結びつける役割を果たす。つまり，将来の消費に備えて貯蓄をするというわけだ。

現在消費を非課税財，将来消費を課税財と読み替えると，利子所得税は将来消費に対する課税（物品税）にあたる。このとき現在消費に対する将来消費の相対価格は割引率（将来の 1 円の現在からみた価値）で与えられる。当初

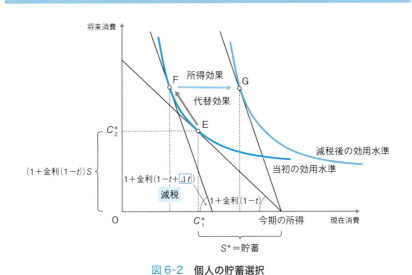

図 6-2　個人の貯蓄選択

の税率の下で，家計は2期間を通じた（生涯ベースの）予算を制約に生涯効用を最大にするよう（異時点間）消費配分を選ぶ。一旦，現在消費が決まれば，残余として貯蓄額が決まってくる。

■ **貯蓄の代替効果 VS 所得効果**

利子所得税が減税（例えば，税率が20％から10％に軽減）されたとしよう。家計の購買力を一定とすれば，課税後利子率が引き上げられる結果，将来消費の価格は低下する。これは家計にとって，現在消費が割高（将来消費は割安）になったことを意味する。

代替効果は将来消費を喚起（現在消費を減少）させるように働く。この代替効果によって貯蓄は増加する。しかし，価格の低下は家計の購買力を高めることで，（いずれも正常財である限り）両期間の消費にプラスの所得効果を及ぼす。現在消費の拡大は貯蓄の減少を指す。所得効果は貯蓄を減じるのである。このように貯蓄にはプラスの代替効果とマイナスの所得効果が作用し，ネットで貯蓄が増えるかどうかは定かではない。

賃金所得税同様，利子（資本）所得課税の誘因効果も多面的であることに留意されたい。例えば貯蓄額ではなく，資産の保有形態（リスク資産と安全資産との間のポートフォリオなど）に影響するかもしれない。利子所得税を軽減する一方，配当やキャピタルゲイン課税が高率で課税されている場合，家計はあえて株式の購入などリスクのある投資ではなく，銀行預金や国債の購入など安全志向に走ることも考えられる。ここでは異時点間の消費ではなく，資産の間で課税（税率の差異）による代替効果が生じている。

6.4 「税等価」という考え方

■ **税のバランス**

税制上，所得税は所得課税・直接税，消費税は消費課税・間接税に分類されていた。伝統的に我が国の税制は所得税・法人税など直接税に多く依存する体系だった。近年では消費税の引き上げを求める向きがある。高齢世代で

も消費税は支払う。彼らが享受する社会保障の費用を一部，負ってもらうようにすることで社会保障制度の「支え手」としての若年世代の負担（社会保険料）を軽減する狙いもある。

　こうした通念は完全に誤りではないにせよ，制度上の相違を強調するあまり，所得税と消費税の経済効果の類似性を見落としてしまっている。結論から言うと，個人の生涯ベース（生涯予算制約）で捉えれば，消費税を増税するのも，賃金（給与）所得への所得税を増税するのにも，原則違いはない。いずれの税も経済（誘因）効果は同じという意味で<u>税等価</u>である。

■ 予算制約

　この税等価を理解するには，難しいモデルを展開するまでもない。家計の予算制約式をみれば事足りる。単純化のため，一期間のみの経済を仮定しよう。この経済では家計は今期稼得した所得を全て，財貨・サービスの消費に充てる。税率 t（例えば，8％）で消費税が課されているときの予算制約式は

$$(1+t) \text{消費支出} = \text{所得} \Rightarrow \text{消費支出} = \frac{\text{所得}}{1+t}$$
$$= \left(1 - \frac{t}{1+t}\right) \text{所得} \quad (6.1)$$

と表される。最初の式の両辺を $1+t$ で割って変形したのが，右側の式にあたる。消費税の下での予算制約式は，税率 $T = t/(1+t)$ で所得に課税したときの予算制約式に等しい。同じ予算制約式であれば，家計の選択（効用最大化）は等しい。消費税率と所得税率は税等価（経済効果は同値）となる。

　モデルを二期間に拡張しても結果に変わりはない。家計は稼いだ所得をいずれ消費に回す。今期の貯蓄は将来の消費に充てるためであることを想起してもらいたい。消費と所得が等号で結ばれている以上，①消費税のように左辺＝消費を課税ベースにするのも，②（賃金）所得税のように右辺＝所得を課税ベースにするのも同じことだ。いずれの課税も家計に対して同じ誘因効果をもたらす。

■消費税の誘因効果

消費税は特定の財貨を課税対象とする物品税とは異なり，原則，市場で取引される財・サービス間で代替効果を誘発しない（ここで「原則」と断ったのは，教育費や住居費など政策上の配慮から免税となる財貨・サービスもあるからだ。軽減税率の適用対象とも代替効果が生じる）。

今日，消費税を増税したとして，同じ税率が将来的にも保たれる（と見込まれる）ならば，増税が消費を冷え込ませることもない。今日，消費をしないで，貯蓄を増やし，将来消費に回しても，消費税を避けることはできないからだ。現在と将来との消費間で代替は生じない。消費税の誘因効果は賃金所得税と同様である。つまり，消費活動ではなく，労働供給に誘因効果（所得効果・代替効果）を及ぼすことになる。

■所得税≠消費税？

ただし，所得税と消費税が常に同じであると言っているわけではない。上では考慮されなかった要因が両者の区別に影響するからだ。正確にいえば消費税と「税等価」なのは賃金所得税である。消費税は利子など資本所得に課税しない（あるいは同じことだが，貯蓄には課税していない）。利子（資本）所得税がある分，所得税と消費税の経済効果は違ってくる。

直接税である所得税と間接税の消費税との違いは税の徴収形態にある。所得税は原則，自己申告（特に自営業者や農家の場合）による一方，消費税は消費者個々人ではなく，事業者（売り手）が納税者となっている。個人が実際のところ，どれくらいの所得を稼いでいるかを捕捉することは難しい。しばしば指摘される「クロヨン」，あるいは「トーゴーサン」と呼ばれる業種（給与所得者，自営業者，農家）の間での所得捕捉の違いは税制を不公平にしているとの批判が多い。

また，個人の生涯ベースではなく，消費税が引き上げられる時点（例えば，20XX年）に注目すれば，その効果はこれから所得を稼ぎ消費を行う若年世代と，貯蓄を取り崩して消費に充てようとしている老年世代との間では異なってくる。老年世代にとってみれば，消費税は（賃金所得ではなく）貯蓄に対する予想しなかった課税にあたる。ただし，この効果は増税時の老年世

代に限られる。現在の若年世代も老後，貯蓄を消費に回す際，消費税を負担するが，これは若年期に（消費税で置き換えられた結果）賃金所得税として払わずに済んだ税の「後払い」に過ぎない。

6.5 本講のまとめ

本講では税の機能と誘因効果を学んだ。市場価格とは異なり受益と負担＝税との間には一対一の対応はない（税を多く払えば，自身の受益が増えるという関係にはない）。このため，有権者として投票＝公共選択レベルでは課税に同意していた個人であっても納税者としては税を避ける誘因が働くことになる。具体的には課税で高くなった財貨の購入を控える，あるいは増税前に駆け込みで消費をするといった行動になって現れる。

こうした個人の誘因効果は代替効果・所得効果に分けられる。労働・貯蓄選択の場合，代替効果と所得効果の符号が逆になっていた。このため賃金・利子課税が労働供給や貯蓄に及ぼす影響は定かではない。

実際，労働供給や貯蓄の弾力性（感応度）は低いことが知られているが，これは両効果が相殺し合っていることにもよる。ただし，労働供給・貯蓄が課税に反応しないから，いくら税を課しても良いというわけではない。個人は労働時間や貯蓄額以外の選択でもって税を逃れるかもしれない（最も露骨なのが脱税であろう）。また，税収に使途（他の誰かへの再分配）も勘案すれば，所得効果は経済全体では相殺する方向で働く。誰かのマイナスの所得効果は誰かのプラスの所得効果になるということだ。しかし，代替効果だけは依然残り，これが税による経済コスト＝損失となる（**第8講**）。

本講では最後に「税等価」を取り上げた。消費税と所得税など間接税と直接税という制度的に異なる税が同様の効果を発揮することがある。税の経済効果を正しく知るには見た目＝制度・法律だけでなく，経済モデル＝理論に即した理解が必須といえる。

■ **Active Learning**

《理解度チェック》・・
- □1　市場価格と税の顕著な違いについて述べよ。
- □2　税の原則として3つ挙げて，各々について簡単にまとめよ。
- □3　課税に対する個人の誘因効果について「所得効果」，「代替効果」をキーワードに説明せよ。
- □4　所得税の減税が労働供給や貯蓄に及ぼす影響はどのようであったか述べよ。
- □5　税等価とは何か？　消費税と所得税の同一性，あるいは違いについて説明せよ。

《調べてみよう》・・・
- [1]　消費税といえば，コンビニなど小売店で支払う税金と思われるかもしれない。実際は原材料から製造，卸売りまで各流通段階で消費税が課されている。消費税制度の仕組みについて調べてみよう。
- [2]　税は国だけが課すものではない。地方自治体でも様々な税が課されている。その一つに市町村が課税する「固定資産税」があり，主要な税源になっている。固定資産税の仕組みと課題は何だろうか？

《Discussion》・・・
経済のグローバル化，少子高齢化など日本は新しい経済・社会環境に直面している。その新たな環境の中で望ましい（公平・効率に適う）税制とはどのようなものだろうか？

■ 文献紹介

日本の税制全般については
- 『図説 日本の税制』財経詳報社，各年度版

第7講
税の帰着と負担

■税の支払いと負担は必ずしも一致しない。税の負担の転嫁と帰着について部分均衡・一般均衡分析モデルで学ぶ。税は思いがけない副作用＝帰着をもたらすことを理解する。

7.1 課税の経済効果

■ 税の支払い≠税の負担

　税を支払う主体が税を「負担」しているとは限らない。例えば，法人税は制度上，法人企業が支払う税である。しかし，法人税は企業等の経済活動（投資，雇用など）に影響を及ぼして市場均衡を変化させるだろう。課税に伴う損得＝負担の「帰着」は，この均衡の変化によって決まる。結果，税の負担は他者に「転嫁」されるかもしれない。同様に酒税やタバコ税といった間接税についても制度上，税の負担が消費者サイドだからといって，供給サイド（売り手）がその負担を免れているわけではない。

　通念としては「大企業や金持ちに対する課税は（彼らが多く税を支払うから）公平に適う」ものであっても，課税の負担が最終的に一般消費者や労働者などに回るならば，その結果は必ずしも公平に即していないだろう。税の経済効果を評価するには，こうした税が市場経済に及ぼす効果への正しい理解が不可欠となる。

　経済分析には，①課税対象の市場のみに着目した（他の市場の動向は捨象した）部分均衡分析と②課税の対象となる財貨・サービスの市場に留まらず，全ての市場の需給と市場間の補完・代替関係を勘案する一般均衡分析がある。

本講では，はじめに課税の経済的帰結を部分均衡分析に従って明らかにする。具体的には，課税後の需給を均衡させる価格メカニズムの働きと，その結果としての税負担の帰着（経済主体間での税負担の分担）を学ぶ。

■ モデルによる説明

ある財に対して物品税を課しているケースを取り上げる。当該財貨市場は完全競争的（取引に参加する全ての経済主体は価格受容者として振舞う）としよう。このとき，消費者価格は税率分だけ生産者価格を上回る。

消費者の観点からすれば，企業に支払う価格に税率を加えた支払いが求められる。これは供給関数が税率分，あたかも「上方」にシフトしたことに相当する。

他方，企業にとってみれば，消費者が支払った価格から税率を差し引いた分が，自分の収入となる。需要関数が税率分，「下方」にシフトしたようなものだ。消費者が認知する財のコスト（＝消費者価格）と生産者が認知する財へのニーズの高さ（＝生産者価格）との間に税率分，乖離が生じるのである。

所定の税率の下で，価格メカニズムは需要と供給を一致させるよう価格を調節する。図 7-1 にあるように当初の均衡（E 点）と比較すると，①均衡生産量は減って，②消費者価格は上昇，③生産者価格は低下していることが分かるだろう。ここでは消費者価格が 10 円上昇，生産者価格が 10 円低下している。

このとき，①消費者価格の上昇分が消費者に帰着する税負担（消費者の厚生水準の減少），②生産者価格の低下分が企業に帰着する税負担（企業の利潤の減少）となる。たとえ，この物品税が制度上，消費者が負担して，生産者は納税義務のみを負う間接税であったとしても，生産者自身が負担を免れているわけではない。

消費者は課税によって価格が高まったことに不満を覚えるかもしれないが，彼らは物品税の「全て」（税率分）を負担しているわけではない。逆に制度上，生産者に課される税金であっても，その負担の一部は消費者に転嫁されるのかもしれない。

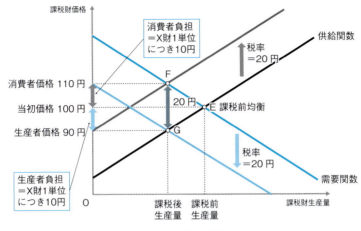

図 7-1　税負担の帰着分析

■ 税の帰着と弾力性

　結局，税金の負担は市場価格の変化を介して，消費者と生産者の両方で分担されることになる。税制上の建前（あるいは理念）ではないとすれば，何が税負担の帰着を決めるのだろうか？ キーワードは需要・供給各々の価格弾力性である。ただし，ここでは一市場のみに着目した部分均衡分析に従うから，ここでいう「価格」とは当該市場で取引される財貨の消費者価格，生産者価格に他ならない。

■ 価格弾力性

　価格が1％変化したときの，需要，供給が何パーセント変化するかを測ったのが，需要，供給各々の価格弾力性である。経済主体（消費者・企業）の選択の市場価格に対する「感応度」を表す。数式としては以下のように表される。

$$\varepsilon_D = \frac{-\Delta D/D}{\Delta q/q} = -D'(q)\frac{q}{D(q)} \quad ; \quad \varepsilon_S = \frac{\Delta S/S}{\Delta p/p} = S'(p)\frac{p}{S(p)}$$

ただし，$D(q)$ は需要関数，$S(p)$ は供給関数である。

7.1　課税の経済効果

需要の価格弾力性の前にマイナスが付されているのは，需要関数が価格の減少関数であることによる。弾力性の定義の中の「Δ」は変化量を指す。この変化量が十分に小さいとすれば，微分でもって近似できるようになる。弾力性の多寡は需要関数，供給関数各々の「傾き」によることが分かる。

　図7-1で縦軸に価格をとっていることに注意すれば，需要関数が垂直なほど弾力性は低く，水平に近いほど弾力性は高い。供給関数についても同様なことがいえる。

■ 価格弾力性＝代替可能性

　では，価格弾力性が高い（あるいは低い）財貨とはどのようなものだろうか？ 需要関数の傾きには「代替効果」が織り込まれていることに留意してもらいたい。部分均衡分析のため無視されているが，需要の減少は他の財貨への「代替」を含意する。従って，課税財に代えて消費できる財貨（課税財＝中型自動車に対する軽自動車，課税財＝ビールに対する発泡酒など）が他にあれば，代替効果は高く，よって需要関数は水平に近くなる。つまり，需要は価格弾力的となる。

　逆に生活必需品など他をもって代え難い財貨ならば，代替の余地は限られ，価格弾力性も低く現れる。供給サイドについていえば，企業は同じ機械設備や人員を財以外の財貨・サービスの生産に容易に転用可能であれば，供給の価格弾力性は高くなるはずだ。総じて，価格弾力性は他の消費・生産に対する代替可能性の程度に依存する。

　以下では，この弾力性を用いて物品税が①全額消費者に帰着するケース（ケース１，２）と②全額生産者（企業）の負担となるケース（ケース３，４）を取り上げる。いずれも極端な場合であるが，現実の税負担の帰着の如何は，需要・供給の価格弾力性の「組み合わせ」がいずれのケースに近いかで判断できるだろう。

■ 消費者に帰着するケース

　需要が価格とは独立に一定としよう（ケース１）。このとき需要の価格弾力性はゼロとなる（図7-2 (1)）。従って，課税前の生産者価格はそのままに

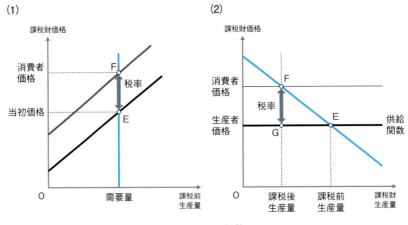

図 7-2　消費者に全て帰着するケース

物品税率分だけ消費者の支払う価格が上乗せされても，需要に変化はない。企業は顧客を失うことなく，税を全額，彼らに転嫁できる。

次に供給関数が価格で水平になっているケースを考える（ケース2）。このとき生産者は採算ギリギリ（利潤ゼロ）で供給しているかもしれない。従って，受け取る価格がこれを僅かに下回ると赤字に陥って，市場からの退出を余儀なくされる。あるいは，利益が下がれば，他の財貨に生産ラインを転用することが容易なのかもしれない。いずれにせよ，水平な供給関数では，その価格弾力性が無限大となる。生産者価格を引き下げる余地はないため，消費者価格が物品税率分だけ引き上げられなければならない（図 7-2 (2)）。

このように①需要の価格弾力性がゼロ，あるいは②供給の価格弾力性が無限大のとき，物品税の負担は全額消費者に帰着する。ただし，生産量に対する効果には違いがあることに注意されたい。前者では，生産量は課税前と同じ水準に留まるが，後者では消費者価格が高まって需要が減じられる分，低くなる。

■ 生産者に帰着するケース

供給が価格とは独立に一定としよう（ケース3）。ここでは供給の価格弾力

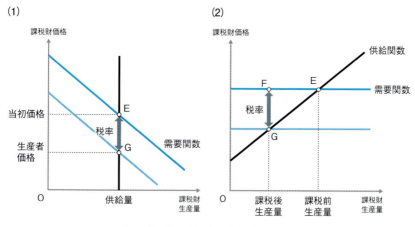

図7-3 生産者に全て帰着するケース

性がゼロとなる。土地など供給を容易に変えられない財が該当する。課税前の消費者価格を一定に物品税率だけ生産者の受け取る価格が引き下げられても、供給量はそのままとなり、需給均衡は維持される。このとき物品税は全額、生産者の負担に帰することになる（図7-3 (1)）。

最後に需要関数が価格で水平になっているとする（ケース4）。課税財と密接な代替財が他にあり、価格が上がれば、その代替財の方に消費が全て移ってしまう状態にあたる。その価格弾力性は無限大となる。消費者価格を引き上げる余地はないため、生産者価格の方が物品税率分だけ下げられる（図7-3 (2)）。

まとめると、①供給の価格弾力性がゼロ、あるいは②需要の価格弾力性が無限大のとき、物品税の負担は全額、生産者に帰着する。ただし、生産量は前者では、課税前と同じ水準に留まるが、後者では生産者価格が減少して供給が落ち込む分、低下する。

これらの結果を一般化すると、物品税の負担は①価格弾力性が相対的に低い方に多く帰着することになる。②弾力性の高い方は、消費あるいは生産を他に転換する（代替する）などして、税負担を免れているのである。

物品税と同じ分析は賃金所得税や利子（資本）所得税にも当てはまる。そ

の場合，家計が供給サイドに，労働や資金を需要する企業が需要サイドに立つ。賃金所得税や利子所得税がいずれに帰着するかは需要，供給各々の価格弾力性に依存する。

ただし，部分均衡分析は消費税に適用することはできないことに注意してもらいたい。消費税は（いくつかの免税品もあるものの）幅広い財貨・サービスを課税対象とする。課税財と代替的な財貨（例えば，コーヒーに対する紅茶，ビールに対する発泡酒など）も同じ税率でもって課税されている。その場合，相対価格に変化はなく，代替効果は働かない（部分均衡分析は他の市場における課税に変化はないものと仮定していることに注意せよ）。他の市場の動向を織り込むには一般均衡の視点が必要となる。

■ 帰着分析：不完全競争の場合

ここまでは（企業が価格受容者として振る舞う）完全競争的な市場を仮定してきた。企業に価格支配力があるとき，物品税の転嫁はどのように変わるのだろうか？ 簡単化のため限界費用は一定としよう。上述の通り，完全競争企業であれば（供給曲線が水平＝無限に弾力的なケースに相当）税率分を消費者価格に上乗せ（＝転嫁）することになる。他方，独占的企業は価格転嫁による需要の変化を織り込むだろう。競争価格（＝限界費用）に比べて独占利潤を含む独占価格は元々高く設定されている。これ以上の価格引き上げが大きく需要を減じる（価格弾力性が高い）ようならば，独占的企業はあえて価格転嫁を控えるかもしれない。

実際，カナダの主要都市におけるガソリン税の転嫁の実証研究によれば，特定企業（ガソリン供給者）への集中度（独占度）が高まるほど，物品税による小売価格の増加幅は減少している（Jametti et al., 2013）[1]。無論，価格支配力を生かして便乗値上げに出る企業もいるかもしれない。結論は需要関数の構造（＝価格弾力性）に応じることになる。

次に独占企業を労働組合に，物品税を所得税に代えて考えてみよう。労働組合は労働市場において「独占的」な労働供給者と位置付けられる。独占企

---

[1] Mario Jametti, Agustin Redonda and Anindya Sen, "The Power to Pass on Taxes - A Test for Tax Shifting Based on Observables," *CESifo Working Paper Series*, No.4265, 2013.

業が製品価格を吊り上げるように労働組合は賃金を高くして労働組合員の利益，具体的には課税後賃金総額＝一人当たり課税後賃金×雇用水準の最大化を図る。

ただし，雇用水準は労働需要に応じることになる。このため賃金要求にあたっては雇用＝労働需要へのマイナス効果も勘案される（これは独占企業が価格上昇⇒需要減少を織り込むのと同様だ）。このとき所得税は労働組合の賃金引上げの誘因を抑えるよう働くことになる。何故か？

賃金を高くしても，所得税が増えるならば組合員の課税後賃金はさほど増えない。他方，労働需要は減少する。よって過大な賃金要求は見合わなくなってくる。賃金が抑制されれば，雇用＝労働需要は拡大する。所得税は完全競争的な労働市場なら労働の誘因を阻害し，よって供給が減じられかねないところ，独占的（労働組合が優位）な労働市場では雇用＝需要を高める効果が（少なくても理論的には）あり得る。このように税の効果は市場の構造（完全競争的か独占的か）に拠るところも大きい。

7.2　一般均衡の視点

■ 負担の主体

税の効果は課税対象となる市場に留まらない。部分均衡分析では物品税の一部が生産者価格の下落という形で企業に帰着していた。しかし，企業が税の最終負担者になることはない。「負担」するのは必ず人間であって，企業のような組織ではないからだ。

経済学では外部性を含め便益やコストを人間に帰した上で，厚生評価をするのが一般的である。モデル上，企業は（利潤最大化を目的とする）意思決定主体として扱われるが，企業が独自に効用を持った主体であるとは考えない。経済学の評価基準である効率（パレート効率性）や公平もヒトの厚生水準に基づくことに留意されたい。実際，価格の下落は当該財の生産に投下される労働や資本といった生産要素（インプット）に対する需要を減じる。つまり，影響は労働市場や資本市場に波及する。このうち労働需要の低下は雇用の減

少・賃金の下落につながることになる。

■ 奢侈品への課税

例えば，奢侈品（ブランドのバッグ等）への課税について考えてみよう。こうした奢侈品の購入者が比較的富裕層とすれば，一見公平に適しているように思われるかもしれない。

しかし，負担の帰着は弾力性に応じて決まる。富裕層であれば他にいくらでも「楽しみ」を見出せるだろう。課税対象のブランド品に代えて，他のぜいたく品を買ったり，海外旅行に出かけたりしても良い。このため奢侈品の需要が弾力的ならば，税は相対的に多く生産者側に帰着することになり，生産者価格が下落する。

前述の通り，価格の低下はブランド品の生産に充てる労働への需要＝雇用を減じるだろう。ブランド品の購入者は富裕層でも，生産工場で働く労働者はパートを含めて一般の人々だ。奢侈品への課税は彼らに「しわ寄せ」が行く結果になりかねない。

■ 法人税の帰結

法人税についても同様だ。我が国の法人税率は国と地方を合わせて30％程となる（地方自治体が課す法人課税としては法人住民税・法人事業税がある）。この水準は周辺アジア諸国や欧米各国と比較して高い。

法人企業に関しては，①元々投資家（株主）の「集合体」とみなす法人擬制説と，②投資家から切り離された独自の存在とみなす法人実存説があることが知られている。しかし，法律上，いずれの説をとるかによって法人税負担の帰着が変わってくるわけではない。個人と法人企業との関係をどのように「みなす」かではなく，市場経済の中における両者の関係の「実態」が帰着の在り方を決めるからだ。

法人税は投資家（株主）に対する配当の原資である「利益」（＝売上－費用）を課税ベースとする。よって，その直接的な効果は配当＝投資の課税後リターンの減少という形で投資家に帰する。しかし，低い課税後収益率では資金供給＝法人企業への投資が減るかもしれない。そうならないため，企業

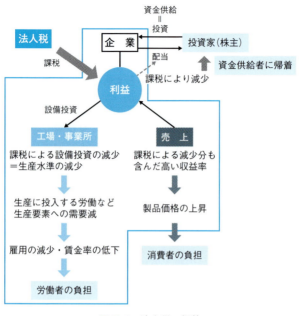

図 7-4　法人税の帰着

は収益率を高めようとするだろう。

　供給の弾力性に依存して一部は企業＝資金の需要サイドに課税前の「高い」収益率という形で帰着する（資本市場において投資家が資金供給サイド，企業は資金需要サイドに立つ）。そもそも法人税は生産費用の一部である。高い課税前収益率は高い生産コストとなって，製品価格の上昇要因となろう。法人税は部分的に（消費税のように）消費者に帰着することになる。あるいは投資コストが高くつく分，企業の設備投資が抑えられる。工場や事業所の規模が縮小となれば，応じて雇用も減る。賃金の下落要因にもなろう。奢侈品課税同様，法人税の影響は労働市場に波及する。このように法人課税は法人企業に関わる様々な市場に影響を及ぼす。一般均衡効果を理解することなしに，法人税負担の如何を論じることはできない。

　では，法人税は誰が「負担」することになるのだろうか？　一般均衡モデルは労働市場，資本市場の他，法人企業及び（個人事業主など）非法人企業

を生産者として含む複数の財市場で構成される。弾力性等モデルのパラメータには現実の経済に即した数値が用いられる。その一般均衡の定量モデルを使ったシミュレーションによれば，国内で供給されている資本ストックを一定（＝資本供給が非弾力的）として，国家間の移動を捨象した閉鎖経済では法人税は概ね投資家に帰着することが知られている。

ただし，投資家自体，最終負担者ではないかもしれない。投資信託といった形で家計から資金を受け入れ，運用しているケースも多い。労働者が老後の生活費に積み立てている年金基金を株に運用するファンドもある。この場合，投資家＝投資信託は家計を代理しているに過ぎない。よって，収益率の低下は家計の負担になるだけでなく，資金供給＝貯蓄への誘因を損なうかもしれない。

貯蓄が減れば，資金供給は乏しくなる。例えば経済成長モデルでは長期均衡＝定常状態において家計は一定の課税後収益率を要請する（**第8講**参照）。つまり，資金供給は無限に弾力的になる。このとき，法人税は全て需要＝企業サイドに帰着しなければならない。繰り返すが企業は人間ではない。資本コストの増加は労働者などに波及する。

■ 開放経済の場合

資本の国際移動を加味した開放経済では結論が大きく変わってくる。実際，経済のグローバル化とともに資本の移動が活発になってきた。このとき企業は法人税を避けるべく，生産拠点や投資資金を海外に移してしまうかもしれない。

例えば，米国多国籍企業の（個票と時系列を組み合わせた）パネル・データから，企業のグローバルな拠点選択では法人税率が大きな影響を与えていることが示されている（Devereux=Griffith, 2003）[2]（厳密にいえば，ここで立地選択に影響するのは法定（名目）税率に加え減価償却や租税特別措置などの減税措置を加味した実効税率である）。英国の法人税率1％の引き上げは米国多国籍企業の立地確率を有意に1.3％減じている。法人税率1％増の立地確率への効

2　Michael P. Devereux and Rachel Griffith, "Evaluating Tax Policy for Location Decisions," *International Tax and Public Finance*, Vol.10, Issue 2, pp.107-126, 2003.

果は国によって異なり，仏・独では各々0.5％減，1％減となる。

　企業の海外流出や国内投資の低迷は，雇用機会の減少を意味する。雇用の喪失（あるいは労働需要減による賃金の低下）は労働者の損失であり，これが彼らに帰する法人税の負担となる。例えば，二国（自国と外国）からなる一般均衡モデルによると，資本が二国間で移動可能な一方，労働は移動できないとき，法人税の少なくない部分（最大70％！）が賃金の低下となって労働者に帰すると試算されている（Randolph, 2006）[3]。試算の頑健性（多少モデルの構造を変えても結果が変わらないかどうか）を疑問視する向きもあるが，労働者への法人税負担の転嫁の可能性を示唆するものといえる。

■ 資 本 化

　税の効果は市場の間だけでなく，時間を超えて及ぶかもしれない。将来，法人税の減税が予定されているとしよう。このとき，これらの企業の株が取引される株式市場は活況を呈するだろう。

　投資家が資金を一定の金利が発生する国債等債券と株式への投資に充てているとき，裁定条件というが（同じ1万円を投資したときの）債券からの収益率＝市場金利と株式の収益率＝配当÷株価を比較する。仮に前者が高ければ債券を，後者が高ければ株式を投資家は選択する。

　「均衡」では両者は等しくなければならない。つまり，債券の収益率＝株式の収益率⇒株価＝配当÷金利が成立する。前述の通り，その企業利益は配当の原資である。法人税の減税は配当増への期待を高めるはずだ。この期待は現在の株価に反映されることになる。こうした資産価格の変化を資本化という。減税があるのは将来にも関わらず，その利益は現在株を持っており，売却することで高い譲渡益（キャピタルゲイン）を稼げる（あるいは売らなくても「含み益」を得る）今日の株式保有者に帰することになる。実際に高い配当を受ける将来の株主はそれを高い株価で購入していることから収益率は（市場金利と）変わらない。

　同様の「資本化」は土地保有への課税＝固定資産税についても成り立つ。

---

[3] William C. Randolph, "International Burdens of the Corporate Income Tax," *Working Paper Series*, Washington D.C.：Congressional Budget Office, 2006.

土地を購入するということは将来の固定資産税の支払い義務を「抱き合わせ」で負ったことに等しい。よって需要者は保有からの収益（誰かに貸し出せば地代であり，自分で利用するならば帰属所得＝自分自身への地代の支払いにあたる）から固定資産税額を差し引いて土地を評価するだろう。応じて地価は低下する。このとき将来の固定資産税の負担は売却価格が減じられる現在の保有者に帰着する。実際に固定資産税を払う新たな土地保有者は既に安い価格で買うことで税負担は相殺されている。

7.3 社会保険料の帰着

■ 労使折半

我が国では税のほか，公的年金や医療・介護，雇用保険として社会保険料が課されている。サラリーマンが加入する厚生年金であれば総報酬の約18％（2017年時点）であり，これが労使（労働者と雇用主）で折半されている（図 7-5）。

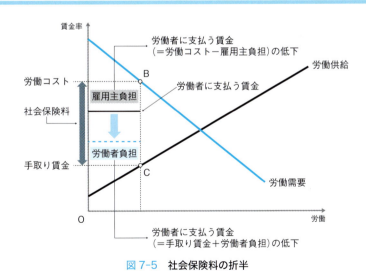

図 7-5　社会保険料の折半

医療保険や雇用保険の保険料も同様である。所定の保険料を労使のいずれが払うかは，しばしば社会保険料を巡る政策論議において重要視されてきた。労働者保護の観点からすれば，雇用主が多く負担することが望ましい。一方，企業は労働コストを軽減すべく，労働者サイドの負担割合の引き上げを求めるといった具合だ。保険料をどちらが払うかによって経済的な帰結（均衡雇用・賃金水準への影響）は異なるのだろうか？

■ 社会保険料＝税？

　以下では社会保険料を実質的に賃金に対する税とみなす。制度上，税とは見返りが特定化されない，かつ強制的に徴収される（納税は国民の義務）のに対して，社会保険料は，年金や医療等の給付資格を決めるという意味で「保険」（受益者負担）であるとともに，（強制的な性格より）「連帯と相互扶助」の理念に基づくという。

　しかし，実際のところ，現在，保険料の支払いが多ければ，給付が一定割合で増えるといった明瞭な関係が負担と受益に見出せるわけではない。例えば，医療保険の保険料を多く払っていれば，病院のサービスが良くなることはない。むしろ社会保険料は税と同様に再分配的だ。実際，厚生年金の保険料の一部は保険料未納の穴埋めを含め国民年金への補助に充てられる。組合健保・協会けんぽは保険料収入のうち4割強が高齢者医療費に充当されている。

　いずれにせよ，賃金をあと1万円稼いで，社会保険料を追加的に払っても，給付（受益）がそのままであれば，労働者にとっては，税を取られたことと変わりはない。「連帯と相互扶助」を建前にする制度だからといって，労働供給の選択にあたって，個人が自己利益（効用）を追求しなくなるわけではない（制度の理念によって合理的個人が行動パターンを変えたりすることはない）。雇用主も，雇用に関わる費用は税であろうが，社会保険料であろうが，その選択に際して，同様に取り扱うはずだ。

　ここでは労働市場は「完全競争的」であり，賃金は「伸縮的」と仮定する。労働供給は労働者の手取り賃金に，労働需要は企業（雇用主）の労働コストに応じて決まってくる。代替効果が所得効果を上回っており，労働供給は賃

金の増加関数(供給関数が右上がり)になっているとしよう。労働一単位あたりの社会保険料率は労使が折半している。このとき，労働市場均衡は図7-5のように与えられる。

■ 保険料分担割合の変更

保険料率はそのままに社会保険料を全額雇用主負担に変更したとする。このとき，労働市場の均衡に変化があるだろうか？ 企業は社会保険料負担が増えた分，労働者への支払い賃金を減らすだろう。企業の労働コストはそのままとなる。労働者負担分が減っても，支払い賃金が同額減額されるため，受け取り賃金にも変わりはない。従って，均衡雇用量，労働コスト，手取り賃金とも，当初の水準が維持される。

労働市場が完全競争的で，賃金が伸縮的であればという留保付きであるが，均衡に影響しているのは社会保険料に等しい①企業の労働コストと②労働者の手取り(可処分)賃金の乖離であって，労使間での分担の如何によらない。雇用主負担割合を上げたからといって，労働コストが上がるわけでも，労働者の手取り賃金が増えるわけでもない。むしろ雇用に影響するのは社会保険料水準そのものなのである。

7.4　国際課税の諸問題

■ 法人税と BEPS

法人税の影響は雇用・投資といった実体経済に留まらない。グローバル経済において懸念されるのは多国籍企業等による「租税回避」の動きだ。我が国を含め，法人税は所得が発生した場所で課税されるのが原則となる（これを源泉地主義という）。

企業の所得は概ね，収入マイナス経費でもって算出される。ここで問題になるのは源泉地で発生したとみなされる収入と経費の定義である。多国籍企業などにはこの所得を操作して高税率の国から低税率の国へ利益を移転させ，法人税の納税額を抑える誘因が働く。これを BEPS（Base Erosion and Profit

Shifting；課税ベースを浸食する利益移転）という。

■ 節税の誘因

　日本に親会社，中国に子会社のある多国籍企業について考えてみよう。形式的には親会社と子会社の区別はあるが，実態としては一体的に経営されている。親会社は生産に投入される部品の他，技術を子会社に提供する。源泉地である中国の子会社にとってみれば，部品や技術への対価（ロイヤリティーなど）は費用にあたる。

　こうした多国籍企業内部での取引で使われる価格は当該企業の裁量によるところが大きい。つまり，価格を低く設定すれば，中国子会社の所得（利益）を増やして，日本の親会社の所得を圧縮できる。

　日本の法人税率（国＋地方）が30％，中国の法人税率が25％であるから，例えば，1億円分，親会社から子会社への移転（取引）価格を抑えることで日本から中国への利益を移転すれば，企業全体でみれば，中国での法人税支

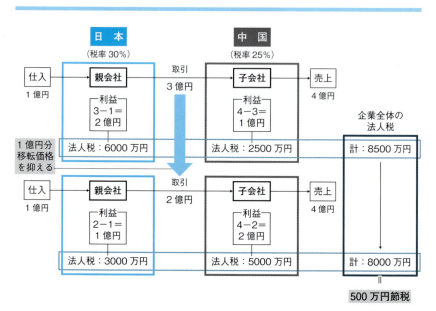

図7-6　多国籍企業による節税

払いが 2,500 万円増える一方，日本の法人税を 3,000 万円軽減できることから 500 万円の節税となる（図 7-6）。

こうした BEPS 対策としては企業内取引については実際の取引額ではなく，独立した企業間での類似取引を参考にするなどした一定のルールで国内企業の経費や収入を算定し，課税を行う移転価格税制が施行されている。とはいえ，節税の抜け道が完全に塞がれているわけではない。また，企業にしてみれば，必ずしも意図していないにも関わらず，脱税にあたるとみなされ，追徴課税されるケース（企業と課税当局間での見解の相違）も見受けられる。

■ 節税のコスト

多国籍企業等による租税回避の経済コストは何だろうか？ 政府からすれば，彼らが免れた税額ということになろう。しかし，節税は政府と企業との間の所得移転に過ぎない。割り切って考えれば，政府が失った税額は企業の利益になっている。一国からみればタックスヘブンを含む第三国にお金が流れたことになるが，少なくとも世界全体から失われてはいない。「不公平」であっても，「効率」が損なわれた（資源が失われた）わけではない。

節税行為は第 4 講で紹介したレント・シーキングと変わらない。誰か（＝政府）の損失でもって自身の利益を高めているという意味でゼロサム・ゲームなのである。その経済コストはともすれば企業が新製品・技術開発に使っただろう資金を節税コンサルタント（弁護士・会計士など）への支払いに充てたり，新製品・技術開発に携わるべき有能な人材を節税対策に回したりすることにある。

ここで経済は新しい製品や技術，つまり新たな価値を得る機会を失っている。こうした政府の予算や企業の財務諸表に現れない逸失利益こそ節税の機会コストに他ならない。

■ 国際的租税競争

法人税の帰結はこれに留まらない。グローバル経済において各国は企業の立地・利益の配分を巡って競合している。近年，BEPS への批判が高まっているが，少なからぬ数の国において，これを許容する，あるいは助長する法

7.4 国際課税の諸問題

人税政策がなされていることも事実である。いわゆる,「有害な租税競争」とも言われる通り,各国は法定税率の引き下げ競争を展開してきた。法人税率は低下の一途を辿ってきた。OECD 諸国（先進国）平均でみても 1990 年代平均 35％ だった税率は 2010 年代には 25％ 代まで減じられている。結果,「法人税は生き残るのか？」自体が問われている。

ここでは,非協力ゲーム理論に基づいて,国際的租税競争の含意について考えていく。各国の法人税率は企業の生産拠点や利益の移転の誘因に影響を及ぼしていた。この影響を織り込むよう各国は税率を選択することになる。

企業（資本）を巡って 2 国（A と B）が競合しているとしよう。この競合関係を強調するため,①両国間を移動する資本の総量は一定,②両国は生産性が等しく,よっていずれに立地するかは税制によると仮定する。例えば,アジア市場での展開を図る多国籍企業であれば,既にアジアでの立地と投資総額は決めているかもしれない。しかし,アジア諸国間での投資の配分（いずれの国に重点的に投資をするか）は各国の税制に応じることはあり得る。

実際,企業の立地選択は,(1) 生産を行う地域（アジア,欧州など）の選択,(2) 選択した地域内での投資国の選択,及び (3) 投資先での投資水準の選択に区別できる。(1) は今後の成長可能性など税制以外の要因によるところも大きい。(3) は現地での雇用量や工場設備の規模に関わる。ここでは (2) 同じ地域内での投資先の選択に着目する。

各国は標準的な法人税率（＝25％）か軽減税率（＝13％）のいずれかを選択するとしよう。厳密にいえば,選択される税率は「法定（名目）」税率に留まらず,企業への補助金や租税特別（減税）措置などを織り込んだ「実効税率」である。

こうした税率の組み合わせに応じた二国の利得は表 7-1 の通り。利得は各国の法人税収,あるいは雇用の創出を含めた各国の厚生水準を表す。ここでは 25％ が当初の税率である。税率は等しいから投資は 2 国間で均一である。表によれば,A 国は当初の税率から逸脱し,13％ に減税しようとするだろう。法人税を軽減することで B 国からより多く資本（海外からの投資）を奪い取ることができるからだ。ここで,ポイントになるのは B 国にも全く同様のインセンティブが作用するということである。A 国の減税に対して,

表7-1　租税競争ゲーム

A国＼B国 法人税率		B国 法人税率 25%	B国 法人税率 13%
A国 法人税率	25%	(Aの利得，Bの利得) ＝(25, 25) ＝(25%×100, 25%×100)	(0, 26) ＝(0, 13%×200)
A国 法人税率	13%	(26, 0) ＝(13%×200, 0)	(13, 13) ＝(13%×100, 13%×100) ＝ナッシュ均衡

B国も法人税率を13％に引き下げることで対抗するだろう。両国間で協調のないゲームの均衡＝**ナッシュ均衡**は，いずれも13％の軽減税率を課すものとなる。

ナッシュ均衡として実現する低税率の下では，当初の税率（25％）に比べて，（税率に違いがないことから）投資の配分を変えないまま，税収だけが減少することになる。財政が悪化して，十分な公共サービス提供が困難になりかねない。

表7-1の数値例に従えば，協調して高い税率（25％）を課していたときに比して両国の厚生は低い。各国は自身の利得を追求するよう税率選択するにも関わらず，租税競争は両地域を「パレート劣位」な（どちらにとっても望ましくない）結果をもたらすことになる。競争を避けて協調するに越したことはないが，そうした協調は実効性が低い。いずれの国も企業を誘致するために協調破りをして，税率を低める誘因を持つからである。このように租税競争は公共財の自発的供給（**第3講**）同様，「協調の失敗」（囚人のジレンマともいう）として特徴づけられる。

経済理論によれば，租税競争は特に経済規模の大きな国＝大国に不利に働くことが知られている。大国の動向は国際（金融・資本）市場に波及しかねず，これを勘案すれば税率の引き下げには躊躇せざるをえないだろう。

実際，我が国においても租税競争への追随が更なる競争の激化や国際市場への悪影響を懸念する向きはある。こうした懸念が現実味を持つのも大国な

らではといったところだろう。

　他方，経済規模の小さい小国であれば，自身の政策が国際市場を左右することはない。このため，彼らは税率引き下げにもよりアグレッシブになりがちだ。実際，タックスヘイブンや欧州の金融センターになっている国々には小国が多いのも，理論が示唆する通りである。

7.5　本講のまとめ

　本講では税の負担の帰結について学んだ。法人税を支払うのは法人企業だが，その負担は消費者，投資家，労働者等に波及する。そもそも，税を負担するのは生きた人間であって法人企業のような組織ではない。税負担の帰着を決めるのは法律の文言ではなく，市場の構造＝弾力性等である。

　一般に弾力性の低い方に負担が多く帰着することが部分均衡モデルでもって示された。他の市場への波及効果を織り込んだ一般均衡モデルでは税の思いがけない副作用＝帰着も分かってくる。一見，公平に思えるかもしれない奢侈品等の高所得層が多く消費する財貨への課税も，その生産を担う一般労働者に負担が帰することがあり得る。

　短期と長期の区別も重要だ。資本ストックが一定な短期では法人税は投資家に多く帰着するとしても，資本ストックが可変的になる長期には負担は労働者に転嫁する。特に国境を越えて資本が移動するグローバル経済において法人税の負担は企業の海外移転（流出）で雇用を失う労働者に帰することは否めない。税を第三者に押し付けるのはけしからんという意見もあろう。しかし，個々の企業は税をコストとして織り込んで振る舞っているに過ぎない。

　税負担の転嫁はモラルではなく，経済活動の一部なのである。BEPS＝多国籍企業による租税回避についても，各企業の観点からすれば，利潤最大化のための「合理的」な選択といえる。加えて，そうした企業の負担軽減を公共＝政府の側が支えている面が否めない。国際的租税競争がその実例といえる。

■ Active Learning

《理解度チェック》

- □1 税の支払いと負担が乖離する理由はなぜか？
- □2 物品税の負担が消費者と生産者といずれに多く帰着するのか，価格弾力性をキーワードに説明せよ。
- □3 なぜ，奢侈品（ブランド品や宝飾品，高級レストラン等）への課税が公平に適わないことになり得るのか？
- □4 法人税の帰着について短期と長期に分けて説明せよ。
- □5 国際的租税競争（法人税率の引き下げ競争）が生じる理由と帰結について説明せよ。

《調べてみよう》

[1] 多国籍企業による租税回避（BEPS＝課税ベースを浸食する利益移転）が問題視されている。OECD（経済開発協力機構）はこのBEPSへの対策の国際的協調に向けたガイドラインを作成している。日本もその中で大きな役割を果たしている。BEPS対策として日本を含めてどのような取り組みが進んでいるのか調べてみよう。

[2] 日本では国内立地企業の国際競争力の回復，経済成長の促進の観点から法人税改革が進められてきた。他方，国・地方の財政が悪化する税収の確保も喫緊の要請である。我が国の法人税改革の経緯と課題について調べてみよう。

《Discussion》

法人税減税といえば企業優遇との批判も多い。他方，市場経済において財貨・サービスの創出，雇用の確保を担うのも企業である。法人税を含め企業への課税の在り方はどうあるべきなのだろうか？

文献紹介

- 井堀利宏『課税の経済理論』岩波書店，2003年

第 8 講
望ましい税制に向けて

■課税の機会コスト（＝超過負担）とこれを最小に留めるという意味で「次善」な税体系としてラムゼー・ルール（逆弾力性命題）を紹介する。合わせて，消費は歪めても（非効率を許容しても）生産過程の効率性は確保するべきという生産効率性命題を学ぶ。

8.1　課税のコスト

■ 税の費用とは？

　公共経済学で強調される課税のコストは通念と異なる。納税者からすれば，自身の支払った納税額がコストに他ならない。しかし，納税者の負担感がそのまま課税の経済コストに直結しているわけではない。**第 7 講**で学んだように，税の支払いと負担の帰着は異なる。納税している家計や企業が最終的に税を全て負担するとは限らないのである。そもそも，納税自体は，納税者から政府への「所得移転」に過ぎない。例えば，所得税 10 万円を納税したとしても，この 10 万円は経済から失われたわけではない。納税者の財布から政府の会計に移っただけなのである。

　課税による税収自体は効率性の観点からすれば，その価値が失われていない以上，コストを構成しない。ここで通念との相違は，（これまで繰り返してきたように）効率性が納税者レベルではなく，経済・社会全体の観点からの評価であること，経済分析は納税という直接的な行為だけではなく，課税が及ぼす誘因効果（家計や企業の反応）と市場均衡の変化を勘案することによる。

■ 課税のコスト

では課税の経済コストとは何だろうか？ 法人税率30％が課された企業の選択について考えてみよう。この企業は機械設備の購入や研究開発など各々2億円の投資を要するプロジェクト（事業）A，Bを抱えていたとする。

事業Aからは（人件費など経常的にかかる費用を除いて）5億円の収入が見込まれる。単純化のため利息をゼロとすれば，当該企業は課税前5−2＝3億円の利益が上げられる。法人税は事業Aの収入5億円に対して課されるとしよう（投資は課税から控除されない）。課税後の収入は5×(1−0.3)＝3.5億円に減じられる。3.5億円＞2億円であるから，課税企業は課税後もなお事業Aを実施する。企業から政府に法人税2億円の移転があるが，事業からの利益5−2＝3億円が社会から失われてはいない。

一方，事業Bからの収入は2.8億円とする。税がなければ，2.8億円＞2億円だから，企業は事業Bにも着手するだろうし，（外部性等がなければ）社会的にも2.8−2＝0.8億円の利益（純便益）が生まれている。しかし，課税の結果，事業Bからの課税後収入は2.8×(1−0.3)＝1.96億円に下がる。企業にとってみれば，投資コスト2億円に見合わない。よって，事業Bは行われなくなる。課税の前後で当該事業からの利益が変わったわけではない。「社会的」な利益は2.8億円−2億円＝0.8億円のままだ。法人税によって，

表8-1 課税のコスト

		事業A	事業B
(1) 収益		5億円	2.8億円
(2) 投資コスト		2億円	2億円
(3) 課税前利潤（付加価値）＝(2)−(1)		3億円	0.8億円
(4) 法人税＝30％×収益(1)		1.5億円	0.84億円
(5) 課税後利潤＝(3)−(4)		1億円	マイナス400万円
企業の選択	課税前	実施	実施
	課税後	実施	実施せず
課税による逸失利益		ゼロ	1億円

事業 B からの 0.8 億円分の利益が失われたことになる。この逸失利益が課税の機会（経済）コストに他ならない（表 8-1）。

つまり，課税の経済コストとは，課税が損ねた経済活動（上の例では，事業 B）の純便益（社会的利益＝余剰）に他ならない。経済価値＝余剰が失われた分，資源配分が非効率になる。さもなければ，価値を生み出す分野（上の例では，利益 0.8 億円の事業 B）に資源が投下されない（投資が行われない）からだ。税は経済（均衡）を歪めている。

■ 超過負担

再び，ある財貨に対する物品税を考える。財市場は完全競争的であり，外部性がないとすれば，課税のない市場均衡は，社会的余剰を最も高めているという意味で効率的である。最大化された余剰は△ AEH に等しい（図 8-1）。

この財市場に物品税（従量税）を課すならば，消費者余剰（＝総効用－支払い）は△ ACH から△ ABF まで低下，減少分は台形 BCFH となる。一方，生産者余剰（＝収入－コスト）は当初の△ CEH から台形 CDGH だけ減じられる。

消費者価格の上昇分（＝BC）が消費者に帰着する税負担，生産者価格の下落（＝CD）が生産者に帰着する税負担となることは**第 7 講**で説明した通り。ただし，家計や企業の損失＝税のコストではない。ここでは政府が税収を得ているからだ。家計や企業同様に政府もまた課税の当事者となる。厳密にいえば，政府の税収は，皆が受益する公共支出や年金・福祉など給付（所得移転）に充てられることになるから，税収＝彼らの利得と解釈できるだろう。従って，③政府の税収 BDFG も課税後の社会的余剰を構成する。

消費者余剰，生産者余剰，及び税収を加えるならば，課税後の社会的余剰は台形 AEFG に一致する。これは，当初の均衡における社会的余剰よりも△ FGH だけ小さい。課税前の均衡が効率的であったことを勘案すれば，社会全体で△ FGH だけ余剰の減少という形で効率性のロスが生じていることになる。これを数式で表すと税率×$\Delta x/2$ に等しい（繰り返すが部分均衡分析では社会的余剰の最大化が効率性に適っていた。換言すれば，最大化し損ねた余剰が非効率にあたる）。

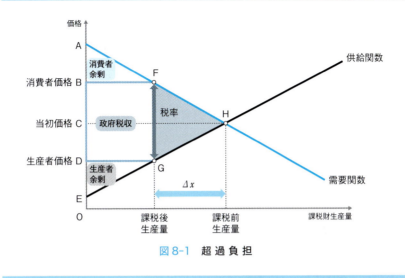

図 8-1　超過負担

　課税前の均衡と課税後の均衡の間での生産は需要関数の高さで表される限界便益が供給関数の高さである費用を上回っており、社会的純便益（余剰）を増進している。にも関わらず、物品税は、その生産活動を損ねてしまう。これが課税の超過負担である。超過負担は死荷重とも呼ばれる。

　仮に、需要、あるいは供給の価格弾力性がゼロであるならば、物品税は均衡生産量に影響しない。逆に需要の価格弾力性が高くなるほど、課税による価格の変化に需要は敏感に反応する。

　一方、供給の価格弾力性が高いときは、消費者価格が引き上げられるが、合わせて（弾力性が正の限り）需要も減じられる。つまり、需要や供給が価格弾力的であるほど、図中の Δx は大きな値をとることになる。総じて、価格弾力性の高い財貨への課税は、経済コスト（超過負担）が高くつく。

　無論、税の種類（所得税、法人税、物品税、消費税など）によって超過負担の大きさは異なってくる。公共経済学ではいくら税を徴収するか（税収の大きさ）に加えて、税の集め方（どの税から多く徴収するか）が問われる。

■ 超過負担の原因

　超過負担が生じるのは，消費者，生産者各々が認知する価格（消費者価格・生産者価格）が税率の介在によって「正しい情報」を伝えなくなっているためである。ここで「正しい情報」とは消費者のニーズ（追加的消費からの限界効用）であり，生産に伴うコスト（正確には限界費用）である。

　効用を最大化するよう財の購入量を選択する消費者は自身の限界便益を消費者価格と一致させる。しかし，この価格には税が織り込まれる分，財貨の限界費用（＝財貨の生産に投下される資源の価値）を上回る。消費者は財生産の真の経済コスト（＝限界費用）が低くても，課税によって「割高感」を持つようになるだろう。つまり，消費者はコストを「過大評価」していることになる。

　一方，利潤を最大化する生産者（企業）は自身が受け取る生産者価格を限界費用に等しくする。しかし，この価格は消費者のニーズ（＝限界便益）を正確には反映していない。税率分だけ消費者の限界便益を下回る。このため，生産者は財に対するニーズを「過小評価」（限界便益は高いにも関わらず，生産者価格が低いため，当該財貨への市場のニーズは低いと判断）してしまう。

■ 超過負担と代替効果

　家計に対する課税の効果は代替効果と所得効果に区別されていた（**第6講**参照）。厳密にいえば，超過負担にあたるのは需要の変化のうち，代替効果の方である。一方，所得効果は家計から政府への所得移転（＝納税）に起因する。

　所得の移転自体が非効率ではない以上，その移転に伴う需要の変化＝所得効果は非効率（＝超過負担）の原因とはならない。実際，政府が家計から徴収した税を同じ家計に還付するならば，所得効果は解消されていた。一方，代替効果は消費者の非課税財（あるいは税率が据え置かれた財貨）に比べた課税財（税率が引き上げられた財貨）の割高感（限界代替率と相対価格の乖離）による。所得効果とは違って税収が一括還付として戻ってきても代替効果はそのままとなる。

　代替効果＝割高感が課税に起因する，つまり，価格の情報伝達が歪められ

た結果である以上，代替効果による需要の変化は非効率（＝超過負担）を伴うことになる。

■ 金は天下の回りモノ？

しばしば政府の借金（＝公債）は必ずしも経済の損失にはならないという主張がなされることがある。政府の借金とは究極的に国民全体の借金に他ならない。もっとも，借金の貸し手が同じ国民全体である（国民が購入する公債は「内国債」と呼ばれる）限り，経済全体でみれば，国民が国民にした借金ということになる。家族の中でお金の貸し借りをしているようなものだ。

このとき，公債を償還するための増税は，納税者としての国民から政府を介した公債保有者としての国民自身への所得移転であって，経済から資金が流出するわけではない。

無論，国民個々人にとっては，納税額と公債の保有額が等しくはないことから，損得が発生するが，これは効率ではなく，所得分配（従って公平）に関わる問題とされる。しかし，お金の流れだけをみて課税のコストを判断することはできない。増税や公債の償還自体は所得移転に過ぎないが，課税が代替効果を誘発する限り，超過負担が伴うからだ。納税者⇒政府⇒国債保有者とお金が「天下」（＝経済）を回る過程で，超過負担分の経済価値が天下から失われている計算だ。

8.2　次善（セカンドベスト）という考え方

以下では，税の市場経済に対する「歪み」（死荷重）や税の帰着（経済的負担）に及ぼす影響を勘案した上で，公平・効率に適った税体系の最適化について学ぶ。これを最適課税という。

現行の税制や政策を起点に漸進主義的に変更する（例えば，消費税率を現行の8％から10％引き上げる）のではなく，「白紙に絵を書くような」，しかし，現状に囚われない視点から望ましい税制のあり方を考える。

ここで検討されるのは，一つの税の最適化（しばしば部分最適化と呼ばれ

る）ではなく，複数の税を組み合わせる包括的視点からの最適化＝**全体最適**である。課税とあわせて社会保障等，所得移転を含む支出サイドとのリンクについても言及する。財政の再分配機能や資源配分機能税を完結するためには，本来，税と支出を一体にした改革が不可欠といえる。

■ なぜ，超過負担は不可避なのか？

理想的にいえば，課税は経済効率を損なわないことが望ましい。超過負担（死荷重）を生じさせないということだ。これに即した税としては個人に対する**定額税（一括税）**が挙げられる。定額税とは，個人の消費や労働供給，貯蓄などの選択の如何によらず，一定の税を課すことだ。家計の予算制約を「平行」に下方シフトさせることに相当する（**第6講**参照）。

このとき，家計に及ぼす効果は所得効果に限られる。代替効果を伴わないから，超過負担もない。実際，我が国では地方税である個人住民税の中に「均等割」と呼ばれる（一定所得以上の）住民に対する定額税がある。しかし，この定額税だけで全ての税収を賄うことは現実的ではないし，規範的にも望ましくはない。高所得層にも，低所得層にも一律な課税をすることは，課税の公平感である応能原則に反するからだ。

公共サービスからの受益が一律ならば定額税は応益原則には適うかもしれないが，それでも支払い能力の乏しい家計に重い税を課すことは社会通念には反するだろう。

■ 必要悪としての「歪み」

従って，政府は定額税以外の税に多く依存することになる。具体的には所得税や法人税，消費税，物品税など，いずれも経済活動，あるいはその成果に対する課税である。所得税ならば個人の労働供給や貯蓄選択，法人税ならば企業の設備投資を「歪める」（非効率にする）ことになる。消費税の効果が賃金所得税と税等価なことは既に述べた通りである（**第6講**）。酒税など特定の財貨・サービスに対して課税をする物品税は相対価格を変える（代替効果をもたらす）ことで家計の消費選択に影響する。その使途には社会インフラの整備等公共財・サービスの提供，医療や介護，低所得者への社会福祉と

いった社会に還元されるにしても，税収の確保にあたっては（具体的には超過負担で測られる）「歪み」というコストが伴う。このコストは必要悪といっても良い。

■ 次善（セカンドベスト）

課税による非効率（超過負担）が避けられないとしても，それを最小限に留めることを要請するのが次善（セカンドベスト）である。歪みがないという意味で「最善」（ファーストベスト）な効率とは区別される。

次善は①資源の希少性や技術など経済的な制約に加えて，②「制度的」な制約（＝超過負担を伴う税制）があるときの効率性の概念である。パレート改善の余地がない資源配分であり，希少性プラス制度的制約が課された資源の利用価値の最大化である。その価値を減じている（経済全体の）超過負担の最小化と言い換えることもできる。

■「毒を持って毒を制する」？

次善が問われるのは課税に限ったことではない。例えば，鉄道やバスなど公共交通機関の料金設定について考えてみよう。公共交通機関の効率性に限っていえば，その価格はサービス提供に関わる限界費用，公共交通機関を混雑の伴う「準公共財」とすれば，追加的利用者に伴う混雑費用の増分（他の利用者の利便性の低下や管理運営費の増加など）に等しく設定することが望ましい。ただし，ここでは公共交通機関の代替手段である自家用車についても目配りが必要だ。料金が高いと人々は通勤手段を自家用車に代替するかもしれない。

しかし，自家用車の利用はCO_2の排出による大気汚染のほか，道路の混雑を悪化させかねない。このような自家用車の利用に伴う外部費用を内部化する手段（環境税等）が講じられていないとするならば，公共交通の利用水準だけを効率化することは，全体最適にはならない。自家用車の過剰利用が助長されかねないからだ。

これを是正するためには，あえて公共交通機関の料金を限界費用水準以下に抑えることが望ましいかもしれない。公共交通機関の利用は（価格＝限界

費用とした最善の水準に比べて）過剰になっても，自家用車の過剰利用（それに伴う外部費用）が是正されるならば，交通全体としてみれば非効率は小さくなり得る。「次善」に適った料金設定ということだ。一見すると（最善の観点から）非効率な政策が他の非効率を是正するのに寄与するのである。

■ 歪みの分散

　次善の観点からすれば，個別の税の非効率（歪み）を云々することは，必ずしも妥当ではない。一つの税の非効率を是正するよう税率を引き下げたとしても，その代替財源として他の税の税率を引き上げるならば，当該税に起因する超過負担（歪み）が増加してしまうからだ。

　所定の税収を確保するよう特定の活動（例えば，特定の財貨の消費）だけに税を課し，他の経済活動（他の財貨消費）を効率的にしておくことも，次善には適わない。課税対象となる経済活動が著しく歪められてしまう（超過負担が大きくなる）。むしろ，様々な経済活動に広く課税を行い，それらの間で歪みを分散させる方が，全体としてみれば超過負担を低めたことになるだろう。

　例えば，2つの財貨XとYへの物品税を考えよう。一定の税収を確保するよう財Yだけに物品税を課すとすれば，その税率は高くなり，Y財市場にお

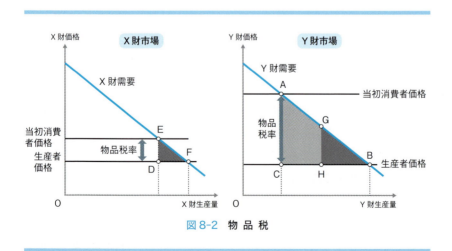

図8-2　物品税

ける超過負担は△ABC となる。課税されない財Xに超過負担は生じない。

財X市場にも物品税を課して，その分，財Yへの税率を軽減するとしよう。財X市場には新たに超過負担△DEF が生じることになる。一方，財Y市場の超過負担は△BGH に減じられる。両市場の超過負担の合計△DEF＋△BGH は税率の組み合わせを適切に選んでいれば，当初の超過負担△ABC よりも小さくなるだろう（図8-2）。

8.3 ラムゼー・ルール

ここで個別の財に対する税率に関するラムゼー・ルールについて紹介する。課税財はXとYの2財とする。簡単化のため，生産者価格を一定としておく。よって，物品税は全て消費者に帰着する。また，各々の財需要は当該財の価格のみに依存する。従って，両課税財の間での代替関係は加味しない。なお，モデル上は「代表的（典型的）」な家計に着目することで，課税の公平性に関わる問題は無視している。税の機能は財源調達＝資源配分機能に限定される（税の再分配機能については**第9講**で述べる）。

■ 物品税と非課税財

物品税が超過負担をもたらすのは，課税財とそれ以外の財貨との間で代替効果が生じることによる。家計は物品税の引き上げに対して，課税財から非課税財に代替するよう消費選択を変えることができる。

典型的な非課税財としては，余暇が挙げられる。自宅でくつろぐ時間も，市場から購入する財貨同様，家計のとっては（プラスの効用をもたらす）消費活動である。労働供給が不効用を与えるとされるのは，労働が余暇に割ける時間を減じるからだ。なお，**第6講**でも述べた通り，余暇は家事や育児，日曜大工など家庭内での活動全般を指すものと理解した方が現実的だろう。

1. 逆弾力性命題

市場財の購入量とは異なり，家計が余暇消費を直接的に観察することはできない。無論，政府にはどの家計がどの財貨を購入したかを知る術もないが，

物品税を納税する事業者の取引量ならば把握できる。他方，観察できないものは課税できない。

定額税（一括税）が利用できないのと同様，余暇など観察できない財貨・サービスの存在が次善の制約であり，物品税の歪みの原因なのである。

このとき，価格弾力性（非課税財への代替）の高い財貨ほど，課税による需要量（＝産出量）の落ち込みが著しく，超過負担（図8-2 の△DEF や△BGH）は大きくなる。つまり，課税の経済コスト（非効率）が高くつくのである。逆に弾力性の低い財貨であれば，増税しても市場を大きく歪めることがない。

最適課税論の**逆弾力性命題**は弾力性が相対的に高い財貨に対する税率を相対的に低める（逆に，価格弾力性が低い方の財貨への最適税率を高くする）ことを要請する。経済全体の超過負担「総額」が抑えられるからだ。これを**ラムゼー・ルール**という。

ではどのような財貨・サービスであれば，その価格弾力性は小さくなるだろうか？　その例としては，しばしば塩や米など基礎的な食料品を中心とした生活必需品が挙げられる。価格が多少高くなっても，買わないわけにはいかない（非課税財で代替できない）モノだからだ。無論，こうした財貨は低所得層にも必須であろう。従って，効率性＝超過負担の最小化を追求するラムゼー・ルールは必ずしも公平に適わない。

2. ラムゼー・ルールの一般的含意

ラムゼー・ルールは直接税など他の税にも適用できる。一般化すれば，税率の引き上げに対する課税ベースの弾力性が高い経済活動への課税はなるべく避け，弾力性の低い経済活動への課税強化することが次善的には望ましいということだ。

我が国では，①賃金所得税には所得水準とともに「限界税率」が引き上げられる累進課税が適用される一方，②利子，配当，キャピタルゲイン（株式譲渡益）など（資本所得に分類される）金融所得課税は一律税率20％（本則ベース）で課税されている。所得の種類によって税制上，扱いが異なるわけだ。

戦後，我が国の所得税は全ての所得を合算して，累進的に課税する**包括的**

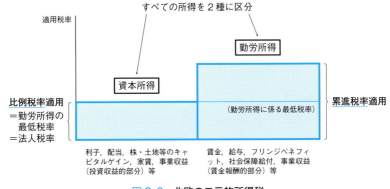

図 8-3 北欧の二元的所得税

所得税の原則に従ってきた。しかし，税制改革を重ねる中で，実質的に，現行の分類型所得税へ移行してきた経緯がある。北欧では，こうした分類課税を徹底した二元的所得税の制度を 90 年代以降，導入してきた（図 8-3）。所得は勤労所得（賃金所得のほか，年金や事業所得の一部を含む）と資本所得（投資・金融所得など）に分けられる。我が国同様，勤労所得は（限界税率が逓増するという意味で）累進的に課税され，資本所得の税率は一律（フラット）とされている。グローバル経済において資本所得は（国境を越えた自由な移動ができる）「足の速い」課税ベースとされる。税率の引き上げが資本流出を招き易いという意味で弾力性は高い。二元的所得税は「最適化」しているとまでは言わないまでも，少なくとも勤労所得と資本所得の弾力性（税に対する反応）の相違を織り込んだ税体系といえる。

8.4 生産効率性

■ 生産過程への歪み

　税は家計（個人）の消費や労働・貯蓄選択，企業の（設備投資・雇用を含む）生産要素選択や立地選択，企業間の競争条等，幅広い経済活動に影響す

る。次善（セカンドベスト）の理論によれば，課税に起因する経済全体の非効率（超過負担）を最小限に抑えるには特定の経済活動に重い税を課して当該市場の超過負担だけを増加させるよりも，「幅広い」経済活動を課税対象として，広く薄く超過負担を分散させることが望ましい。

では，課税は「全て」の経済活動になされることが望ましいのだろうか？最適課税論の答えは「否」である。仮に①生産技術が「規模に関して収穫一定」（企業の利潤がゼロ），あるいは②利潤（レント）に対して100％課税できるのであれば，課税の歪みは消費サイド（消費財の配分）に留め，生産過程に対しては中立的であるべきだ。これを生産効率性命題という。物品税率の差異が個人の消費選択に影響することは許容されても，生産プロセス，具体的には企業間・産業間，あるいは地域間でインプット（資源投入）配分が影響されることは次善に適わないということだ。

生産活動＝経済価値の創出，消費活動＝経済価値の配分とすれば，直感的にいえば生産効率性は経済価値の最大化を要請している。これは部分均衡分析における余剰の最大化＝効率性と余剰の分配＝公平性の二分法に近い。

■ 法人税≠生産効率性

例えば，法人税について考えてみよう。法人税は法人格を持った企業（事業者）の利益への課税であり，この利益が（株式で資金を調達したとき）投資家＝株主への配当の原資になることを勘案すれば，資金調達＝投資に対する課税の性格を有していた。法人税は法人企業の資本コスト（資金調達の機会コスト）を引き上げるように働く。法人企業は法人税率分高い収益を確保しなければならない。

他方，自営業者を含めて法人格を有さない企業であれば，法人税の対象になることはない。法人税がかからないという点で非法人企業の方が資金（資本）調達は有利になる。結果，法人企業の方が非法人企業よりも新製品や技術の開発などで高い経済価値を生み出すとしても市場では資金＝資本は非法人企業の方に偏って配分されるだろう。

図8-4のように国内で一定の資本ストックが法人企業と非法人企業の間で配分されるとしよう。投資からの収益率＝限界生産性は両企業とも逓減す

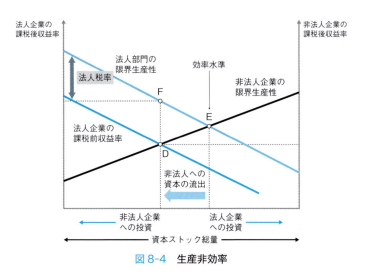

図 8-4　生産非効率

る。横軸上，左から右に行くに従い，法人企業への投資＝資本配分が増加，逆に右から左に進むほど非法人企業への投資が増えていく。法人税がなければ，均衡点 E において両企業の限界生産性は一致，当該資本からの生み出される経済全体の生産は最大化している。他方，法人税が課せられると法人企業の課税後収益率は低下して，新たな均衡は法人企業の課税後収益率と非法人企業の収益率が等しくなる D 点に移動する。結果，法人企業の投資の限界生産性＝課税前収益率（F 点）は非法人の収益率＝限界生産性（D 点）よりも高いままになる。

　税率の差異による生産効率性からの乖離は法人企業と非法人企業の間に限らない。同じ法人企業であっても，中小企業（資本金一億円未満）は大企業（同一億円以上）よりも法人税率が低い。

　研究開発を行う企業は租税特別措置（研究開発税制）として法人税の減税を享受できる。一般に租税特別措置で税負担が軽減されるのは，優遇対象となる産業分野・企業，あるいは設備，研究開発に限られる。従って，優遇された投資・企業とそれ以外の投資・企業間で減税分を加味した税負担（「実効税率」という）にバラつきが生じやすい。

8.4　生産効率性

無論，中小企業は大企業に比して外部（市場）からの資金調達に困難を抱えているかもしれない。これは中小企業の倒産リスクにかかる「情報の非対称性」の結果かもしれない。この非対称情報が資本市場において信用割当・貸し渋りを招くことは第5講で学んだ通り。研究開発が他の企業や将来の研究開発に及ぼす外部便益も高いとされる。研究開発税制はこの外部性を内部化させることで社会的収益と私的収益の差異を埋める役割が期待されている。ただし，こうした「市場の失敗」の矯正を超えた税制の乖離は生産効率性をかえって損ないかねない。

■ 生産可能性フロンティアによる説明

　「生産効率性命題」は生産活動＝経済価値の創出に対して課税は中立的なことを求めている。ミクロ経済学的にいえば，生産活動は生産可能性フロンティア上に留まらなければならない。ここで生産可能性フロンティアとは所定の生産技術と資源制約（土地や天然資源を含む資源の量）の下で「他の部門の生産を損なうことなく，ある部門の生産をこれ以上増やすことができない」，換言すれば，資源を最大限有効利用して生産が行われている状態を指す。ミクロ経済学の「効用可能性フロンティア」（経済がパレート効率的なときの個人間の効用の組み合わせ）の生産サイド版と考えてもらってもよい。上の例でいえば，全ての企業・産業，地域の間で投資の限界生産性＝（社会的）収益率が均一になっていること相当する。

　仮に法人税等，生産活動への課税の影響で当初の市場均衡（図8-5のD点）がこの生産可能性フロンティアの中に位置していたとしよう。このとき政府は消費課税を含む税率の組み合わせを変えることで市場均衡をフロンティアに近づけるよう生産量を拡大させることができる。

　ワルラス法則[1]により均衡と家計の予算制約式の組み合わせから政府の予算収支がバランスしていることが確認できる。よって，この税制改革は実行可能であり，かつ生産量を増やすことから家計の効用も高まる。生産非効率である限り，厚生改善の余地があるということだ（図8-5参照）。他方，フロ

1　ワルラス法則とはN個の市場のうち，$N-1$個の市場が均衡しているとき，残りの1個の市場も自ずと均衡することをいう。

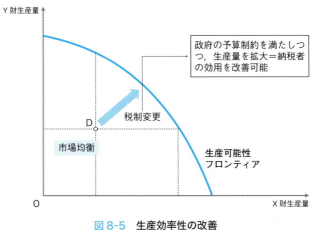

図 8-5　生産効率性の改善

ンティア上での消費配分は消費課税に依存する。

　ここで次の 3 点に留意されたい。第 1 に生産効率性命題は生産技術が規模に関して収穫一定、あるいは企業の利潤（超過利潤）に対する 100％課税が前提になっていた。前者は超過利潤ゼロを含意しており、新規参入を含めて（利潤ゼロの）完全競争的な市場を特徴づけている。つまり、超過利潤の有無とその扱いがポイントだ。ここで超過利潤とは独占利潤、市場との近接性等地理的優位、リスク投資からの収益などを指し、通常の投資から見込まれる収益を超えたいわばボーナスに相当する。

　一方、正常利潤とは安全投資など確実な、あるいは日常的な生産活動から期待される利益を指す。この正常利潤は株主から最低限、要求される収益（配当）であり、企業の観点からすれば、利潤から差し引く費用としてカウントされる。（企業の内部留保など自己資金を充てた投資を含む）生産投入に係る全ての機会コストを差し引いた後の利益のため、超過利潤課税は中立になる。他の課税には歪みを伴うことから、同課税を優先する（できるだけ引き上げる）ことは非効率＝超過負担を抑える上で望ましい。

　制度上、法人税の課税ベースは超過利潤に加えて、この正常利潤を含む（税制上の法人所得＝正常利潤＋超過利潤）。仮にこの超過利潤に 100％課税が

できないとすれば、間接的に超過利潤に課税する手段が必要となり、生産効率性を損なってもインプット課税をする余地が生じることになる。

第2に家計＝消費者も生産要素＝インプットとして労働や資本＝貯蓄を市場に供給している。しかし、労働供給は消費・余暇選択の、貯蓄は異時点間（現在と将来と間）での「消費」選択の一環である。部門間・企業間で一律である限り、賃金や利子等資本所得に対する課税は生産効率性に関わらない。実際、所得税は一般に勤め先や投資先の如何によらない。

第3に家事・日曜大工など「家庭内生産」は生産物が市場に提供されず、自己消費される限り、そのインプット、例えば食材や工具に対する課税も生産効率性に影響しない。家計の効用関数に家庭内生産関数を代入してしまえば、家計はインプットから効用を得ていることになる。よって食材・工具の購入は消費選択とみなされる。ペットフードやペット用品も同様だ。それらは愛犬のための投入物であり、飼い主が効用を感じるのはその愛犬の愛くるしさだろうが、いずれも飼い主の効用を間接的に高めている。他方、家庭内生産（例えば、家庭菜園）が市場への供給を目的とするならば、その収益は家計の（効用ではなく）予算制約に含まれるため、生産効率性命題の対象となる。

■ なぜ消費税か？

法人税等所得課税に対する消費税の優位はまさに生産効率性命題にある。消費税はその名前から小売段階での課税と思っている人もいるかもしれない。実際のところ、消費税は原材料調達、加工・生産、卸し、小売の各段階で課される多段階の取引税である。

このとき、事業者間取引で発生する消費税を累積させない仕組みが仕入れ税額控除だ。課税事業者であれば材料等の仕入れで一旦支払った消費税の還付を受けることができる。このため消費税の負担は生産過程に累積せず、よって生産効率性を損なわない。実際、同じ税収でも所得課税から消費課税にシフトした方が成長率は高まるという実証結果が知られている。

2014年4月の消費税増税による消費の反動減の経験から消費税は景気に悪いと思われがちだ。確かに増税自体は景気や成長にマイナスなのは否めな

図 8-6　消費税の仕組み

いが，法人税など他の税目よりも消費税は成長を阻害しない。ただし，同じ消費課税でも米国で州政府が課す小売上税のような税には仕入れ税額控除の仕組みがない。例えば小売のパソコンは全てが必ずしも家庭用ではない。オフィス用に家電の量販店から購入する事業者もいるだろう。その場合は，(税の名称や制度の趣旨に関わらず) 事業課税の性格を有してしまう。

なお，消費税の軽減税率は家計の消費選択を歪める (標準税率対象の財貨・サービスから軽減税率対象に代替を促す) だろうが，それ自体，事業者間での取引 (生産過程) に影響するわけではない。最適課税論の観点からいえば，消費税のメリットは税率の一律性ではなく，仕入れ税額控除を通じて制度的に生産効率性を担保していることにある。一律税率に合理性を見出すのは，生産効率性命題ではなく，後に学ぶ Atkinson=Stiglitz 命題の方となる。

8.5　本講のまとめ

　税の経済コストは会計上の費用 (＝納税者の支払い) とは異なる。税額自体は納税者から政府への所得移転であり，経済から失われるわけではない。税によって実現しなかった経済活動からの価値＝逸失利益こそが「超過負担」として知られる税のコスト (機会コスト) に他ならない。これは政府の

予算にも企業会計にも現れない。こうした「見えないコスト」が経済にとっての負担となる。

税のコスト＝超過負担は不可避として，これを経済全体で最小限に抑えるのが「次善」（セカンドベスト）の視点だった。超過負担を一部の市場に集中させるよりも，広く分散させる方が効率に適っている。これを具体的に定式化したのがラムゼー・ルール（逆弾力性命題）である。具体的には弾力性の低い（高い）経済活動に高い（低い）税を課すことが望ましい。

ただし，課税の歪み＝超過負担は生産過程に波及させるべきではない（「生産効率性命題」）。直感的にいえば，生産能力は最大限に確保すべきなのである。法人税などはこの生産効率性を満たさない。この観点からいえば，原則，生産過程ではなく消費に負担が帰着する消費税は生産効率性に即した課税といえる。

■ Active Learning

《理解度チェック》
- □1 課税のコストとは何か？ 超過負担をキーワードに説明せよ。そのコストは国の予算や企業の会計に現れてくるものだっただろうか？
- □2 次善（セカンドベスト）の特徴について，一例を挙げて説明せよ。
- □3 価格弾力性をキーワードにラムゼー・ルールを説明せよ。
- □4 生産効率性命題とは何か？ これを満たす具体的な税制を取り上げながら，説明せよ。

《調べてみよう》
- [1] 北欧諸国を起源とする「二元的所得税」は勤労所得と資本所得（利子・配当等）に対して異なる税率を適用する。税への反応（弾力性）の違いを織り込んでいるという意味で，ラムゼー・ルールに即した考えによる。この「二元的所得税」の特徴と課題について北欧諸国の経験等を参考に調べてみよう。
- [2] 法人税は「生産効率性命題」に適わなかった。この法人税を抜本的に改め，中立的な税に転換する試みが法人税の「キャッシュフロー税化」である。英国のミード報告（1978年），同じく英国のマーリーズ・レビュー（2010年）

などにおいて提言された。キャッシュフロー税とは何か，これを税等価として知られる ACE（Allowance for corporate equity）と合わせて調べてみよう。

《Discussion》
ラムゼー・ルールに即すれば，価格弾力性の低い財貨・サービスへの課税強化が効率（次善）に適うことになる。具体的には生活必需品の他，タバコ税・酒税などが知られる。近年では健康増進の観点からもタバコ税・酒税の他，砂糖・カロリーの高い食品への課税を進める国もある。こうした物品税の是非について論じてみよう。

■ 文献紹介

二元的所得税については
- 証券税制研究会（編）『二元的所得税の論点と課題』日本証券経済研究所，2004年

マーリーズレビューについては
- （財）企業活力研究所「マーリーズ・レビュー研究会報告書」（2017年9月閲覧）http://www.bpfj.jp/act/download_file/10283279/35054103.pdf

第9講 最適課税論

■ 所得再分配の観点から望ましい所得課税の在り方（最適所得税）について考える。これは理論上，情報の非対称性問題の応用と位置付けられる。また，所得税と消費税の役割分担，具体的には所得税は再分配機能，消費税は財源調達に特化するのが次善に適うという Atkinson=Stiglitz 命題とその応用としての資本所得税について学ぶ。

9.1 なぜ再分配か？

■ 格差の原因

所得格差の拡大が顕著になってきた。その要因としては親世代から相続した資産の多寡に加え，個人の所得獲得能力の違いが挙げられる。ここで「能力」（技能）は賃金に反映される労働生産性にあたる。

一般にこうした能力は先天的である他，教育機会や学習努力，経験など様々なことで培われるものだろう。このうち教育は人的資本となって高い賃金＝生産性につながることが労働経済学の分野で実証されている。さらにマクロ経済学の内生成長理論においても，人的資本は持続的成長の原動力になる。就業経験もいわゆる Learning by doing（「実践を通じた学習」）として個人の生産性を高めるだろう。賃金カーブが年齢とともに上昇するのは年功序列の他，技能の向上を反映しているといえる。

とはいえ，以下では個人の先天的な能力差に着目したい。あるいは能力差が（本人の学習努力はともかく）教育機会の違いに起因すると解釈しても良い。家庭が富裕で塾や有名私立校などに行く機会に恵まれれば高い能力を身に着

けることもできよう。いずれにせよ，個人の能力は（学習努力を含めて）本人の努力ではなく，外生的に与えられたものと捉える。

能力が低ければ懸命に働いても能力の高い個人に比べて所得は低水準に甘んじざるを得ない。これは自己責任に帰すことができない所得格差といえる。仮に低い所得が余暇や自由な働き方を重んじるといった本人の「選択」の結果であれば，その格差は不公平とはいえないかもしれない。他方，格差が所得稼得の「機会」によるのであれば，公平の観点から是正すべきものとなる。

■ 厚生経済学の第2基本定理

所得分配の公平と資源配分の効率が常に背反するわけではない。政府が再分配を行いつつ，資源配分を（理想的に機能する）市場メカニズムに委ねることで公平と効率の両方を達成できることは，厚生経済学の第2基本定理として知られている。

仮に独占の弊害や外部性などによって均衡が非効率であっても，政府は「市場の失敗」の矯正政策（例えば，環境税など）を再分配政策とは別に実施すればよい。財政において資源配分機能（効率）と所得再分配機能（公平）は互いに独立に発揮される。

厚生経済学の第2基本定理（効率と公平の分離）を図9-1でもって説明しよう。図9-1はパレート効率的な資源配分の集合にあたる「効用可能性フロンティア」である。図中でフロンティアの内側になるC点は効率的ではない。縦軸にとった個人Bの効用を損なうことなく個人Aの効用を高める，つまり，パレート改善を実現する余地が残っているからだ。他方，フロンティア上のD点とE点はいずれも効率的になっている。2人の効用を比較したとき，個人Aに高い効用を与えるD点が不公平というのであれば，個人Aから個人Bへの再分配（個人Aに一括税を課して，個人Bに同額移転する）することで効用配分がより公平なE点を達成できる。ここでは①C点からフロンティアへの移動が効率の追求，②フロンティア上でのD点からE点への移動が公平の追求にあたる。公平な所得分配ができれば，あとは市場メカニズムに委ねる。外部性など市場の失敗があれば，これを矯正する（環境税など効率化のための政策を講じる）ことで資源配分も効率的になるので

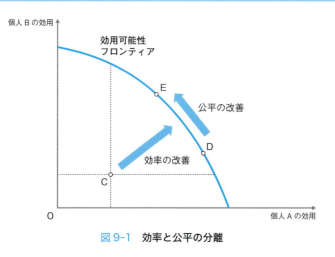

図 9-1　効率と公平の分離

ある。

　もっとも，こうした「二分法」が成り立つのは，個人間で一括な課税と移転が可能なときである。例えば，富裕層には年間 200 万円の税を課し，低所得層に同額を再分配するといった具合だ。ここで課税額や移転額は彼らの労働供給や消費・貯蓄等の経済活動に依拠しないという意味で一括となる。富裕層と低所得層で課税額・移転額が異なるから，前述の定額税とは異なり公平（応能原則）に適っている。再分配後の資源配分は市場メカニズムに委ねられる。

　しかし，富裕層か低所得層かは，各個人の生来の能力やハンディ・才能ばかりによるものではない。格差は個人の努力の差もある程度反映するだろう。理想的にいえば，実現した所得水準ではなく，潜在的な稼得能力に応じて課税・移転を行うことが望ましい。実際，その能力を発揮するかどうか（才能豊かにも関わらず，低い所得に甘んじるかどうか）は本人の判断次第となる。

　ただし，個人の潜在能力は客観的に観察・評価できるものではない（観察できないという点は，余暇消費も同様だった）。今日の成功は才能でも運でもなく，人並み外れた努力の賜物かもしれない。事業で果敢にリスクを取ったことが報われたからともいえる。いずれにせよ，我々がみているのは，「結

果」に過ぎないので，そこから「原因」（才能か運か，努力か勇気か）を汲み取ることは難しい。結局，政府は所得や資産など経済活動の結果に基づいて課税・移転を行うしかない。

9.2 社会厚生関数

■ 公平の尺度

再分配にあたっては誰から誰に再分配するのが公平に適うのかが問われてくる。一般に所得の高い個人に課税を行い，所得の低い個人に所得移転することが公平感に適うとされる。定性的にはその通りとして，どの程度の格差是正が望ましいのだろうか？ その基準を与えるのが社会厚生関数（social welfare function）である。社会厚生関数は個人の厚生＝効用を変数とする。社会全体の厚生を個人の厚生＝価値観の延長に位置付けている点で，「個人主義的」とされる。例えば，個人AとBとの間での公平を考えるならば，社会厚生関数は次のように与えられる。

$SW = W$（個人Aの効用，個人Bの効用）

この社会厚生関数は個人の効用の増加関数として与えられる。つまり，他の誰かの厚生を損なうことなく誰かの厚生を改善することは社会全体の厚生の増進につながる。「パレート改善」を志向する。

ただし，増加の程度は個人の効用水準の上昇とともに非逓増的になる。個々人の限界効用が所得水準の減少関数（追加的1万円の価値は所得の低い層の方が所得の高い層よりも大きい）である限り，高所得者から低所得者への再分配（＝応能原則）が社会厚生上，望ましいことを含意する。再分配の程度はこうした社会厚生関数の形状に応じる。

無論，社会厚生関数は「普遍的」な概念ではなく，公平に係る社会の価値観（合意）を反映するとみることができるだろう。個人主義を志向する米国と社会連帯を重視する欧州諸国では社会厚生関数は異なるということだ。

■ 2つの社会厚生関数

社会厚生関数としてよく知られているのが**ベンサム（功利主義）型**と**ロールズ型**である。前者は「最大多数の最大幸福」を追求する価値観を反映しており，社会厚生関数は個々人の効用の単純合計として与えられる。ここでは効用の増加は（貧困層であれ富裕層であれ）等しく評価される。他方，**最も恵まれない（＝効用水準の低い）個人の厚生を社会厚生と同一視したのがロールズ型**である。彼以外の個人の効用が高まっても社会厚生の改善につながらない。これはもし全ての個人が生まれてからの境遇を知らない**無知のベール**の中にいるという仮定の下であれば公平無私な見地から彼らは望ましい社会を選ぶとされる原理を指す。誰にも「最も恵まれない」境遇に陥る可能性があるとすれば，そのときの境遇の改善が望ましいだろうというわけだ。

ベンサム型社会厚生関数の下では，再分配の程度は個々人の所得の限界効用の比較で決まる。仮に，この限界効用が一定であれば，再分配は必要とされない。一方，**ロールズ型社会厚生関数は強く再分配を求める**。最も恵まれない個人以外への課税は社会厚生に影響しない（図 9-2）。個人効用に対する社会厚生の「感応度」を両者の間にとれば，より一般的な公平感が表現できる。

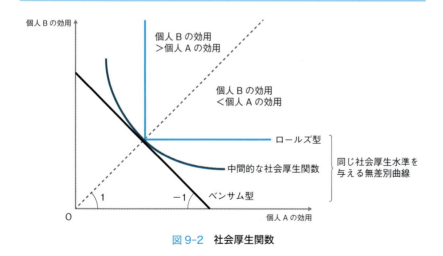

図 9-2　社会厚生関数

■ 留意点

こうした社会厚生関数についてはいくつか留意が必要だ。第1に個人間の効用の比較が前提になっている。そもそも効用はきわめて主観的な概念であり，その比較は妥当ではないという見解もある。実際，効率性としてパレート効率性が経済学において広く用いられているのは，効用の個人間比較を要さないからでもある。

第2に社会の厚生を個人の効用＝価値観の集計とするのは妥当ではないかもしれない。個人の価値観の中には偏見や差別，怠惰などもある。人種差別的な選好は社会厚生の一部として許容されるべきなのか？　怠惰によって稼ぎが乏しく効用の低い個人に対する再分配（救済）は本当に公平に適っているのだろうか？

また，**第15講**（行動経済学）で学ぶように個人の選好自体，合理性を欠くかもしれない。喫煙・飲酒，薬物使用など長期的な健康への悪影響より現在の快楽を追求するような（近視眼的な）選好は本人の厚生水準を真に高めているとは言い難いだろう。このとき喫煙等，個人の行動パターンを決定する効用＝選好と評価の基準として（社会厚生関数に含まれるべき）効用＝厚生は一致しない。

他方，個人のおく価値から社会厚生を完全に切り離すことにも危険がある。個人を犠牲にして国家の利益を優先させた全体主義（ファシズム）はその最たるものだ。公共経済学ではその問題点は認識しつつも，公平感の「表現」方法として社会厚生関数を用いてきている。

9.3 最適所得税理論

■ スクリーニングとしての最適所得税

簡単化のため個人の能力＝生産性は高タイプか低タイプかの2種類に限られるとしよう。生産性は個人の（時間あたり）賃金率に等しい。個人は労働者として企業に雇用され，労働所得を獲得する。企業は個人の能力を観察可能（学歴などのシグナルを通じて識別可能）と仮定する。

他方，政府にとって能力を直接観察することは難しい。能力は個人と政府との間で非対称情報なのである。なお，所得＝賃金率×労働時間だから，能力＝生産性は賃金に等しいとすれば，所得と労働時間が観察できれば賃金率は判別できてしまう。ここでは労働時間を勤務時間だけでなく，集中力や努力など幅広く解釈する。このとき能力同様，労働時間も識別し難い。

　無論，（「クロヨン問題」として知られるように）所得自体の捕捉は必ずしも正確ではない。しかし，能力に比べれば観察の精度は高いだろう。ここで次の3点に留意されたい。第1に観察される所得に応じて課税・移転するのは観察されない能力との関係が見出されるからだが，前者は後者の厳密な「シグナル」というわけではない。所得は能力の他，労働時間等個人の選択（努力）に依存する。所得課税・移転は（代替効果を誘発して）個人の選択を歪めかねない。

　第2に課税と給付は一体的に決定される。課税だけで再分配は完結しないし，給付には財源の確保が必要だ。第3に再分配は高タイプと低タイプを分離＝**スクリーニング**するように仕組まれなければならない。両タイプが同じ所得水準を選択するような「プーリング均衡」では再分配のしようがないからだ。所得課税・移転の体系は（移転の削減率を織り込んだ）限界税率を所得に応じて変えられるという意味で「非線形」になる。

■ 自己選抜を促す仕組み

　ここからは非対称情報下における保険の分離均衡（**第6講**）と同じ議論になる。再分配を担う政府は予算収支を均衡（高能力タイプからの税収＝低能力タイプへの移転）させるよう高タイプと低タイプとの間で差別的な「契約」，ここでは当初（課税前）所得と（高タイプは）課税・（低タイプは）移転の組み合わせを提示する。正確に言えば，この契約を実現するよう所得税・移転体系がデザインされる。

　効用水準は労働時間＝当初所得÷能力の減少関数であり，課税・移転後所得＝消費の増加関数である。個人からすれば契約の選択は労働選択（当初所得の選択）に等しい。当初所得は高タイプの方が高くなる。低タイプは高タイプ並みに稼ぐにも能力＝生産性に劣る分，長時間労働・努力（＝高い当初

所得÷低い能力）しなくてはならない。労働が不効用だから，あえて高い当初所得（高タイプ向けの契約）を選好しない。

他方，高タイプであれば，労働時間・努力を減じて低い所得と移転を選択するかもしれない。課税が労働に与える誘因効果は，低タイプの「振り」をすることに相当する。これを避けるには低能力者への給付と可処分所得＝消費を高能力タイプに魅力的ではない範囲に留める必要がある。その分，再分配の程度は制約されなければならない。この正しい能力タイプの表明を促すこの制約（自己選抜という）は以下のように与えられえる。

> 高タイプが高能力向けの当初所得・課税組み合わせを選んだときの効用
> ≧高タイプが低能力向けの当初所得・移転を選んだときの効用

■ 最適所得課税の性格

政府は財政収支に加え，自己選抜を制約にして，公平の基準である社会厚生関数を最大にするよう契約＝非線形所得税・移転を決定する。この決定は「次善」（セカンドベスト）にあたる。最善にならないのは，個人の能力＝生産性に係る情報の非対称性による自己選抜制約があるからだ。この自己選抜制約が有効な（等号式になっている）とき，①低タイプの当初所得を減じることで，②移転後の可処分所得＝消費をある程度低く抑える。高タイプが低能力の「振り」をしない（両タイプが分離する）結果，両タイプは識別され，高タイプに課税，低タイプに移転する再分配が達成される。

図9-3において高タイプはA点を，低タイプはB点を選択する。これを彼等の効用最大化の結果として実現するように所得税関数 $T(y)$ が与えられる。このとき最適所得税は執行可能という（第10講参照）。

結論だけいえば，高タイプは課税されるものの，限界税率（追加的な所得に対する課税）はゼロとなる。代替効果が生じない（課税による所得効果のみ）ため，労働選択は歪まない。なお，限界税率＝ゼロでも税額はプラスだから再配分の原資は確保できている。

他方，低タイプについては移転がなされる一方，当初所得を低めるよう限界税率はプラスに設定される。この限界税率は高タイプに自己選抜を促すた

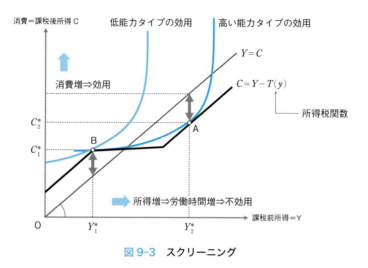

図 9-3　スクリーニング

めだが，低タイプの労働選択は非効率になる。これは再分配をするための効率コスト（最善からの乖離）となる。

9.4　最適所得税の一般化

■ 課税のフォーミュラ

　最適所得税を一般的に与えよう。稼得所得を y，所得税関数を $T(y)$ とする。関数は「非線形」のため，限界税率＝$T'(y)$ は所得＝y に応じて増減しうる。仮にこの限界税率が一定なら，所得税は フラット といわれる。平均税率＝$T(y)/y$ が所得とともに上昇すれば税構造は「累進的」，逆に減少すれば「逆進的」とされる。我が国の消費税がしばしば「逆進的」と批判されるのも，消費税額の世帯年収に占める比率が低所得層ほど高い（高所得層ほど低い）からだ。なお，限界税率＝$T'(y)$ が一定であっても，定額の控除額があれば，税は累進的になる。例えば，$T(y)=t \times y - b$（t＝限界税率，b＝控除額）とすると平均税率は $T(y)/y=t-b/y$ に等しい。

結論だけいえば，最適課税のフォーミュラは以下のように与えられる（導出は Saez（2001）参照）[1]。ただし，ε は（課税後）所得の弾力性，$H(y)$ は（能力分布から転換される）所得の分布関数，$G(y)$ は社会厚生関数における y 以上個人の所得に対する社会的価値である。前述の自己選抜の制約は ε に織り込まれる。一方，社会厚生の形状（例えば，功利主義からロールズ型か）に応じた公平（格差是正）への配慮は $G(y)$ に反映されている。一般に高所得者の方が所得の限界効用が低いことから $G(y)$ は y の減少関数になる。

$$\frac{T'(y)}{1-T'(y)} = \frac{1}{\varepsilon} \frac{1-H(y)}{yH'(y)} (1-G(y))$$

所得分布＝ $H(y)$ は観察可能，弾力性＝ ε も適切なデータがあれば（多少の計量経済学のテクニックを駆使して）推計できる。

一方，$G(y)$ はどのような社会厚生関数を想定するかによるだろう。いずれにせよ，一旦これらの数値が確定すれば，最適所得税の形状＝限界税率は定まってくる。ここで限界税率は「実効」税率であることに注意されたい。所得税の法定税率のみならず，給付の減額率や（実質的に課税の性格の強い）社会保険料率，（制度上は消費課税に分類されるが）消費税（付加価値税）などを加味したのが実効税率である。最適課税は所得税制の最適化に留まらない。この実効税率への考慮が必要だ。

また，最適所得税額が負の値をとることも排除しない。$T(y)$ には給付も織り込まれている。負の所得税として知られるが，課税と給付が再分配機能として「一体化」しているのは特徴である。現実には税と給付は異なる省庁が担う（前者は財務省，後者は主に厚生労働省）こともあって別個に扱われることが多い。例えば，所得水準が低い個人は非課税（＝所得税額はゼロ）であっても，必ずしも給付の対象になるわけではない。他方，給付の基準は独自に定められることが多い。この場合，税と給付がバラバラに制度設計されるため「全体最適」の視点を欠くことが否めない。

1　Emmanuel Saez, "Using Elasticities to Drive Optimal Income Tax Rates," *Review of Economic Studies*, Vol.68（234, Jan）, 205-229, 2001.

■ 弾力性＝十分統計量？

　賃金所得税が阻害するのは労働供給（時間）に限ったことではない。長期的には，個人の①職業選択や②教育投資（マクロ経済学でいう「人的資本投資」）を歪めかねない。

　「一攫千金」とばかりに，リスクをとって起業をしても，成功時の税金が高ければ，割が合わない。むしろ，安定収入のサラリーマンを志向するかもしれない。我が国の起業率は世界的にみて低い水準にある。無論，税金だけが理由ではないが，高すぎる所得税は起業活動に対してはマイナス要因となってしまう。

　また，高等教育を受けて技能や資格を得ても，税金が高く手取りの収入がそれに見合わない，あるいは低い技能に甘んじていても，政府の再分配政策で救われるとなれば，あえて教育に自分の時間を割こうとは思わなくなるだろう。脱税や節税でもって税負担を軽減しようとするかもしれない。

　これらを合わせて稼得所得＝課税ベースの弾力性（所得税の誘因効果）を評価する必要がある。こうした誘因が一つのパラメータ＝弾力性に集約化できるとき，この弾力性は（個人の誘因に係る他の情報は必要ないという意味で）十分統計量であるという。海外の実証分析では納税者データを使って彼らの直面する限界税率と（税務当局が捕捉する）申告所得との間の関係を推計している：

$$\ln z_{it} = \beta \ln(1 - T'(Z_{it})) + \alpha_i + X_{it}\gamma + \varepsilon_{it}$$

　ただし，zは（申告された）課税所得，T'は限界税率，Xは納税者の属性等に係る説明変数である。εはかく乱項にあたる（詳しくは計量経済学の教科書を参照）。ここでは限界税率の変更を含む税制改革の前後（$t=0$と$t=1$）で個人iの申告所得がどのように変化したかでもって弾力性＝βが推計される。

　ただし，所得税が累進的なとき，税制改革の後，申告所得が代われば限界税率も変わってしまう。内生性バイアス（**第14講**参照）というが説明変数（＝ここでは限界税率）の内生性（被説明変数のはずの申告所得の関数になっていること）を避けるべく，通常，改革後であっても申告所得に変化がなかったときの限界税率を説明変数に用いる工夫をしたりする。結果，弾力性を概ね

0.4 程度と推計している（Gruber and Saez, 2002）[2]。

■ 保険としての所得課税

　雇用や所得にリスクがある場合，事前（リスクが顕在化する以前）の観点からすれば，所得税には保険としての機能がある。高所得が実現するときに高い税を課す一方，所得が低い（あるいは失業で喪失）したならば，税負担を軽減，あるいは移転を行うことで可処分（課税後）所得を平準化するからだ。ここで政府は同様の所得リスクを抱えた個人間で「大数の法則」を発揮することで保険の提供主体となる。課税は保険料，給付は保険金に相当する。無論，事後的には高所得な個人から低い所得に留まった個人への再分配となるが，事前には，個人間でリスクのプールが実現している。保険としての所得課税は，起業家のように稼得所得にリスクを伴う職業の選択，あるいは収益が予め定かではない人的資本（教育）投資を喚起しうる。

　もっとも，限界税率を100％として，可処分所得を均一化するような「完全保険」は事前にリスク回避への努力や就業を含めて所得増進への誘因を損なうモラルハザードを助長するだろう。最適課税は（公平と効率に代えて）保険機能とモラルハザードの間のトレードオフ関係を織り込むよう設計されることになる。

9.5　Atkinson=Stiglitz 命題

■ 軽減税率の導入

　2019年10月の消費税の増税（税率8％から10％への引き上げ）に際して，（アルコール飲料や外食を除く）飲食料品及び新聞に対して軽減税率（税率8％への据え置き）が導入されることになった。（理由がとかく政治的な）新聞はともかく飲食料品については「低所得層の負担軽減」が理由として挙げられる。衣食住に係る生活必需品を課税対象に含むことから消費税は逆進的で不

---

[2] Jon Gruber and Saez Emmanuel, "The Elasticity of Taxable Income : Evidence and Implications," *Journal of Public Economics*, Vol.84, 1-32, 2002.

公平との批判がある。ここで逆進的とは消費税負担額の所得に占める割合が低所得者ほど高くなることを指す。軽減税率はこの逆進性を緩和させることが期待されている。

　もっとも，軽減税率にも批判は少なくない。軽減税率の対象にはマツタケなどの高級食材も含まれる上，飲食料品の消費額自体は所得とともに増加する。つまり中高所得層ほど（税率が10％のときに比して）大きな減税を享受できることになる。加えて，減税率は分かりやすい仕組みではない。軽減対象の有無を決める線引きに曖昧さが残るからだ。軽減税率では「食品表示法」と「食品衛生法」という法律で軽減対象となる食品の定義や外食の区分をすることになった。しかし，イートイン・コーナーで食するコンビニ弁当，玩具つきの菓子類などの扱いは必ずしも定かではない。現場に混乱が生じかねない上，その都度，軽減税率の有無が問われるとなれば課税当局，事業者双方の負担は甚大になる。

　これに関連して，軽減税率を広く採用してきた欧米諸国でも，線引きには頭を悩ませてきた。英国では温めたピザはその場で食べるだろうから外食扱いとして標準税率を，冷たいピザは自宅に持ち帰るだろうからゼロ税率を課している。カナダの場合，ドーナツを6つ以上買うと自宅用としてゼロ税率が，5つ以下は店内で食べるものとして標準税率が課される。このように線引きは合理性からは程遠くアドホックにならざるを得ない。加えて，政治経済学（公共選択論）的には軽減税率の適用対象の（例えば，外食や衣類などへの）拡大を陳情するレント・シーキング（ロビー活動）を誘発しかねない。

■ ラムゼー・ルール再論

　では最適課税論の観点から軽減税率はどのように評価されるのだろうか？前講で学んだラムゼー・ルールは弾力性の多寡に着目する。ここで非課税財＝余暇との関係に留意されたい。具体的には，余暇との補完関係・代替関係である。

　ある財貨を余暇と補完的な財貨としよう。アウトドア派の消費者にとってはレジャー用品だろうし，インドア派であれば，コンピューター・ゲームのソフトだろう。一方，別の財貨は仕事で着ていく背広など余暇とは代替的

（逆に労働と補完的）な財貨とする。各々の財貨への物品税率の引き上げは直接的には各々の財貨需要を減少させるだろう。ただし、この需要減は余暇消費（非課税財）への代替を伴う。

余暇消費が増えれば、(i) それと補完的な財の需要も高くなる。(ii) 代替的な財の需要はさらに減じられる。需要関数の傾きは、このような直接的な効果と余暇消費の変化を介した間接効果を合わせたものである。間接効果が直接的な効果を一部相殺する余暇と補完的な財の方が需要減の程度は小さくなるだろう。つまり、価格弾力性は低い。これに対して、間接効果でみても需要が阻害される余暇と代替的な財の価格弾力性は高くなる。ラムゼー・ルールに従う物品税は間接的に非課税財（余暇）への課税を図っているということになる。

■ 所得税と消費税の機能配分

税制の機能には財源調達機能と再分配機能があった。このうち再分配は、所得課税（直接税）の役割とされる。結論から言えば、仮に消費税が課される財貨・サービスがいずれも非課税財＝余暇と同等に代替的ないし補完的であれば、所得課税が最適化されている限り、消費税率は一律であることが次善の観点から効率に適っている。これを Atkinson=Stiglitz 命題という。このとき消費税は（今回税率10％への増税を決めた）「社会保障と税の一体改革」でもって強調された通り、「社会保障の安定財源」（社会保障の充実と安定化）として財政調達機能に特化すべきということになる。消費税の逆進性は低所得層への移転増など所得税・給付体系の枠内で対処すればよい。ここでは消費税等間接税＝財源調達機能、直接税＝再分配機能と機能分担がなされている。繰り返すが、最適課税論においては課税と移転は一体的に最適化されなければならない。

他方、我が国では課税＝財務省、給付＝厚生労働省と省庁間で担当が縦割りになっていることが、「全体最適」を難しくしていることは否めない。とはいえ、2014年4月に消費税率を5％から8％に引き上げた際は、「簡素な給付措置」として市町村民税（均等割）の非課税世帯に一人6千円を支給するなど逆進性の緩和を移転＝給付で行っていた。

カナダでは低所得者対策として「GST税額控除」という「給付付き税額控除」（給付）が活用されてきた。同税額控除は有資格本人と配偶者に各々，年間242ドル，子ども（18歳以下）は一人当たり127ドルを給付する。原則，家族所得が年間31,524ドルを超えた分の5％相当が差し引かれる（数値は2007年納税申告分）。

課税財がいずれも非課税財＝余暇と同等に代替的ないし補完的というAtkinson=Stiglitz命題の前提条件はラムゼー・ルールにおいて物品税率が一律になる条件と等しい。仮にこの条件が満たされないとき，つまり，ある財貨が他の財貨に比して余暇と代替的（補完的）であれば，当該財への税率を軽減（加算）することが望ましい。非課税のために課税財からの代替が進んでいる余暇消費の抑制，換言すれば（逆に阻害されている）労働供給の喚起につながることになる。

ただし，この主張は課税による効率コスト（超過負担）を最小限に抑えるためであり，公平性の観点からのものではない。最適課税論から軽減税率に合理性を見出すとすれば，それは軽減税率が効率性を改善するときであり，低所得者の負担軽減になるからではない。特定の財貨に対する物品税としてはタバコ税や環境税（我が国では「地球温暖化対策税」）などがある。これらの課税根拠も公平ではなく，喫煙に起因する健康被害や二酸化炭素排出による地球温暖化（環境問題）といった外部費用の内部化であり効率性の改善にある。つまり，直接税が活用できる限り，間接税は公平と効率をトレードオフさせることなく，効率性の視点から最適化（デザイン）されるべきなのである。

9.6 資本課税

■ 所得格差と資本

ピケティの『21世紀の資本』以来，資本所得課税への関心が高まっている[3]。その背景には資本の収益率が（経済成長率に概ね等しい）賃金上昇率を恒

3　トマ・ピケティ『21世紀の資本』山形浩生・守岡桜・森本正史（訳），みすず書房，2014年

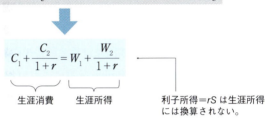

図 9-4　生涯予算制約の算出

常的に上回る結果，資本家＝資本所得者と労働者＝賃金所得者との間での格差が拡大を続けるという主張にある。その結果，（1％に満たない）金持ち＝資本家はますます豊かになり，（99％とされる）一般庶民＝労働者が取り残されかねない。

では資本所得課税の強化はその対処になるだろうか？ ここで所得を本源的所得と派生的所得に区別して考える。前者は親から相続した資産や賃金等稼得所得を指す。個人は毎期，この本源的所得を消費と貯蓄に配分する。貯蓄は将来の消費への備え（異時点間の消費選択の一環）であり，その貯蓄から「派生」するのが利子・配当等資本所得となる。

生涯ベースでみると生涯所得（一生分の所得の現在価値）を構成するのは本源的所得であり，派生的所得は現在価値を算出するときの「割引率」にあたる（図9-4参照）。資本所得税の直接的な効果はこの割引率への影響であり，現在と将来の消費，あるいは賃金の「相対価格」を変更するに過ぎない。その税率の引き上げは割引率を減じることで現在からみた将来消費の価格や，将来労働の賃金を上昇させ，異時点間の消費・労働選択に代替効果を促すことになる（第6講参照）。つまり，家計の生涯予算制約上，資本所得税は将来消費等への課税に相当する。

ラムゼー・ルールで学んだ通り，仮に各時点での消費の価格弾力性が同じ，余暇等非課税財と同等に補完的ないし代替的であれば，一律課税が望ましい。労働も年齢を問わず賃金弾力性が変わらない限り，差別的な課税をする根拠はない。他方，仮に弾力性に違いがあるとしても，賃金所得税体系を年齢に応じて設計することが少なくても理論上あり得る選択肢だ。いずれにせよ，資本所得税の根拠は自明ではない。格差を是正するのであれば，本源的所得段階で課税を強化すれば良い。具体的には賃金所得税や相続税の累進税率の引き上げなどである。Atkinson=Stiglitz 命題によれば，直接税＝賃金所得税・相続税が最適化できれば，間接税＝消費課税は一律で構わない。このとき資本所得税率はゼロが最適となる。

■ マクロ経済モデル

マクロ経済学の成長モデルの枠組みでも資本所得税の最適税率はゼロという理論がある[4]。経済の長期均衡＝定常状態に着目したとき，課税後の資本収益率は（代表的）家計の時間選好率（割引率）に等しくなる。これは図9-5のような家計の消費選択と定常状態では消費量が時間を通じて変わらない（よって，限界効用が一致する）ことから導かれる。

資本所得率の増税は課税後収益率を一定に保つよう定常状態における資本ストックの調整を促す。資本の限界生産性が低減することから資本ストックは減少，これに応じて賃金率が低下する。課税後収益率が一定とは資本供給が「無限」に弾力的なことを含意する（**第7講**図7-2 に相当）。定常状態において資本が負担しない税は全てもう1つの生産要素，つまり労働に帰着する（賃金所得を減じる）ことになる。であれば最初から労働に課税すれば良い。この結論は労働供給の弾力性の如何によらない。また，資本所得を稼いで投資を担う資本家と賃金所得を稼いで消費する（貯蓄はしない）労働者の階級に家計を区分しても変わらない[5]。

4　Christophe Chamley, "Optimal Taxation of Capital Income in General Equilibrium with Infinite Lives," *Econometrica*, Vol.54（3）, 607–622, 1986.
5　Kenneth L. Judd, "Redistributive Taxation in a Simple Perfect Foresight Model," *Journal of Public Economics*, Vol.28（1）, 59–83, 1985.

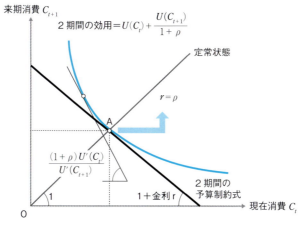

図 9-5　異時点間の消費選択

■ 資本課税の合理性

では資本所得課税に経済合理性がないかといえばそうではない。相続資産の把握が不完全で相続税の執行が困難であれば，次善策として相続資産から派生する資本所得に課税することも選択肢だろう。実際，相続税は租税回避の対象になりやすい。相続のタイミング以外でも課税をしないと格差の固定化は免れない。

また，資本所得の中には超過収益利潤（レント）も含まれる。ここで超過収益とは投資からのリターンのうち，一般に見込まれる収益＝正常収益（国債等安全資産からの収益＝市場金利にあたる）を超過した部分を指す。企業の超過利潤に相当する。リスクを伴う投資がうまく行けば正常収益を超えた利益が生じよう（逆に，失敗すれば超過収益分はマイナスになる）。あるいは投資先企業や金融機関が独占・寡占的であれば，その価格支配力からの利益も，超過収益の源泉になる。こうした超過収益への課税自体は「中立的」である。

対照的に正常収益に対する課税は貯蓄・投資に影響する（**第 6 講**参照）。よって，超過利潤を抽出して（資本所得から正常利潤相当を差し引いて）課税できれば，資本所得税は効率を損なうことなく，格差の是正につながるだろ

う。一方，超過利潤と正常利潤の識別が困難ということであれば資本所得全体への課税は超過利潤課税＝格差是正と正常利潤課税＝投資への歪みの背反関係の下で決定されなければならない。

　加えて，投資収益が不確実なとき資本所得税は（適度な税率なら）リスク投資を喚起する効果もある。その前提は利子・配当，株式譲渡益課税など異なる資本（金融）所得の間で損益が通算できる一体課税である。この金融所得課税の一体化は「一般投資家が投資しやすい簡素で中立的な税制を構築する観点から」（政府税制調査会，2004）から進められてきた。2013年度税制改正で損益通算の範囲が上場株式等の配当（大口以外）・譲渡益から公社債等の利子・譲渡益まで拡大した。ただし，預貯金の利子所得は対象に含まれていない。預金口座への適用拡大は利子所得と他の金融所得の合算を可能にするだろう。

　仮に危険投資に係る損益が安全資産である利子所得と損益通算できるようになれば，投資家にとってリスクの軽減につながる。これは損失が利子所得から控除され，よって後者に係る課税が減じられることで課税後収益率の変動幅が抑えられることによる。このとき，政府は税収の増減としてリスクを投資家と分担する形になる。前述の賃金所得税同様，資本所得課税も保険の機能を果たすことになる。ここでは，利益が出たときの課税が保険料，損失を被ったときの減税は保険金に相当する。

9.7　本講のまとめ

　再分配は税の機能の一つであり，再分配は所得課税が担うべき役割となる。ただし，所得格差の背後には個々人の稼得能力の違いがあり，これは政府によって直接は観察できない非対称情報である。この能力の顕示（＝スクリーニング）を促すよう所得課税は制度設計されなければならない。具体的な最適所得課税のフォーミュラは課税所得の弾力性等，実証研究の知見を用いれば，定量的に与えることもできる。

　続いて，Atkinson=Stiglitz命題として所得課税と消費課税の役割分担につ

いて言及した。公平の観点からすれば，消費税に軽減税率を入れる経済合理性はない。財貨・サービスに応じて税率を差別化するとすれば，それは効率性（余暇など非課税財への間接的な課税）を意図した結果である。

この Atkinson=Stiglitz 命題は資本課税にも応用される。資本課税は異時点間での財貨・労働（裏を返せば余暇）の相対価格に変更を加えるものとなるからだ。前講と本講で最適課税について学んだが，その主要な命題としては①ラムゼー・ルール（逆弾力性命題），②生産効率性命題，そして③Atkinson=Stiglitz 命題があった。これらは机上の理論に留まらず，消費税の在り方を含めて租税政策に重要な含意を与えている。

■ Active Learning

《理解度チェック》・・

- □1 「厚生経済学の第2基本定理」とは何か？ その主張と前提条件について説明せよ。
- □2 公平の基準としての社会厚生関数の例として功利主義型とロールズ型があった。各々の特徴を述べよ。
- □3 政府による所得再分配に制約を課す非対称情報としては何があったのか述べよ。
- □4 所得税構造が累進的・逆進的とはどのように定義されるのか説明せよ。
- □5 「Atkinson=Stiglitz 命題」における消費税と所得税の役割分担を述べよ。同命題の下で消費税の複数税率が許容されるのはどのような条件においてだっただろうか？
- □6 資本（利子・配当等）所得税率がゼロであることが望ましい条件，及び資本所得課税が望ましくなる条件について各々説明せよ。

《調べてみよう》・・

米国・カナダなど諸外国では所得税制度の中で給付も行う「給付付き税額控除」の仕組みがある。子育て支援や勤労促進に活用されている。他方，我が国では税制＝財務省，給付＝厚生労働省と「縦割り」になっており，連動しているわけでもない。諸外国の「給付付き税額控除」の制度の特徴とメリット，課題について調

べてみよう。

《Discussion》
　低所得層への配慮から消費税の増税（8%⇒10%）時には飲食料品・新聞に軽減税率（8%）が適用されることになった。低所得者支援の観点からこの軽減税率の有効性と課題，代替案について議論せよ。

文献紹介
給付付き税額控除については
- 森信茂樹『給付つき税額控除——日本型児童税額控除の提言』中央経済社，2008年

第10講 メカニズム・デザイン

■ （個人の選好等）情報に非対称性があるとき，正しい情報を抽出する制度設計としてのメカニズム・デザインについて学ぶ。その応用としてはオークション等がある。

10.1 メカニズム・デザインとは？

■ 情報の非対称性：再論

公共財の公的供給や公共調達（公共事業の入札等）の契約，オークションを含めて，その実施にあたって情報が分散していたり，受益者等個人と政府等提供者との間で情報が非対称であったりするとき，効率的な（情報制約の下で次善な）資源配分をどのように実現するのかが課題になる。

保険市場（**第5講**）であれば加入希望者，所得再分配であれば受益者は自身に有利な契約や給付を得るべく，健康リスクやニーズなどについて自身の都合の良いように情報操作する誘因を持ちかねない。例えば，健康リスクの高い個人であれば，保険料率の低い低リスク向けの保険契約は魅力的であるため，自身の健康リスクを過少に申告するだろう。最適課税論（**第9講**）では能力の高い個人＝労働者であっても，低い税負担（あるいは高い給付）を好み，あえて低い所得水準を選択する（就労時間・努力を低める）誘因を持つことを学んだ。公共財の公的供給にしても個人の選好＝受益が分からなければ，効率的な供給は達成されない（**第3講**）。

とはいえ，個人が自身の受益を自発的に正しく表明する誘因は乏しい。個人のタイプ＝属性に係る情報が非対称なとき，政府や保険会社はこれらの誘

因を予め排除することはできない。むしろ，高リスクな個人であれば高リスク向けの保険契約（高い保険料と高いカバレッジ）を高能力タイプであれば高能力向けの所得と税の組み合わせを選択するよう「自己選抜（誘因両立性）」を促す仕組みが求められる。

　こうした非対称情報に起因する問題をより一般的に分析するのが，<u>メカニズム・デザイン</u>である。個人の主体的な意思決定（選択）は尊重しつつ，効率的資源配分等，社会的に望ましい結果を実現する制度設計を目指すものだ。その肝になるのが個人の私的情報（健康リスクなど）について偽った顕示をする（そのような振る舞いをする）といった「戦略」を排除することにある。メカニズム・デザインではこれを<u>耐戦略性</u>という。保険市場の逆選抜を含む市場の失敗は，この耐戦略性が満たされないことによる。

■ 直接顕示メカニズム

　一口に自己選抜を促す（耐戦略性を満たす）といっても，理論的にそれをどのように記述＝モデル化したら良いか，例えば，（非線形）所得税・移転関数（体系）をどのように構築すべきかが問われてくる。実際，個人の反応＝戦略とそれを織り込んだ制度設計を簡単に表現することは難しそうだ。

　他方，個人が契約締結や所得稼得といった経済活動を「選択」するのではなく，自身の健康リスクや能力のタイプを「表明」する制度を<u>直接顕示メカニズム</u>という（図10-1）。メカニズム・デザインの重要な貢献に耐戦略性＝自己選抜制約を満たす任意の制度であれば，それと同じ結果を直接顕示メカニズムとして置き換えることができるという命題（<u>直接顕示原理</u>）がある。直感的にいえば，個人の行動選択は個人のタイプに応じる（＝個人の選択はタイプの関数である）ことから，観察された行動ではなく，表明されたタイプを活用しても良いということだ。

　このとき，加入者は契約の選択ではなく，高リスクか低リスクかといった自身のリスク・タイプを保険者に伝え，保険者はその表明に基づいて保険契約を割り当てると「読み替える」ことができる。同様に非線形所得税についても，個人＝労働者は所得と税の組み合わせ，より一般的には（所定の所得税関数の下）稼得所得の選択ではなく，稼得能力のタイプを政府に伝達し，

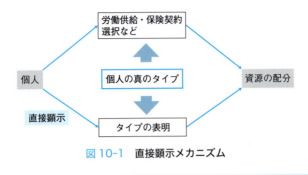

図 10-1　直接顕示メカニズム

政府がそれに応じて個人に所得と税を割り当てるものと解釈できる。

■ 制度の執行可能性

　直接顕示メカニズムは非対称情報下における公共財供給や契約や税制・給付等，資源配分・所得分配に係る制度設計の記述＝モデル化を簡便にする。政府であれば，社会厚生あるいは税収といった政策目的を高めるよう通常の資源制約（予算収支等）に加えて，自己選抜＝耐戦略性を制約に，顕示されたタイプに応じた配分・分配を決めれば良い。

　繰り返すが個人の「戦略」＝選択はタイプの表明である。厳密にいえば，こうした選択には他の個人の選択の如何によらないという意味で**支配戦略**や他の個人の選択を踏まえた**ナッシュ戦略**（あるいは他の個人の選択に対して合理的な期待を形成した**ベイジアン戦略**）がある。ここでは当面，支配戦略を前提とした制度設計に着目する（実際，保険契約や最適課税論で紹介した個人の選択は他人の動向に左右されず，支配政略に従う）。自己選抜制約により出てくる結果は最善ではないだろうが，うまくデザインすれば，この追加的な制約の枠内で効率的＝次善（セカンドベスト）にはなり得る。その上で個々人が労働供給や契約を自ら選ぶ（タイプの表明ではなく行動を顕示する）メカニズムを想定する。所得税制度や保険契約が例になる。個人の主体的な選択を前提にしているという意味で「分権的」なメカニズムとされる。このとき，直接顕示メカニズムと同じ結果を導くような所得税や保険契約の体系が構築で

10.1　メカニズム・デザインとは

きれば，分権的メカニズムは「執行（実施）可能」ということになる。例えば**第9講**で紹介した最適非線形所得税（図9-2）についてみてみよう。「直接顕示メカニズム」でもって政府が提示するのはA点とB点で与えた課税前所得と消費（あるいは所得税額）だった。各タイプの個人はいずれかの組み合わせを選択する。これと同じ結果は非線形所得税でもって達成できる。個人の予算制約が図9-2の通りであれば，つまり，そのように非線形所得税関数（＝課税前所得－消費）をデザインできれば，各個人は効用最大化の解として，高能力タイプ＝A点，低能力タイプ＝B点を選択する。ここで，分権的メカニズムとしての非線形所得税は直接顕示メカニズムを「執行可能」にしている。

また，制度的には一見，異なっていても同じ直接顕示メカニズムで記述できるならば，経済的な効果（アウトカム）は同様となる。これに関連して，後述するオークションでは最高値を付けた個人がその値段で落札する最高価格オークションと個人が（自身の付け値ではなく）二番目に高い提示額を支払う二位価格オークションが知られているが，どちらのオークションも売り手（政府など）にとって同じ期待収入を与える（「収入同値定理」）が知られている。この結果は一定の前提条件に加え，両オークションが同じ直接顕示メカニズムに対応することによる。

10.2 公 共 財

■ 効率的公共財供給？

サミュエルソン条件として与えられていた（純粋）公共財の効率水準は分権的（自発的）供給では個人間で只乗りの誘因が働くことから実現し難いことは**第3講**で学んだ通りである。他方，公的供給の場合，政府は公共財からの各自の受益＝私的情報を有さないという非対象情報に直面することになる。私的財市場であれば個人の受益は取引を通じて自発的に表明されていた。実際，個人の選好＝限界便益は需要関数（の高さ）に織り込まれている。その財源確保を強制的な課税による公的供給は自発的な取引を介さないことから，

選好表明の機会もない。

　公共財の水準を多数決投票で決める方法もあるが，全ての個人の選好が「単峰的」で均衡があった（＝循環投票が生じない）としても，中位投票者の選好を反映した結果は一般に効率的ではなかった（**第4講**）。個人の選好情報を集約化させてサミュエルソン条件を計算できれば効率的な供給につながるだろうが，問題は個々人に正しい選好を顕示する誘因がないことだ。彼らが高い受益を表明すれば高い税が課されると考えれば，実際には受益しているにも関わらず，受益はない，あるいは低いと偽ることで自身への課税を低めようとするだろう。ここでは誰もが他の誰かが，正直な（高い選好）表明をすることで税を負担し，公共財が供給されることに只乗りする誘因を持つことになる。無論，全ての個人が只乗りする（低い選好を顕示する）結果，公共財は供給されないか，低い水準に留まるという意味で自発的供給と同じジレンマに陥る。

　反対に高い受益を表明しても税負担は変わらないとするならば，個人は高い公共財水準を要求するだろう。自分がコストを被らないとすれば「あれも欲しい，これも欲しい」ということになるわけだ。財政は際限なく膨張することになりかねない。その費用を実際，今日誰も負わないとなれば，財政赤字（政府の借金）となって将来世代にツケが回ることになってしまう。

　ではどうするか？「耐戦略性」を満たすような公共財供給の費用分担を考える必要がある。ここでは簡単化のため，公共財はゼロか所定の水準が供給されるものとする。道路の整備，病院の開設などが例になろう。現行の公共財水準からの拡大（例えば，道路の延長，診療科の新設など）が諮られているものとしても良い。各人は当該公共財からの受益「水準」を表明するものとする。表明された受益の合計が費用を上回れば，当該公共財が供給することが効率に適い，逆であれば供給されない方が良い。

■ クラーク・メカニズム

　ここでポイントになるのは次の2つである。第1に各個人の費用分担の金額は直接には自身の表明する受益によらない。第2にコスト意識を喚起するよう公共財供給の拡大は自身の負担増と連結させる。メカニズム・デザイン

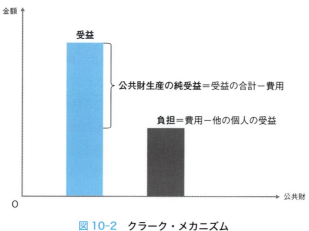

図10-2 クラーク・メカニズム

では，これらを満たす費用分担ルールとして**クラーク・メカニズム**が知られる（図10-2）。このとき，各人の費用負担は供給費用から他の個人の受益の合計を差し引いた額に等しい。

> 個人の費用分担＝供給費用－他の個人の受益の総和　　　　　　(10.1)

無論，公共財が提供されなければ，費用負担は生じない。他方，彼が高い受益を表明した結果，受益の合計が費用を上回れば，公共財供給が実現，合わせて (10.1) 式に応じた課税＝費用分担が求められる。ここで個人の選択＝戦略は受益の表明となる。受益関数＝個人のタイプとすれば，これは直接顕示メカニズムにあたる。なお，費用負担は他の個人の表明する受益に応じており，（彼らの間で結託＝共謀がない限り）操作する余地はない。

① 仮に彼の真の受益＞費用負担としよう。このとき，(10.1) 式より，彼を含めて受益の合計は費用を超過している。社会的にみて公共財供給は望ましい。個人が偽って高い受益水準を顕示したとしても，彼の被る負担も（公共財が提供されたときの）ネットの受益＝受益－費用負担も変わらない。過大表明をするメリットはない。

一方，あえて低い受益を顕示すれば，個人間の受益の合計がコストを下

回って，公共財が提供されないかもしれない。真の受益＞費用負担である以上，これは不利益になる。従って受益を正直に表明することが彼にとって一番望ましい選択＝戦略になる。このことは他の個人がどのように振る舞っているか（選好を偽っているかどうか）によらないという意味で支配戦略になる。

②逆に真の受益＜費用負担（よって，彼を含む受益の合計＜費用）としよう。過大な受益の報告は彼のネットの受益がマイナスにも関わらず，公共財供給につながるとすれば益はない。受益の合計＜費用だから過少報告しても公共財提供はないという状況を変えない。やはり正直な選好表明が支配戦略だ。

■ 効率的供給の実現

クラーク・メカニズムの特徴は（10.1）式より各人のネット受益＝個人の受益－費用負担＝個人の受益＋その他の個人の受益の合計－費用＝社会的なネット受益の関係が成立することだ。同メカニズムでは各個人も政府と同じ「目的」を追求しているのである。結果，個人の最適化＝受益の表明と社会的な最適化＝効率的公共財供給は「同値」になる。

仮に（潜在的）受益者数を N 人，公共財の均等負担を起点（デフォルト）とすれば，（10.1）式は

$$\text{個人の費用分担} = \frac{\text{供給費用}}{N} + \text{他の個人の}\left(\frac{\text{供給費用}}{N} - \text{受益}\right)\text{の総和}$$

と書き換えられる。第1項が均等負担であり，第2項は戦略＝受益の表明で公共財供給が実現したとき他の個人のネット負担に及ぼす「外部効果」にあたる。他の個人の受益が総じて均等負担を下回る（上回る）ならば，応じてこの個人への費用分担は引き上げ（引き下げ）られる。クラーク・メカニズムはこの外部効果を内部化するものとも解釈できる。

ただし，同メカニズムは政府の収支均衡は保証しない。個人の費用負担を合計した金額は供給コストを超過したり（財政黒字が生じたり），あるいはコストが不足したり（赤字が発生したり）しかねない。この問題を解決するには収支の過不足を個人への定額税・補助金で調整しなければならない。

しかし，この調整分を都合よく操作するよう個人が選好表明を歪めるかもしれない。クラーク・メカニズムはあくまで理論であって実例があるわけで

はない。その理由としては理論では勘案されない受益情報の伝達に係るコストの他，財政収支の不均衡が挙げられる。

10.3 契約（政府調達等）

■ 政府調達と非対称情報

公共事業の発注を含む政府調達や民間事業者への公共施設の管理委託（民間委託については**第12講**参照），政府が契約を交わす際，課題になるのは工事代金・委託料の積算である。これらに係る潜在的な費用について政府と事業者（建設会社など）との間で非対称情報があるからだ。

同じことが病院・上下水道事業等公営企業に対する補助金についてもいえる。無論，（公営企業会計等に計上される）実現されたコストは観察できる。しかし，これらのコストは事業者の経営努力の上で現れる金額である。当初費用が高いにも関わらず経営努力でコストの削減に努める事業者もいるだろうし，当初費用は低くても放漫経営を続けて高コスト体質が続く事業者もいる。これは最適非線形所得税において能力＝賃金率の高い個人が税負担を軽減する（給付を得る）ようあえて稼得所得を低めることにあたる。よって実現したコストに応じて工事代金や委託料あるいは補助金を支払うだけでは事業者のモラルハザード（ここでは放漫経営）を助長しかねない。メカニズム・デザイン的には事業者のタイプ（＝潜在コストの高低）を識別＝分離するとともに，財政支出を抑えた契約・補助金を組みたいところだ。

■ 自己選抜の促進

ここで留意すべきことがある。実現した費用等，観察された情報をベースに契約・補助金の体系を決定する問題の定式化は厄介である。よって，ここでも直接顕示メカニズムを活用する。簡単化のため事業者のタイプは単価＝サービス一単位あたり費用が高いか低いか2つに限られるとしよう。正確には事業を発注する事業者は一社でも，この事業者がどちらのタイプか分からないケースにあたる。事業を巡って複数の事業者が競合するケースはオーク

ションとして次に概観する。なお，このタイプが2つ以上あっても，あるいは「連続的」であっても結果の本質は変わらない。また，インフラ・公共施設など事業規模は一定とする。

　事業者は自身のタイプを政府に伝え，（実現させる）事業コストと代金が割り当てられる。健康保険や最適課税同様，高コスト事業者向けの契約（＝コストと代金の組み合わせ）と低コスト事業者向けの契約がある。このうち低コスト事業者はあえて，経営効率を落とすことで高コストの「振り」＝高コストと偽ったタイプの顕示をして，彼ら向けの契約を獲得することができる。契約に耐戦略性を与える，つまり，事業者に自己選抜を促すには低コスト事業者が自身向けの契約を高コスト事業者に割り当てる契約よりも好むように仕向けなければならない。

> **自己選抜**：低コスト事業者の利益≧高コスト事業者の「振り」
> 　　　　　　をしたときの利益

　事業者には契約に参加しない（公共事業の発注に応募しない等）選択もある。事業の実施自体は社会的に望ましい限り，事業者が高コストタイプであっても受注する誘因，例えば，他の事業に参加したとき以上の利益，が確保されてなければならない。これを参加制約という。政府は自己選抜＝誘因両立制約に加えて，この参加制約に直面することになる。

> **参加制約**：事業者の利益≧事業に参加しない（他の事業に
> 　　　　　　参加した）ときの利益

　事業者はリスク回避的かもしれない。経営努力に不確実性があって，努力はしても結果的にコストは軽減されないこともあり得る（逆に大した努力はしなくても資源・資材価格の下落でコストが下がることもあろう）。このとき，リスク回避的な事業者は利潤（＝政府からの代金－コスト）が増減しやすい「定額払い」の契約よりも，政府と高コスト化のリスクをシェアできるという意味で保険の効く「出来高払い」＝コスト分担の契約を好むだろう。仮に政府の方がリスク回避的とすれば，逆に出来高払いではなく定額払いの契約が志向される。以下では簡便のため政府も事業者もリスク中立的と仮定する

が，一般的なケースにおいては政府と事業者の間でのリスク分担も課題となる。

■ 費用分担と定額払い

上述の通り，政府が提示する契約は定額払いと費用分担＝出来高払いを含む。100％出来高払いにするとコスト節減の誘因が阻害されてしまう（「ソフトな予算制約」(**第 11 講**) 同様，モラルハザードを助長する）。他方，全額定額払いにするとコスト節約の誘因は発揮されるが，そのままではタイプを識別できないため（潜在的）低コスト事業者に対しても高コスト事業者に対しても同じ支払いになる。これでは参加制約が満たされないかもしれない。

結論からいえば，①政府は低コスト事業者向けの契約は（差別化された）定額払いのみとして，②高コスト事業者向けは（彼向けの）定額払いと費用分担の組み合わせを提示する。このとき，③高コスト事業者の参加制約と④低コスト事業者の自己選抜制約が有効となる（上の制約式が統合で結ばれる）低コスト事業者は高コストの「振り」をした場合，経営努力をしなくて済むため，努力に係る経費や不効用を浮かすことができる。その分，低コスト事業者の利益は高コストであっても真に高コスト事業者の利益を上回る。他方，後者の利益が参加制約をちょうど満たすよう契約は設計されることから，低コスト事業者は（自己選抜制約によって）参加制約を上回る利得を得ていることになる。

> 低コスト事業者の利益＝高コストの「振り」をしたときの利益
> ＞高コスト事業者の利益

高コスト事業者との契約における定額払いと費用分担の組み合わせはこの利得を最小限に抑えるよう定まる。直感的には低コスト事業者は元々費用を抑えることが容易なため，高コスト事業者と違って費用分担より高い定額払いを好む。あえて費用分担の比重を上げ，定額払いを減じることで，この契約を低コスト事業者にとってあまり魅力的ではなくすることができる。もって自己選抜制約を緩和する利得を抑えるのである。ただし，費用分担を含む分，真の高コストタイプの費用削減努力の誘因は損なわれる。これは最適非

線形所得税において低能力タイプに対する限界税率がプラスになって，彼らの勤労意欲が減じられることに相当する。いずれも非対称情報下において自己選抜を促す＝耐戦略的な政策（契約）をデザインする経済コストである。

10.4　オークション・メカニズム

■ オークションとは？

オークションはメカニズム・デザインの応用例として知られている。絵画や骨とう品に限らず，公有地の売却や公共事業の受注，石油等天然資源の発掘権の発注もオークションの例に挙げられる。一般にある財貨に対して購入・受注を希望する複数の主体（事業者や個人）が競争的に値付けを行い，一番高い価格を提示した者が落札する仕組みである。

オークションは特定の骨とう品や公有地など一つの財貨がかけられるケースの他，電波の周波数や（オリンピック等イベント）番組の放映権，国債の引き受け枠など同時に複数の異なる財貨・権利あるいは同じ財でも数量が単一ではなく複数単位がオークションの対象になることもある。

いずれも財貨・権利の売り手（＝ここでは政府）と買い手（＝オークション参加者）との間で後者が財貨に置く真の価値，具体的には財貨・権利を購入して実施する事業から見込んでいる収益等について情報の非対称性がある。買い手からすればなるべく安く購入したいだろうし，売り手としては高く売ることで収入を確保したい。なお，公共事業であれば購入者＝発注者が政府で，供給者＝受注者が民間事業者と関係が逆になる（よって価格への嗜好も逆になる）が，以下では売り手＝政府のケースで話を進めていきたい。同様の結果は公共事業の入札にも当てはまる。また，単一財貨のオークションから始め，後に複数財オークションに言及する。なお，オークションにかけられる財貨に参加する買い手が置く価値は，それぞれ異なるものと仮定する。石油採掘からの収益など真の価値が，全ての個人の間で共通のケースについては後に述べることにしたい。

■ 様々なオークション制度

　制度的にいえばオークションは落札に至る過程が公開されており，他の参加者との競りに応じて入札価格を変えられる公開方式と，入札価格を（他の参加者には分からないよう）封印した上で提出して，その中から落札者が選ばれる（価格の変更が認められない）封印方式に大別される（図10-3）。魚市場の競りは前者の例であり，公共事業の入札などは後者にあたる。

　さらに公開方式は低い価格から始め参加者間の競合に応じて価格を徐々に引き上げる（価格の上昇とともに参加者が減り，最後の一人になるまで続ける）競り上げ方式と反対に高い価格から始め，購入希望者が出るまで価格を下げる競り下げ方式がある。前者は（これを実際に行った国にちなんで）英国方式，後者はオランダ方式と呼ばれたりする。日本では「バナナのたたき売り」が競り下げ方式に例になろう。

　封印方式はさらに一番高い価格を提示した者がその価格で落札する第一価格オークションと同じく一番高い価格を提示した者が落札するが，支払うのは二番目に高い価格となる第二価格オークションに分けられる。

　制度的な相違に関わらず，競り上げ方式と第二価格オークション，競り下げ方式と第一価格オークションは参加者の戦略＝（付け値の）選択上，同じになることが知られている。加えて，いずれの方式でも政府＝売り手が期待できる収入は等しい（後述する「収入同値定理」参照）。

　以下では封印方式を取り上げよう。繰り返すが，財貨におく価値はオークション参加者間で異なり，これが彼らの私的情報＝タイプとなる。参加者の戦略は価格の提示だが，直接顕示メカニズムに従い，自身のタイプ＝価値を表明するものと考えても良い。

　このとき，メカニズム・デザインの観点から問われるのは，オークションが「耐戦略性」を満たすか否か，つまり，個人にとって真の価値の表明が戦略上，最適かどうかである。仮に①参加者は皆リスク中立的で，かつ②他の参加者の価値＝タイプについて（政府同様）情報を有さないとすれば，彼らは入札からの期待利得＝落札確率×（真の価値－支払い価格）を最も高めるよう戦略＝価格の提示（あるいはタイプの表明）を選択することになる。

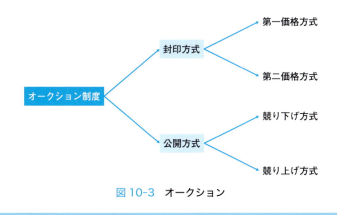

図 10-3　オークション

■ 正しい選好表明？

　第一価格オークションの場合，真の価値に等しい価格で落札すると利得はゼロになるから，あえて過少に価値を表明する（提示価格を抑える）誘因を持つだろう。とはいえ，あまり低くすれば，落札できる確率も低下する。他の参加者がより高い価格を提示するかもしれないからだ。個人は落札したときの支払い価格（利得の減少）と落札確率への影響をバランスさせるよう提示価格を最適化する。ここでの戦略は落札確率に関わる他の参加者の選択＝彼らのタイプに対して一定の期待を形成していることからベイジアン戦略という。

　提示価格が真の価値に一致しないという意味で第一価格オークションは耐戦略的ではない。ただし，結果的に各参加者の提示価格＝付け値は真の価値に依存した関数として与えられることになる。タイプと提示価格の関係式が明らかになれば，事後的＝オークション後にはタイプが顕示されたことになる。無論，この情報をもとに落札価格を見直すことはできない。

　競り下げ（オランダ）方式でも，真の価値が最も高い参加者は自身のおく価値まで価格が下がっても他にライバルが登場しない以上，落札することはない。さらに価格が下がり，ライバルが登場しそうな（＝落札確率が低下する）段階まで待つだろう。こうした戦略は第一価格オークションと同様だ。

　では第二価格オークションはどうだろうか？　公共財のクラーク・メカニ

ズム同様，落札時の個人の支払いは自身の提示する価格＝タイプによらない。真の価値より過少に表明すれば，他の参加者が高い価値を申告するかもしれず，自身の落札確率を下げるだけになりかねない。逆に真の価値を上回る過大報告は落札時の二番目の価格が真の価値を超える（利得がマイナスになる）リスクを伴う。正直な表明が彼にとって（他の参加者の動向の如何によらない）支配戦略ということになる。よって，この第二価格オークションは耐戦略性を満たす。

　競り上げ（英国）方式も最も高い価値をおく参加者は二番目に高い参加者と最後まで競り合い，後者が（価格が自身の評価に見合わなくなり）下りたところで落札する。そのときの値段は概ね二番目の価格に等しい。よって競り上げ方式は第二価格オークションと同じ結果を与える。

■ 収入同値定理

　オークションの形式を比較すると第二価格オークションの方が，耐戦略性（＝真の選好表明）を満たすという意味で第一価格オークションよりも好ましい特徴を有することが分かるだろう。では売り手＝政府にとって前者は後者よりも高い収入をもたらすのだろうか？

　収入同値定理によれば，①全ての参加者がリスク中立的であり，②彼らのタイプ＝財貨への価値が互いに独立している，つまり，ある個人が高い価値を有することが他の個人の評価に影響されていないならば，オークションの形式の如何によらず，売り手の（オークション前＝事前の）期待収入は等しい。ただし，どのオークションでも実現する支払額が同じというわけではない。あくまで「期待値」（見込み額）が同じということだ。

　いずれにせよ，制度の選択において売り手はオークションが公平に適っているかといった期待収入以外の要因を考慮すれば良い。この収入同値定理の直感はいずれのオークションも同じ直接顕示メカニズムでもって説明できることにある。実際，第二価格オークションでは参加者は提示価格として自身のタイプ＝価値を表明している。他方，第一価格オークションも結果的に個人の戦略＝提示価格がタイプ＝価値の関数として与えられるため，関数の構造さえ決まってしまえば，直接タイプを表明しているのと変わりはない。

■ 勝者の呪い

　ここまではオークションにかけられる財貨への価値（評価）は個人間で異なっているケースを取り上げてきた。一方，原油等天然資源の採掘権の場合，採掘で天然資源がみつかる確率や埋蔵量，収入や採掘・運営コストなどは結果的には全ての参加者で等しくなるだろう。に関わらず，参加者の間で価値＝評価に差異が出るとすれば，見通し＝期待が異なるからだ。

　この場合，最も高い価格を提示する（あるいはタイプ＝評価を表明する）参加者は見通し＝期待が最も楽観的ということになる。事後的に他の参加者の低い提示価格，つまり彼らの慎重な見通しを知ったとすれば（実際，公開方式であれば，そうした機会があろう），これを新たな情報として自身の期待を下方修正せざるを得ないかもしれない。新たな期待収益は落札価格を下回ることになりかねない。オークションに競り勝つことで損失を認識せざるを得なくなる，これを勝者の呪いとして知られる。

10.5　複数財オークションへの応用

■ 複数財オークションとは？

　一般にオークションに出される財貨は単一ではない。電波の周波数やオリンピック等イベントの放映権，空港の発着枠などは複数種類からなる。仮に公共施設の空き部屋を会議・展示会等の民間利用に充てるべくオークションにかけるとしても異なる利用日・時間の組み合わせが提示されよう。

　無論，これらの財貨を個別にオークションに出すのも選択肢だ。オリンピックであれば水泳，体操など競技ごと，あるいは試合ごとの放映権を各々入札させればよい。しかし，オークション参加者は複数財の間で代替的あるいは補完的な選好を持つかもしれない。ここで代替的とは一つ獲得できれば他は必要としないこと，補完的とは複数あって初めて価値が生まれることを指す。

　公共施設の民間利用について考えよう。展示会を企画している事業者としては会場として週末の一日が確保できれば良い。彼にとって異なる日の会場

は完全代替的となる。しかし，当該施設の週末ごとに入札するとなれば，確実に会場を抑えるよう「全て」の週末のオークションに参加しなければならない。結果，いくつかの週末を抑えたとしても，（希望順位の最も高い）一日を除けば無駄になる。この事業者が残りの日を辞退（キャンセル）するとなれば，公共施設にとっては見込んでいた利用代金がなくなり損失となる。第2位以下の参加者に改めてオファーする手もあるが，落選した彼らは既に他の会場を手配しているかもしれない。

　財貨がセットでなければ意味をなさない場合もある。このとき，これらの財貨は参加者にとって補完的となっている。電波の周波数は一つではなく，複数あればこそコンテンツ配信等ビジネスの機会も広がろう。オリンピックの人気種目であれば，予選から決戦まで放送枠を確保できればこそ，放映にあたってスポンサーも付きやすい。こうした場合，参加者のおく（周波数・放映枠）全体への評価＝価値は個々の財貨の単純合計ではなく，それを上回る。彼らにとって1足す1は2以上の価値を持つのである。

■ VCG メカニズム

　従って補完・代替関係にある複数財貨については同時にオークションを実施した方が，全体価値の最大化＝効率的利用につながりやすい。しかし，そのメカニズムは複雑そうだ。ここでは効率性の視点（＝価値の最大化）と合わせて，政府の収入にも寄与する制度設計が求められる。

　ここで公共財で学んだクラーク・メカニズムを拡張し，複数財オークションにも適用可能にしたのが VCG（Vickrey-Clarke-Groves）メカニズムである。

　VCG では，参加者は希望する財貨（放映権であれば競技あるいは試合）の組み合わせと支払い価格を提示する。単一財オークションとは違って，（対象を棲み分けた）複数者が落札できる場合もある。

　再び「直接顕示メカニズム」に即して支払い価格は参加者の評価＝タイプに等しいとしよう。ここで落札したときの参加者の支払いは，①彼がオークションに参加しなかったときに実現する他の参加者が得た利得＝評価の合計と，②彼が参加（落札）したときの他の参加者に帰する利得の差額に等しい。他の参加者にとってみれば，自分が居ないオークションの方が（競争相手が

表 10-1　数 値 例

参加者の評価額(万円)

オークション＼参加者	X 財	Y 財	X 財＋Y 財
個人 A	5	2	7
個人 B	2	5	7
個人 C	4	4	9

1 人減ることから）利益は大きい。よって落札者の支払額がマイナスになることはない。つまり，政府はプラスの収入を確保できる。

また，VCG メカニズムによれば，財貨の社会的な価値を最も高めることもできる。落札者のネットの利得は

> 個人の評価 − 支払額 = 個人の評価 −（彼が参加しないときの他の参加者の価値の合計 − 彼が落札したときの他の参加者に帰する価値の合計）
> = 彼が参加したときの価値の合計 − 参加しないときの価値の合計

である。これがプラスであるとはオークションが最も高い価値をおく参加者等に財貨を割り当てている（＝社会的価値を最大化している）ことを示唆している。表 10-1 の数値例で最も高い社会的な価値を与えているのは個人 A に X 財，個人 B に Y 財を配分したときである（合計価値＝10）。個人 C は何も落札できない。

VCG メカニズムが「耐戦略性」を満たすことを表 10-1 で説明しよう。個人 A の支払いは，彼が参加しなければ個人 B が Y 財，個人 C が X 財を落札するため，価値の合計は 5＋4＝9 であり，彼が参加したとき他の個人（ここでは B）に帰属する価値＝5 だから，支払い額は 9−5＝4 に等しい。同様に個人 B の支払いは，B を除くと個人 A が X 財を，個人 C は Y 財を落札するから，(5＋4)−5＝4 となる。個人 C は仮に正直な表明をするならば，入札への参加の如何に拠らず，落札できない。ここでは個人 A が X 財，個人 B が Y 財を落札して合計 10 の価値を得る。支払額はゼロになる。

仮に個人 C が過大な価値（例えば，7）を表明して X 財を落札したとしよう。彼の落札で他の参加者が得る価値は個人 B の 5 となる。このとき，個人 C は 10－5＝5 の支払いを求められる。この金額は彼の真の価値＝4 を超過する。よって，ネットの利得はマイナスだ。個人 C は過大表明によって利得を高めることはできない。他方，個人 A（B）が X 財（Y 財）への価値をあえて低く表明しても，落札の機会を逃すだけで，利得は増えない，逆に過大表明しても結果に変わりはない。このように正直な表明が各個人にとって最適な選択となる。

10.6　本講のまとめ

　本講では正しい情報を抽出する（自己選抜を促す）仕組みとしてメカニズム・デザインについて学んだ。一見，抽象的に思えるかもしれないが，公共財供給や政府調達，オークションをはじめとして，応用範囲は広い。

　無論，こうしたメカニズム・デザインの知見がそのまま現実の制度設計に採用されるわけではない。しかし，インターネット上での広告オークションや電波オークション，入札方式をはじめ，実効性を加味した制度の構築にあたって参照となるところは少なくない。メカニズム・デザインの「理論」に「実効性」を加味したマーケット・デザインの研究も発展してきている（例えば川越（2015）参照）[1]。

---

[1]　川越敏司『マーケット・デザイン――オークションとマッチングの経済学』講談社，2015 年

■ **Active Learning**

《理解度チェック》••

□1　「直接顕示メカニズム」とは何か？　保険契約，最適所得税など例を取り上げて，その特徴を説明せよ。

□2　公共財への選好表明を促す仕組みとしてのクラーク・メカニズムとは何か述べよ。

□3　第一価格オークション，第二価格オークション，各々の特徴を説明せよ。

□4　オークションにおける「勝者の呪い」とは何だったか？

□5　複数財オークションにおけるVCGメカニズムについて説明せよ。

《調べてみよう》••

　国債の入札や電波の周波数やオリンピック等イベントの放映枠，空港の発着枠などオークション理論の応用は幅広い。諸外国におけるこうしたオークション制度について調べてみよう。

《Discussion》••

　メカニズム・デザインは一見抽象的だが，公共事業の入札，公有地の売却など実践面での応用可能性は高い。オークション・メカニズムを中心にメカニズム・デザインの公共部門での適用について考えよ。

　文 献 紹 介

- 川越敏司『マーケット・デザイン――オークションとマッチングの経済学』講談社，2015年
- 坂井豊貴・藤中裕二・若山琢磨『メカニズムデザイン――資源配分制度の設計とインセンティブ』ミネルヴァ書房，2008年

　契約については
- 柳川範之『契約と組織の経済学』東洋経済新報社，2000年

第 11 講
コミットメント問題

■ 政策が首尾一貫性に欠くことはコミットメント問題（時間整合性問題）として知られる。ただし，この一貫性の欠如は政府の意思の弱さなどによるものではない。望ましい政策の在り方が時間の経過とともに変化することを学ぶ。

11.1 時間整合性問題入門

■ 大学の先生の選択

　ある大学の講義について考えてみよう。教育熱心な教員は，学生には講義の中身をきちんと理解してもらうよう「期末試験は難しくする」と宣言するかもしれない。そうすれば，学生らは真面目に講義を受けて，予習・復習に励むに違いないと思うわけだ。実際，学生が担当教員の宣言（脅し）を信じれば，ちゃんと勉強するだろう。さて，期末試験の当日，この教員にとって合理的な選択は何だろうか？　彼が学生を成績でもって序列づけることに，さして関心がないとすれば，期末試験を（許されるものなら）キャンセルするだろう。学生たちに理解してもらいたいという彼の目的は，彼らが夜を徹して試験勉強をしたことで，試験当日には既に達成されているからだ。残ったのは面倒な答案の採点だけである。無論，学生らにとっては拍子抜けとなるのだが……。

　試験当日の前後で，教員の教育熱に変化があったわけではないことに注意してもらいたい。ポイントは，試験当日には既に学生の選択（＝試験勉強）が実現してしまっていることにある。教員の宣言は試験勉強の前であり，これを喚起することが狙いであった。しかし，試験当日は学生の試験勉強が済

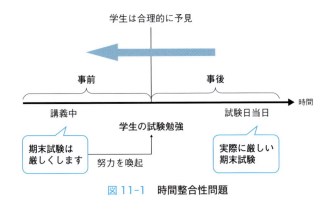

図 11-1　時間整合性問題

んだ（サンク（埋没費用化）した）後であり，期末試験自体が講義に対する彼らの理解を（確認にはなっても）高めたりしない。ここでは，①教員の宣言，②学生の試験勉強，③期末試験のタイミングにずれがある。このタイミングの違いが，学生の試験勉強の前後での教員の判断の違いとなって現れてきたのである（図 11-1）。

■ 合理的予想

ただし，学生が合理的に振舞うならば，教員の脅しを真に受けないかもしれない。教員の行動パターンを織り込んで，期末試験はキャンセルされるに違いないと予想するわけだ。（外れたら危険な賭けでもあるが）予想に従い，学生はあえて試験対策をしたりはしない。実際，当日になって，勉強をしてこなかった学生がいることが判明しても，教員は懲罰的な意図でもって，試験を行ったりはしないだろう。彼の目的が自身の講義を理解してもらうことにある限り，今更，試験をしても遅すぎる。その目的は既に達成されていないからだ。よって，失望しつつも，この教員は期末試験をキャンセルするだろう。怠けた学生の予想の正しさ（合理性）が実証されたこととなる。

■ 政府のコミットメント能力

　首尾一貫性に欠くという（言うこととやることが違う）コミットメント問題に苛まれるのは大学の教員だけではない。公共経済学の規範（政府のあるべき論）では政府は一旦決めた政策に対してコミットすること、よって、政策を受けて民間主体（家計や企業）が意思決定（貯蓄や投資選択）を行った後に、その政策を変更しないことが求められている。しかし、政府の政策の実際は、経済の情勢や世論の動向などに応じて場当たり的に変化しがちだ。

　例えば、一定期間内の法人税や固定資産税の免除を確約しておいて、海外から企業を誘致した後には、その約束を反故にする（必ずしも、増税ではなく手数料や使用料、他の税負担の引き上げを行う）といった具合だ。不況のときには経済の活性化に向け、「恒久的」な減税を宣言しても、景気回復後には財政再建路線に転じて増税に着手することもあろう。あるいは財政再建すべく、社会保障や公共事業を含めて「聖域のない」歳出削減に取り組むとしても、いざ世論や政治家・利益団体の反対が根強いと結局、これらの分野は聖域のままとして残されてしまう。結果、財政再建も遅々として進まない。

　社会保険料を支払う若年世代には、負担に見合う将来の年金給付があるとされる。しかし、少子高齢化の進展や保険料収入の伸び悩みから、実際の年金給付は減額されるかもしれない。無論、予想外の状況によりやむを得ない、あるいはそもそも社会保障は連帯と相互扶助の精神に基づくものであり、（見返りを要求するような）「損得勘定は馴染まない」といった弁明はありそうだ。いずれにせよ、政府の政策が一貫性に欠けている（最初の約束＝宣言が守られていない）ことに変わりはない。

　よく言えば、機動的、あるいは柔軟な対応ということになるが、コミットメント（一貫性）の欠如は、①（朝礼暮改の）政策に対する国民からの信認を損ないかねない上、②後述するように（期末試験のキャンセルを見込んで、勉強をサボる学生同様）政府の裁量を当てにした民間主体の行動を歪めかねない。時間を通じて政府の政策に一貫性がない状況とそれに起因する諸問題は時間整合性問題（あるいは時間不整合問題）と呼ばれる。

■ ゲーム理論による説明

　ここではゲーム理論の手法に従い，時間整合性問題を特徴づけていく。ゲームのプレーヤーは政府と政策の影響を被る民間主体とする。政府が政策にコミットメントするとは，ゲーム論的にいえば，政府が民間主体（市場）などに対して先手（「シュタッケルベルグ・リーダー」ともいう）として振舞うことを指す。正確に言えば，「囚人のジレンマ」（第3講）のようにプレーヤーが（相手の選択を与件として，あるいは予想して）同時に意思決定するのを戦略型ゲーム，意思決定に順番（先手・後手）があるのを展開型ゲームという。

　この場合，①民間主体は政府が宣言した政策（税率や公共財供給など）を与件として選択を行い，②先手としての政府は，政策に対する彼らの選択の依存関係（政策の誘因効果）を勘案し，政策をデザイン（企画・立案）する。実際，最適課税論において，政府は課税に対する民間（消費者）の反応を価格弾力性として，最適化問題に織り込んでいる。そこでは政府が一旦決めた税率にコミットすることが前提となっていた。途中で（事後的に）税率に変更を加えるようならば，時間整合性問題が生じることとは次節で説明する通り。

　コミットメントに欠く政府は，政策に係わる民間主体の選択の後に，政策を再考することになる。時間軸上，この選択の前後で「事前」と「事後」を区別するならば，事前に政府が政策をアナウンスすることはあっても，実際の政策は事後（民間主体の選択後）に決定される。

　ここで政府は民間主体に対して「後手」として振舞っている。先手に位置するのは，民間主体の方だ。彼らが合理的（政策以外に不確実性がない状況であれば，完全予見的）ならば，事前のアナウンスの如何によらず，政府の事後の（よって実際の）政策を予め予期した上で，事前の選択をするはずだ。民間主体は政府の政策が彼らの選択に影響するのではなく，事前の彼らの選択が事後の政府の政策決定を左右することを，（正しく）予期するかもしれない。

■ サマリア人のジレンマ

　例として①自立に向けて十分な自助努力をするか否かを選択する個人（潜

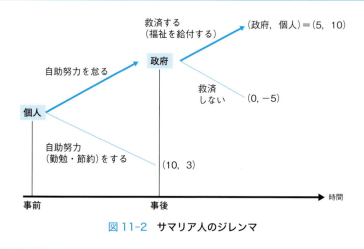

図 11-2　サマリア人のジレンマ

在的弱者）と②この個人に対して手厚い生活支援を施すべきかどうかを政策決定する政府との間の（非協力）ゲームに着目する。ゲームの時間軸は、個人の自助努力の選択前後で事前と事後に分けられる。この個人は自助努力が十分あれば、自立可能としよう。従って、事後的に貧困に陥るのは自身の努力の欠如による。これを認知している政府は「事前」には、支援はしないことを宣言するかもしれない。しかし、一旦、個人が貧困に陥っていれば、支援をすることを選択することになるはずだ。

　実際、図 11-2 にある政府の利得（政治的な利益、あるいは政府が配慮する社会厚生）から分かるように、個人が貧困状態にある事後を与件とすれば、政府の利得は支援をした方が、支援しないときより高くなる。政府の事後的な政策決定は、①個人が事前に自助努力していれば支援しない、一方、②自助努力を怠り、さもなければ窮するとなれば支援をするということになる。時間軸をさかのぼり、これを予め予見する（政府の事後的政策決定を織り込む）個人は事前に自助努力をしないで、事後的に政府の支援を受けることを「戦略的」に選択する。その方が高い利得を得られているからだ。

　ここで各個人は政府が弱者を切り捨てられないと見込んで、事前の自助努力を怠っている。一見、善意ある政策（事後的な弱者の支援）が、それを当

てにした事前の行動（自助努力の欠如）を招くという皮肉はサマリア人のジレンマと呼ばれる。ちなみに，このジレンマはいい年になっても親に甘えて自立しない子どもと自立できない子どもを扶養し（よって甘やかし）続ける親子関係にも当てはまる。

■ 事前的モラルハザード

政府による事後的支援はその前の段階（＝事前）で，これを予見する個人の「モラルハザード」（自立に向けた自助努力の欠如）を助長しかねない。無論，生活保護の受給など，事後的に政府から支援を受けている全ての個人が予め自立可能というわけではない。生来の身体的なハンディを抱えている人や仕事で努力はしていたものの運悪く失業した人もいるだろう。ここで問題視されるべきは，本来，事前の観点から（事前のアナウンスの通りに）政策決定がなされていたら，給付対象にはならなかったはずの個人まで救済するところにある。

11.2　資本（利子）所得課税

第8講では最適課税論として「ラムゼー・ルール」を学んだ。ラムゼー・ルールとは，所定の税収確保という政策目的を最小限の効率コスト（超過負担）で達成する税体系であり，間接税である物品税（例：酒税やタバコ税，ガソリン税など）の場合，「逆弾力性命題」に従っていた。同命題によれば価格弾力性の相対的に低い財貨（課税ベース）に対して，相対的に高い税率を課すことが（課税に起因する非効率＝超過負担を最小化しているという意味で）次善（セカンドベスト）に適っている。

このラムゼー・ルールは所得税など直接税にも適用できた。利子等資本所得，給与などの賃金所得に対して異なった税率を課すケースを想定しよう。このとき，税率の引き上げに対する課税ベース（課税所得）の変化が大きい（課税ベースの弾力性の高い）所得に対する税率は低め，弾力性の低い所得の税率を高めることが望ましい。もっとも，ここで問題となるのは，どの時点

で測られた「弾力性」に従うかである。

■2期間モデル

家計の貯蓄選択について考える。利子（資本）所得課税が貯蓄行動に対して，符号の異なる代替効果（貯蓄を阻害）と所得効果（貯蓄を喚起）を及ぼすことは**第6講**で説明した。ここでは代替効果が所得効果を上回ると仮定しておく。政府は，利子所得税のほか，賃金所得税を課すものとする。貯蓄同様，課税は労働供給を減じる（代替効果＞所得効果）ものとしよう。

代表的家計から構成される（よって所得分配の公平は捨象する）簡単な2期間モデル（第1期が現在，第2期を将来）を想定する。①第1期に家計は所定の所得を貯蓄と消費に配分する。②家計の労働供給は第2期に選択される。③政府は第2期において一定の税収を上げるよう賃金所得税率と利子所得税率を決定する。時間軸上，ここでは家計の貯蓄選択の前後が事前（＝第1期）と事後（＝第2期）に区別される。

■2つのラムゼー・ルール

1. 事前のラムゼー・ルール（事前的最適）

政府が第1期（事前）の観点から賃金所得税と利子所得税の税率を選択しているとしよう。賃金所得税は第2期の労働供給，利子所得税は第1期の貯蓄を阻害する。その程度は労働供給の（課税後）賃金弾力性，貯蓄の（課税後）利子率弾力性によって表される。

ラムゼー・ルールに従えば，賃金所得税率と利子所得税率の多寡は弾力性に応じて決められることが望ましい。一般に，どちらかの税率が極端に高い値をとることもない。税率が高すぎると，超過負担も大きくなってしまうからだ。いずれにせよ，政府は課税後利子率に反応する貯蓄関数を意識して税率を決定することになる（図11-3）。

2. 事後のラムゼー・ルール（事後的最適）

貯蓄選択と労働供給選択との違いは，前者は第2期（事後）になってしまえば既に終わっている（サンクしている）ところにある。税率が増減しても貯蓄額が変わることはない。図11-3にあるように，事後的な貯蓄関数は，

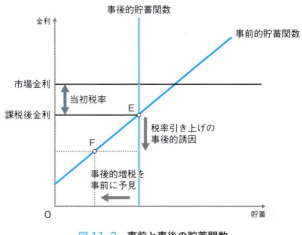

図 11-3　事前と事後の貯蓄関数

事前に選択された水準で垂直となる。利子率弾力性は事前と事後とでは異なる値をとる。事後的弾力性はゼロに等しい。

> 貯蓄の事前的利子率弾力性＞貯蓄の事後的利子率弾力性＝0

　事前の政策にコミットしない政府は第2期になってから改めて最適税率を再計算するだろう。事前のラムゼー・ルールは事後に守られないという意味で時間整合的ではない。依然として弾力的な労働供給と非弾力的な利子所得を課税ベースとしたとき，いずれに高率な税を課すかは明らかであろう。

　事後のラムゼー・ルールによれば，①所定の税収を可能な限り，利子所得課税で賄い，②その税率を100％にしても足りない分は，（労働供給を歪める非効率を伴うが）賃金所得課税でファイナンスすることが望ましい。

■ 事前の貯蓄行動

　政府が事前のラムゼー・ルールにコミットできないとき，合理的な家計は，政府が事前にアナウンスする利子所得税率（事前的最適税率）ではなく，事後の高率な課税を予見して，事前（第1期）の貯蓄を選択するだろう（図

11.2　資本（利子）所得課税

11-3）。ここで政府と代表的家計との間には非協力ゲームが展開されている。家計は政府の税率選択を読み込んで貯蓄水準を決める一方，政府は事後に家計の貯蓄（よって利子所得）を与件として，税率を決定する。

ゲームの均衡（「時間整合的均衡」という）では仮に政府が事前的最適税率にコミットできたときに比して貯蓄は低水準に留まり，利子所得税率は高くなる。家計の厚生水準は事前的ラムゼー・ルール（事前的最適課税）に比べて低く，課税に伴う非効率（＝利子所得課税・賃金所得課税による超過負担の合計）も大きくなる。この超過負担の増分が，政府が政策（課税）にコミットできない経済コストとなる。

消費税についても同様のことがいえる。家計の生涯予算上，消費税と賃金所得税が「税等価」であることは**第6講**で説明した。しかし，事後（第2期）になってみれば，消費税と賃金所得税との間には相違が見受けられるようになる。第2期の予算制約は

> 将来消費＝第2期の賃金所得＋（貯蓄元本＋利子所得）

で与えられる。このとき，貯蓄は消費に回されることを通じて消費税の課税対象となる。

資本（貯蓄）を①既に蓄積された「古い資本」と②今後蓄積される（貯蓄選択がまだサンクしていない）「新しい資本」に分けるならば，消費税には，取り崩されて消費に当てられる分，古い資本（及び当該資本からの収益＝利子所得）に対する課税という性格がある。コミットできない（しかし，**第4講**のシルバー民主主義には屈しない）政府であれば古い資本（第1期の貯蓄）に課税すべく，事後的な消費税を（貯蓄選択を織り込んだ）事前的最適水準に比して高く設定するだろう。他方，賃金所得税は勤労意欲を損わないよう減税する。

消費税は勤労世代に負担が偏りがちな所得税と違って，全世代が広く負担を分かち合う税とされるのも，高齢者者が貯蓄（＝古い資本）から消費税を払っていることがある。なお，一般に消費税は所得税よりも，貯蓄を促進するといわれるが，これは現在から将来に渡って一定の消費税にコミットできることが前提となる。

11.3 ソフトな予算制約

　リーマンショックの後の金融危機に際し，各国の政府は不良債権を抱えた金融機関の救済に乗り出してきた。我が国では，バブル崩壊後の「失われた10年」とその後の小泉構造改革の中で不良債権の買い取りや公的資金の注入等，金融機関に対する支援が行われた経験がある。こうした救済については，①金融システムの安定化の観点からやむを得ない措置として肯定する向きがある一方で，②銀行（金融機関）のモラルハザードを助長するといった批判も多い。

■ 予算のソフト化＝事後的救済

　時間軸を不良債権が累積（顕在化）した前後で事前と事後に分けるならば，上記の金融機関への支援は事後的救済にあたる。既に多額の不良債権を抱えた経済状態を与件とするならば，今更，金融機関に慎重な資金運用（貸出し）を求めても遅すぎる。このとき，事後の観点からは，金融機関の破綻に伴う経済の混乱を回避することが優先事項となるだろう。そのために政府は救済に乗り出さざるを得ない。こうした事後的救済でもって，金融機関など経済主体の赤字が第三者（ここでは政府）からの資金によって埋め合わされる状態をソフトな予算制約という。

　元々，ソフトな予算制約は1980年代当時，社会主義（計画経済）体制だったハンガリーのコルナイ教授によって概念化された。社会主義は国営企業を多く抱えるが，これらの国営企業は（市場経済の）民間企業とは異なり，破産させられない。労働者階級による経済支配の理念（イデオロギー）や政治的な配慮から，政府は雇用の確保を優先するからだ。そのため，国営企業が多額の赤字を抱えていても，政府によって赤字補填の資金が提供され続けることになる。

　もっとも，政府等，外部の機関から赤字補填を受けて，生き延びているのは社会主義国家の国営企業に限らない。我が国を含む市場経済（資本主義）国家においても，病院や水道事業などを担う公営企業が所有する地方自治体

によって救済されたり，財政赤字を抱えた地方自治体が国など上位レベル政府から財政支援を受けたりすることがある。上記の銀行救済を含め，予算のソフト化（事後的救済）は数多く見受けられる。

■ ソフト対ハード

　経済学で学ぶ家計や企業は自らの収支を合わせるよう振舞うことになっている。家計にとってみれば，予算制約を満たさない（借金を積み重ねる）消費支出は持続しない。赤字経営を続けるような企業は自ずと市場によって淘汰されてしまう（破産して市場からの退出を余儀なくされる）。このとき，第三者からの赤字補填を期待できない，自身の収支に対しては自己責任が求められているという意味で，彼らの予算制約は「ハード」になっている。

　逆に，ソフトな予算制約の下では，収支の帳尻を最終的には第三者が合わせており，当事者（国営企業や金融機関など）が自己責任を果たしていない。家計や自治体の予算制約式に即して言えば，①収入が支出に枠をはめている（予算制約式が支出を「制約」する）のがハードな予算制約で，②支出をすれば，それに合わせて収入が見込める（外部からの補填がある）のがソフトな予算制約といえる。

■ 大き過ぎて潰せない？

　実際のところ，全ての企業や金融機関が事後的な救済の対象になるわけではない。政府の財源にも限りはある。また，現在の救済が前例になってしまえば，将来の救済が拒否しにくくなる。事後的救済にも機会コストが伴うのである。このとき，政府は金融システム全体に深刻な影響を及ぼすような大銀行の破綻，大量の雇用が失われる大手企業の倒産は避けようとするだろう。大き過ぎて潰せない（Too big to fail）というわけだ。事後的救済は大企業・金融機関に集中しやすい。

　無論，事後的救済はこれを見越した主体（例：金融機関や地方自治体，公営企業）のモラルハザードを助長しかねない。金融機関は慎重な貸出しを怠ったり，不良債権の処理に自らは積極的に取り組まなかったり（「追い貸し」を続けたり）するだろう。公営企業もあえて経営の効率化を進めない。自身の

権益や政治的な配慮から経済的収益の見込めない，あるいはリスクの高い事業に手を付けたり，企業内の過剰雇用を放置したりするかもしれない。事実，社会主義国家の多くの国営企業は赤字を垂れ流し続けていた。努力しなくとも，政府が助けてくれると当て込んでいたわけだ。

11.4　なぜコミットできないのか？

■ 事前最適 ≠ 事後的最適

　事前の宣言と異なる裁量を事後に行使する政府は，いわば「公約違反」な振る舞いをしているが，必ずしも国民一般の利益に反しているわけではない。貧困者の救済は公平に適っている。事後的な利子所得税の引き上げは，賃金所得税が減税される分，代表的家計の事後的（第2期の）厚生水準を高めるはずだ。金融機関や公営企業の救済にしても，金融システムの安定化，雇用の確保の観点から望まれる。政府が自己利益を追求しているから，コミットメントに欠いた政策決定をしているわけではない。社会厚生（効率・公平）に配慮する慈悲深い政府であり，事後的厚生を追求すればこそ，コミットに欠くことにもなる。

　一般に政策上の望ましさの判断基準は時間によって異なる。これまでの例から分かるように，時間軸は，個人の自助努力や，貯蓄選択，不良債権の処理など政策の影響を受ける経済主体の選択を前後して，事前と事後に区分されていた。

　事前の観点からすれば，金融機関や企業が自力で経営効率の向上に努めることが望ましい。政府は救済しない，よって不良債権の蓄積など放漫経営のツケは企業自らが払うという意味で予算をハード化することを選ぶだろうし，そのように宣言（アナウンス）するだろう。ここでは政策が経済主体の事前選択に及ぼす誘因効果が織り込まれている。しかし，一旦，経営危機が顕在化してしまえば，今更文句を言っても始まらない。その状態を与件（事前的選択は既にサンクされている）とすれば，つまり，事後的な観点に立てば，救済することが公平・効率に適うかもしれない。（救済の是非など）望ましい政

策は事前と事後とでは異なることになる。

　前述の通り，不良債権を抱えた金融機関に税金（公的資金）を投入するかどうかについては賛否が分かれるところである。①金融市場の安定化のためにも税金の投入もやむを得ないという見解もあれば，②金融機関のモラルハザードへの懸念もある。ポイントは，どちらが正しいかではなく，時間軸上での評価の位置付けにある。前者は既に不良債権が累積した事後の観点により，後者は金融機関が自ら進んで不良債権を処理する可能性（誘因）を留意した事前の観点からのものである。

　従って，コミットメント問題に起因する非効率は，政府の利己的な政策決定や事後的に誤った政策判断によるものではない。政府は慈悲深く，政策は事後的に最適であっても，それを見越した事前的選択への歪みが（事前の観点から）非効率（事前的モラルハザード）をもたらしているのである。

■「空脅かし」と評判

　経済主体が読み込むのは政府が何を言っているかではなく，事後的にどのように振舞うかである。事後的な裁量が排除できない限り，政府のアナウンスに信認はないだろう。期末試験はキャンセルされることを学生が合理的に見通しているならば，大学の先生が「期末試験は難しくする」と脅かしても，学生らは真面目に勉強しようとはしない。赤字でも救済はしないと政府がアナウンスしていても，「いざとなれば何とかしてくれる」という期待があれば，公営企業の経営者はあえて経営努力をしないだろうし，実際，経営破綻の危機になると，政府は支援に乗り出さざるを得ない（予算はソフト化される）。いずれも，事前の宣言は「空脅かし」に過ぎない。言い換えると宣言に「信認」はない。

　こうした救済は将来的にも同様の措置が施されるに違いない（今日，救済してくれるならば，将来的にも救済が行われる）というメッセージを送りかねない。今日だけの例外的措置というわけにはいかなくなる。現在の選択（経営の効率化など）まで歪められ，将来にまで悪影響が及ぶことになる。

　無論，将来への影響を勘案する政府は事後的裁量を控えるかもしれない。宣言した通りの水準に利子所得税の税率を留める，あえて金融機関の破綻を

容認するといった具合だ．これによって，「コミットできる政府」という「評判」の獲得を図るのである．このとき政府は，①今期の（事後的）裁量の行使（例えば，救済）から得られる利得と②それに伴う将来の損失，具体的には事後的裁量を見込んだ経済主体の事前的選択への歪み（事前的モラルハザードなど）の価値を比較する．政府が将来の損失（自身の評判）に大きなウェイトを置いている（将来の利得を評価する割引率が小さい）ならば，事後的裁量は控えるに違いない．これを評判効果という．もっとも，政府が近視眼的に振舞う（割引率が高い），あるいはコミットメントを徹することによる将来的な利得が曖昧であるならば，こうした評判効果は働きにくい．

■ ルール対裁量

「慈悲深い」政府が事後的観点から政策決定をする（予め決めていた政策を変更する）誘因があるとしても，それを可能にする裁量の有無によって状況は異なる．仮に税制や赤字企業への介入が事前に「ルール化」されており，ルールからの逸脱が認められていない（手続き上，政治的に困難となっている）ならば，事後的裁量が発揮される余地は限られる．所得税であれば，税法でもってルール化され，その改正には国会（立法府）における審議と議決（「財政民主主義」）が要請される限り，場当たり的に変えられるものではない．

赤字企業や自治体への救済にしても，当事者の責任，具体的には財政再建・経営効率化計画の作成と実施を含む再建ルールを定めることで事後的な裁量は抑えられよう．我が国では財政的に行き詰った（借金・赤字の嵩んだ）地方自治体に対し，財政支援の条件として（国の承認を要する）財政健全化計画の作成と（国の監視の下での）実施を求めた地方財政健全化法がある．

このように時間整合性問題への対処としては裁量的政策運営から，政策の「ルール化」への転換がある．また「サマリア人のジレンマ」を避けるにも，個人の自助努力を強制することもあり得る選択肢だ．ここで自助努力を老後（将来）への備えとすれば，所得の一部を強制的に貯蓄に回させることがあり得る．積立年金がこの役割を果たしうる．

ただし，次の2点に留意してもらいたい．第1に，政策のルールにもコストは伴う．世界的（未曾有の）経済危機など，予見されなかった事態が生じ

たとき、ルールは政府による機動的な対応を困難にする。ルールにも柔軟性を持たせる必要がある（ただし、その柔軟性が、行き過ぎた事後的裁量につながるリスクはある）。第2に、完璧なルールはありえない。法律には解釈の余地が残されている。公営企業の赤字補填を禁止するルールを作っても、政府は経営改革への支援などルールに抵触しない別の名目を当てて補填し続けるかもしれない。契約理論の用語に従えば、事前のルールは経済危機などあり得る全ての状況に対応したり、政府の事後的な政策決定の全てを規定できたりするほど「完備」ではないということになる。

■ コミットメント装置

　コミットメントの有無は、政府の意思や気合（コミットメントする気があるかないか）の問題ではなく、それを促す制度設計の如何による。例えば、多額の財政赤字を抱え込んだ政府はあえてインフレを高くして実質的な債務残高の軽減を図る誘因を持つだろう。公債の名目利子率を一定とすれば、インフレ率が高いほど、実質利子率が低下するからだ。政府はインフレ助長的な金融緩和政策を中央銀行に要求するかもしれない。こうしたインフレによる負担軽減については**第13講**の「物価の財政理論」でも学ぶ。この懸念から投資家（特に海外の投資家）は（インフレで実質価値が目減りするかもしれない）公債の購入を控えることになる。政府はインフレを起こさないと宣言するかもしれないが、コミットメントがなければ、投資家（市場）が耳を貸すことはない。

　そこで、公債の利回りを物価水準に連動させることで、インフレになっても投資家の実質的な収益を確保することが一案となる。こうした公債は**物価連動債**と呼ばれる。政府はあえて物価連動債を起債することで、将来インフレでもって実質債務を帳消しにすることはない（できない）ことにコミットできるわけだ。

　物価連動債のような仕組み（制度設計）は「コミットメント装置」と呼ばれる。ともするとコミットが難しい政府はあえて自身の裁量の余地（ここではインフレによる債務負担の軽減）を縛るのである。コミットメント装置は例えるならば「目覚まし時計」のような役割を果たすことになる。毎晩、明日

は早起きしようと思っても，いざ朝になると起きる（昨夜の早起きの宣言にコミットする）ことができず，生活が自堕落になりがちなのが予め予見されるならば，この個人は目覚まし時計のアラームを早朝に設定して，無理やりにでも目を覚まさせようとするだろう。あるいは**第15講**で説明する通り，個人は将来の生活に対して「近視眼的」になり，備えとしての貯蓄（資産形成）を怠りがちになるかもしれない。このとき，後で後悔するよりは，個人はコミットメント装置として（米国の401kなどが例になるが）老後にしか引き出せない貯蓄あるいは政府による強制貯蓄（公的年金）を好ましく思うだろう。

11.5　本講のまとめ

「言葉」というものは案外にいい加減で，機動性・柔軟性といえば聞こえは良いが，その実態は場当たり的，朝礼暮改と変わりはない。政府の政策が一貫性を欠くこと，財政再建を含めて当初の政策にコミットできない事例は数多い。

ただし，これは政府が優柔不断だったり，自己利益を追求したりするからではない。最適な政策自体が時間の経過とともに変わるものである。事前に望ましい政策が事後的にも望ましい保証はない。これは貯蓄や自助努力など政策に対する民間等の反応（＝誘因）と政策が執行されるタイミングにラグがあることに起因する。

とはいえ，政府による場当たり的政策＝事後的最適の追求が予め「予見（期待）」されているならば，自助努力等事前の選択が歪められる（「事前的モラルハザード」が助長される）ことになる。事前からみて効率性が損なわれる。もっとも，政策へのコミットメントは政府の意思の問題ではない。事後的な裁量（＝政策変更）に如何にして制約を課すかという制度設計が求められてくる。

■ **Active Learning**

《理解度チェック》・・
- □1 「事前的最適」と「事後的最適」の違いについて説明せよ。
- □2 「サマリア人のジレンマ」とは何か，その特徴と帰結について述べよ。
- □3 なぜ，政府は高い資本所得税率を好むかもしれないのか，時間整合性問題に即して説明せよ。
- □4 「ソフトな予算制約」とは何か，例を挙げつつ説明せよ。
- □5 政府にコミットメントを促すための工夫（制度設計）について例を挙げて述べよ。

《調べてみよう》・・・

　ソフトな予算制約の事例として公営企業への赤字補填がある。我が国でも公立病院や公共交通，上下水道事業などに対する地方自治体等からの赤字補填が問題視されてきた。その実態について自治体と事業を一つ取り上げて調べてみよう。

《Discussion》・・

　不良債権を抱えた大手金融機関や大企業への救済には批判も多い。他方，これらの金融機関・企業の破綻が経済に及ぼす影響も甚大との懸念もある。「大き過ぎて潰せない」ような金融機関・企業に対して国はどのように事前（＝問題発覚前）・事後（＝問題発覚後）において対処すべきなのだろうか？

■ 文献紹介

政府間財政関係におけるソフトな予算制約を強調した書籍としては
- 赤井伸郎・佐藤主光・山下耕治『地方交付税の経済学――理論・実証に基づく改革』有斐閣，2003年

第12講 公共部門の効率化

■ 公共財等の「公的生産」の非効率とこれを是正するためのPFI等民間活用，及びその課題について学ぶ。

12.1 公共部門の効率性

■ 非営利≠効率性

　利潤を追求する企業であれば自ずと費用を「最小化」する誘因を持つ。利潤＝売上－費用だから，これを最大化しようとするならコスト抑制が「必要条件」になるからだ。実際，ミクロ経済学などで学ぶ「費用関数」は最小化されたコストが前提となっている。

　他方，公共部門は「非営利」である。このため費用最小化は必須にならない。地方自治体や公営企業の場合，政府（国）からの事後的な赤字補填（＝予算のソフト化）を期待しているならばなおさらのことだ（**第11講**参照）。民間企業と違って利益を出すプレッシャーがないから，良質な公共サービスの提供につながるという見方は必ずしも正しくない。サービスが良質なのではなく，実現したコストに「無駄」があるだけかもしれないからだ。そもそも，非営利であることと公共の利益の追求を同一視するべきではない。官僚・政治家は公共の利益ではなく自身の利益を優先させるかもしれない（**第4講**）。

　ここで無駄＝非効率というのは学校教育や医療，公共施設の運営など公共サービスの水準（生徒の学力や患者の治療等）を変えることなくコストを削減する余地が残っていることをいう。具体的は人員＝労働を減らして，ICT（情報技術）を活用する（例えば，役所の住民票など証明書の発行を自動化する），

図書館や公民館など複数の公共施設を集約化させ，一つの施設でもって図書の貸出し，地域住民の会合等を提供する，従来，役所の部署ごと，施設ごとのパソコン等物品を一括（共同）発注して単価を抑えるなどがある。本講で詳述するPFI（Private Finance Initiative）を含む公共サービスの民間委託も，公民が連携して公共サービスの提供を行うPPP（Public-Private Partnership）も，こうした効率化の一環だ。

　なお，効率性は公共性と相矛盾する概念ではない。ニーズの高い事業を優先的に実施すること，一定のアウトプットを最小限のコストで実現（よって納税者の負担を軽減）することはいずれも人々の福利厚生に適うものだ。この効率性への誘因が欠けていると，コストに比してニーズが乏しい事業が行われる，あるいは事業費が嵩むことになりかねない。

■ 効率性：再論

　経済学のテキスト上の効率性は（部分均衡分析であれば）余剰の最大化，より一般的には「パレート効率性」など抽象的に定義されてきた。以下では実際の政策に活用できるよう，この効率性の概念をいくつかに分類して具体的に与えていく。その一つは技術効率性といって生産関数上での生産を要請するものである。生産関数は労働や資本といった生産要素と，これらを一定量投入したときに実現可能な最大限の産出物（アウトプット）との技術的な関係を表す。仮に過剰な労働や（稼働していない）遊休設備があるならば，生産活動は生産関数上で行われていない。利用率の低い公民館やスポーツ施設，職員が暇そうにしている役所の窓口業務などが例になろう。であれば，同じ投入量に対してアウトプットをさらに高めることができる，あるいはアウトプットを変えないまま，投入量を減らす余地がある。現行の投入量・産出の組み合わせと生産関数との乖離は技術的な非効率にあたる。

　技術効率性が満たされるとして，次に問われるのが前述の費用最小化である。施設の利用予約や証明書の発行など自動化（ICT化）で対応できるサービスに職員＝労働を充てていたり，時給の低い，あるいは短時間勤務のアルバイトで済むような業務をフルタイムの正規職員が担っていたりするならば，同じサービス水準を最小限の費用で賄っていることにはならないだろう。こ

のとき，公共サービスは「生産効率」的ではない。他方，生産効率であれば技術的効率性を前提に最小限の費用で所定の公共サービス水準が提供される。言い換えると，**第8講**で学んだ通り，生産可能性フロンティア上での生産を要請する。

■ 費用対効果とは？

　こうした生産過程の効率性に着目した技術的効率性・生産効率性に対して，コストと効果・便益との比較を強調するのが費用対効果，費用対便益である。ここで効果とは医療機関であれば救急外来の受入実績や治療した患者数，学校教育ならば生徒の学力（こどもの人格形成を重視するならいじめ件数や不登校児数の減少），公民館・体育館であれば利用者数などサービスの成果（アウトカム）等を定量化したものである。効果としては成果に代えて医療機関ならば地域住民の健康改善，学校教育なら子どもが成長した後の就職率など最終的な帰結＝インパクトを用いることも，こうした情報（データ）が利用可能であれば選択肢になろう。

　また，地域振興政策を例にとればアウトカムが地元特産品の出荷や雇用の増加であるのに対して，インパクトは（一人当たり）地域の人口増加等となろう。ただし，最終的な帰結は景気の動向など外的な要因が影響するため，政策だけに効果を帰すのが難しい（地域経済の活性化は政策ではなく，景気が良かっただけかもしれない）。

　一方，便益はこれらの効果を金銭換算したものである。医療政策の効果が健康水準の向上ならば，その便益＝金銭価値は健康に就労することによる所得の増加などになる。道路の建設事業であれば，効果が運転手の移動時間の短縮であり，便益は時間コスト（＝短縮された時間×時間あたり機会コスト）の削減にあたる。このうち時間あたり機会コストは運転手が働いているなら，移動時間を就業に充てたら得たであろう賃金率に等しい。ここでは医療・道路等のコストに対して，こうした効果や便益が高いか否かでもって政策・事業の効率水準が測られる。

12.2　効率性の測定

■ 包絡分析法

　抽象的なパレート効率性とは違って，これらの効率性は定量的に測定することができる。例えば，技術的非効率を測る手法としては包絡分析法（DEA；Data Envelopment Analysis）がある。簡単化のため生産要素は労働（職員数等）としよう。産出物は公共施設ならば利用者数がとられる。異なる自治体，あるいは同種の施設・事業体（サービス供給者）について，これらのデータがあれば，その組み合わせを図 12-1 のように描くことができる。このサービスの（生産関数に反映される）生産技術としては規模に関して収穫一定，あるいは逓減などがあるが，ここでは収穫逓減を前提にする。無論，生産要素がゼロであれば，産出物もゼロだから，生産関数は原点を通らなければならない。

　事業者 A に着目しよう。はじめに他の事業者のデータを用いて，彼と同じインプットを再現できるかをみる。図 12-1 では事業者 B と C の労働投入量を組み合わせる（足して 2 で割るなど）ことで A と投入量が同じになる。

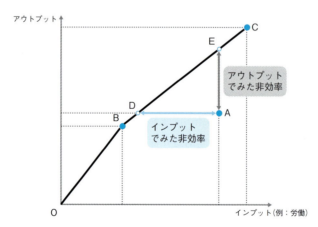

図 12-1　生産の非効率

このとき産出物はどうだろうか？ 同じ比率でもって事業者BとCのアウトプットを組み合わせるとAよりも高いことが分かるだろう。つまり，事業者AはBとCのやり方を見習うことでより高い生産を実現する余地があることになる。

アウトプット＝図の縦軸でみればAEが，インプット＝横軸でみればADが技術的非効率の「大きさ」となる。包絡分析法は線形計画法と呼ばれる計算方法を駆使することでこの大きさを算出することができる。費用とインプット（労働＝職員数と資本＝設備）の情報があれば，同様の手法でもって生産非効率＝費用最小化からの乖離を測定することができる。

■ 費用対効果分析

包絡分析法のほかに，PFIによる事業費の削減効果を測る手法として費用対効果（VFM：Value for Money）分析がある。これは同じ公共サービスを従前の公共事業でもって実施したときのコスト＝財政支出とPFIを採用したときのコストの差を測定している。PFIのメリットを強調するものだが，民間資金や経営手法に比べたときの公共部門の生産非効率にあたる。

定量的な費用対効果の分析も幅広く行われてきた。英国などでは新しい医薬品を公的医療の対象にするかどうかの判断材料にも活用されている。一般に効果に比して費用が割高（費用に比べて効果が乏しい）と判断されれば，公的医療では認められない。患者がその薬を使いたければ全額自己負担することになる。ここで効果として用いられるのが質調整生存年（QALY：Quality-adjusted life year）である。これは健康な状態で過ごした1年を1としたとき，疾患による健康水準の低下に応じて数値を調整して生存年を計算し直したものである。

具体的には個人の身体機能や生活の自律性（自分でどこまでできるか）についてのチェック項目があり，これらの項目の点数をベースにしている。例えば，身体に不自由があり健康水準が通常の半分（＝0.5）の状態で10年生存したとすれば，調整後の年数は$0.5 \times 10 = 5$年と算出される。仮に延命治療で長らえたとしたとしても，健康水準が低い（例えば，0.1と評価される）ならば，QALYは低く留まる。

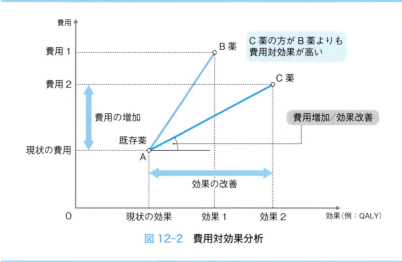

図12-2　費用対効果分析

　費用対効果分析では既存の薬を基準（ベンチ・マーク）に新たな医薬品による患者のQALYの増分と価格増が比較される。これは効果＝QALYに対する「限界費用」に相当する。図12-2で説明しよう。既存の薬＝AのコストとQALYはA点で与えられる。同じ疾病への治療薬として新しくBとCが開発されたとしよう。いずれも既発品よりも高いQALYを実現する。ただし，新薬CはBよりも大きなQALY増を低いコスト増で実現している。つまり，A点からの傾きに等しい限界費用＝QALY一単位増あたりのコストが新薬Cの方がBよりも低い。2つの新薬を比較すればCの方が相対的には費用対効果に優れていることになろう。ただし，この限界費用が一定額＝閾値を超えるとC薬であってもコストが効果に見合わないという評価になる。
　なお，英国ではこの閾値をQALY一単位あたり£20,000〜30,000に設定している。無論，症例の少ない病気の患者への配慮や政治的な判断もあり，この閾値が厳密に適用されているわけではない。とはいえ，QALYという効果の統一基準の下，新薬に係る費用情報が明確になっている。これは患者や医療機関にコスト意識を喚起することにもなるだろう。
　こうした費用対効果分析は新薬に限らない。例えば，ICT（タブレット等）を使った学習が生徒の学力に与える効果について，既存の学習法に比べた学

力の上昇分とコスト増（例えばタブレット代）を比較することもあり得よう。公共施設の改修にしても，改修で見込まれる利用者数の増加分と改修費用＝コスト増を比べることができる。これらは効率化を保証するものではないが，こうした事業が「割に合う」か否かの判断材料を提供する。

■ 費用便益分析

最後に費用便益分析（cost-benefit analysis）についてみていこう。その特徴は便益を金銭換算することにある。社会インフラは便益（道路であればスムーズな移動による時間コストの短縮など）を数年間に渡って実現する。コストも建設費用だけでなく管理・修繕費用が後年発生するだろう。これらを勘案するには便益と費用のいずれも現在価値化しなければならない。つまり，将来の便益（B）や費用（C）を（所定の率で）割り引く（10年後の1万円は現在の1万円より価値を低くする）ことで現在の価値に置き換えるのである。

便益が費用を超過する（純便益＝B−Cがプラス），あるいは便益÷費用（＝B/C）が1を上回る政策・事業であれば実施に値することになる。便益が金銭換算されているため，費用対効果よりも判断基準は明瞭である。ただし，政府の予算にも限りがある。便益＞費用を満たす全ての事業を実施することはできない。この場合，純便益もしくはB/Cの高い事業を優先することになる。

ここで重要なのは各年の便益・費用の精査は無論のこと割引率をどのように設定するかである。市場金利は（信用割当として学んだように情報の非対称性などに起因する）「市場の失敗」から社会的なコストを反映していないかもしれない。また，諸外国の金利の動向や金融緩和など中央銀行の政策の影響も受けやすい。そこで純粋な時間コスト（人々が将来におく価値＝時間選好率）や事業が失敗して便益が実現しないリスクなどを織り込んだ何らかの社会的割引率を設定する必要がある。この割引率があまり低いと今日確実にかかる事業費に対して遠い先で不確定な将来便益を高く評価しかねない。他方，高すぎると環境保全を典型例に将来の世代の受益を過少に低く見積もることになる。我が国では国交省の費用便益マニュアルにおいて割引率は4％とされている。

この割引率の他，費用便益を算出する上では様々な想定がなされている。利用者数や資材コスト，人件費など将来の受益やコストには不確実性が伴う。そこで頑健性テストといって，これらの想定＝モデルのパラメータを多少変化させる，例えば割引率や利用者数を増減させる，資材コスト・人件費が高くなったシナリオを作成するなどして，費用便益がどれくらい変わるかを検証する必要がある。いずれのシナリオでも便益が費用を概ね超過するならば，この政策・事業は実施に値しよう。逆に割引率等パラメータの多少の変化で費用が便益を上回るケースが散見されるならば慎重な判断が求められてくる。

12.3 新しい公共経営の考え方

■ 公的供給と公的生産

一般に公共サービスの公的供給と公的生産は異なる。例えば，国防は典型的な国家公共財であり，国が供給を担うが，兵器は民間企業によって生産されている。低所得者向けの住宅にしても，自治体が公営住宅を建設（＝生産）して提供する代わりに民間賃貸住宅を借り上げたり，家賃補助を出したりすることがある。地域医療を担う中核病院にしても，必ずしも「公立病院」である必要はなく，民間病院やそのネットワークを活用しても良い。病院や庁舎など公共施設の建設・運営，あるいは（国民健康保険など）社会保険料の徴収も営利あるいは非営利の民間事業者に委託してもよい。つまり，公共サービスを供給するには，国・自治体が執行する人員を雇用したり，関連施設を自ら建設・所有したりしなければならない理由はない。

ここで公共政策を①政策の企画・グランドデザイン，②財源確保，及び③執行（運営）の三段階に区別する。第1段階は公共サービスの質（アウトプット）を定めるものである。学校教育であれば，生徒の学力やモラル，地域医療であれば，住民の健康水準（生活習慣病等の予防）や救急医療への対処などが公共サービスの質にあたろう。公共サービスの「公的供給」とはこれらサービスの質を公共部門が担保することを指す。

一方，「公的生産」とは財源・執行まで公的に丸抱えする状況にあたる。

このうち政策の企画・立案と執行を分離し，後者については公共部門が雇用・所有するのではなく，民間との契約に代えるというのが「新しい公共経営」の考え方として拡がりつつある。合わせて財源確保の責任も部分的に民間の契約事業者に負わせる。その例として，①ゴミ回収など公共サービス提供の民間委託，②公共施設の建設に民間の資金やノウハウを活用する PFI，③施設管理や公共サービス提供を民間にも開放して公共部門内の担当局と競合させる市場化テストなどがある。

　公共部門では毎年，決められた予算は使い切らなければならない。公務員には身分保障があるため人員整理が難しい上，人件費も高くつく。加えて，前例主義や事なかれ主義がまかり通り易い。これでは費用の適正化や効率化は望むにも限度がある。たちが悪いことに非営利（採算の取れる事業ばかりをしているわけではない）が言い訳になる分，無駄も多くなりがちだ。

■ 政策の企画と執行

　PFI を含む新しい公共経営では企画段階は公的部門に留保するとして，他の 2 段階については民間的手法（競争原理）の活用を提唱する。

　無論，医療や学校教育など公共サービスの供給を完全に市場に委ねることにも不安は多い。必要なサービスが必要な人々に提供されない不公平があるかもしれないし，外部性や情報の非対称性など「市場の失敗」もある。施設の立地やサービスの水準＝「性能」など大枠は公共部門が決め，その執行に民間経営の手法を採用する。公共の福祉と効率化を両立させるような制度設計を図る。例えば，執行主体を決めるのに競争入札を導入したり，異なる事業者間の業績（パフォーマンス）比較に応じた報酬を支払ったりすることで，競争を喚起することができる。市場化テストのように既存の公共当局を民間との競争に晒すこともあり得る。効率化の手段として公共部門の中に競争原理を取り込むわけだ。無論，民間事業者の業績を事後的に評価して契約更新や報酬，あるいは罰則などに反映させる仕組みも不可欠である。

　公共部門に競争原理は馴染まないというのは誤りである。実際，競争原理は福祉国家を掲げる欧州諸国の医療制度や自治体経営にも取り入れられてきている。競争原理の導入＝完全民営化＝米国化と捉えるのも偏見に過ぎない。

我が国でも公共事業への民間の資金やノウハウの導入（PFI，民間委託，市場化テストなど）を含めて競争原理の活用が進んできた。元来，人は良くも悪くも競争する生き物である。選挙というのは政党間での有権者からの得票を巡る政治的な競争だ。省庁の予算獲得行動も利益団体の陳情合戦も競争の類である。競争はするかしないかではなく，何を巡ってどのように競争するかが重要なのである。同じ競争ならば，社会的に有益な，創意工夫・付加価値を生み出すようなものが望ましい。

■ 政策実験

　民間委託とは異なるが，政策の立案・財源確保，執行を丸抱えした（あるいは自治体や民間が担う執行の詳細を規制する）中央集権に対して，地方分権は地方自治体の財源面での責任と政策執行上の裁量を高めるものである。その意味で地方分権も新しい公共経営に近いところがある。こうした地方分権のメリットの一つとして様々な地域による様々な政策の試みが挙げられる。例えば，住民の健康増進に向け，都道府県で生活習慣病対策として「糖尿病等の患者・予備群の減少率の目標やその実現につながる内容の健診及び保険指導の実施率の目標を設定」が求められている。しかし，その目標実現のための効果的な健康診断や生活指導の手法が確立しているわけでもない。有効な手法は試行錯誤をして見出していくしかない。

　国が集権的に政策決定をする場合，こうした試行錯誤は非常に困難となる。学校教育の充実に向け国が全国一律にカリキュラムの改訂や教員の配置基準の変更などを行ったとしよう。この新しい政策が当初の期待に反して，教育サービスの向上に寄与せず，かえって副作用として学力の低下などをもたらしたとすれば，その失敗のコストは全国に及ぶことになる。さらに地域再生と称して，全国一律な計画を立案して高速道路などの整備を進めたとして，それが地域の再生につながらなければ，計画に投じられた膨大な経費（＝国民の税金）が無駄になってしまう。つまり，効果の定かではない政策を集権的に試行すると，失敗のコストが高くつく。

　試行錯誤を分権的に行うとしよう。学校教育の質を高めるべく，ある地域では経験も豊富な優れた教員の獲得を図るかもしれない。学校と地域の連携

を重視する地域もあるだろう。少人数教育を実施する地域，学力別にクラス編成をしたり，あるいはインターネットを駆使した教育に力を入れたりする地域も出てくるかもしれない。このように「政策実験」が可能になる。いろいろな試みの中から生徒の学力や人格形成の上で優れた成果を挙げるもの（「優良事例」）が出てくるはずだ。

■ PFIとは何か？

PFIでは公共が大枠（グランドデザイン）を決めた後，公共施設の設計・建設，資金調達から管理運営までを一括して民間の事業体が担う。業務が多岐にわたるため，実際には建設業者・管理会社等を含めた複数の民間企業が特定目的会社（SPC；Special Purpose Company）を設立して，これをPFIの受け皿とする（図12-3）。契約の期間は20年〜30年と長期に渡る。従前の公共事業のように設計・運営の事細かいところに公共が関与するのではなく，病院であれば病床数や診療科，救急体制の整備など，公共施設ならば最低限の収容人数や安全性，公益に関わる行事の実施などサービスのアウトプット＝性能については「要求水準」として契約を交わす。

PFI事業者の収入は公共部門からの支払い（サービス購入代）や自ら徴収する利用料金などからなる。ただし，前者であっても要求水準＝契約に基づ

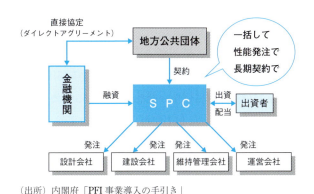

（出所）内閣府「PFI事業導入の手引き」

図12-3　PFIの基本的な構造

くもので（公営企業等に行われる）「赤字補填」とは性格が異なる。専ら，サービス購入代を受け取る PFI 事業を サービス購入型，利用料金等で自前の収入を確保するタイプを 独立採算型 という。（独自の料金が少ない）図書館など文教施設は前者の，上下水道事業など料金収入が見込めるのが後者のタイプになる。これら 2 つの性格を併せ持つのが 混合型 である。独立採算型で疑似的な財産権として運営権を付与して事業者の裁量を高めたのが「コンセッション（公共施設等運営権）」と呼ばれる。

　いずれのタイプの PFI であれ，財政的な観点からすれば，「最小限のコスト」とは経済的な意味での費用最小化に加えて，投入する税金（公費）の抑制も含意する。PFI 事業の効果を図る指標の一つである VFM は同じ公共事業を従来型から PFI に転換した際の公費の削減額にあたる。PFI 事業 234 事業の累計契約額 3 兆 1,135 億円に対して，VFM（財政支出削減額）は 6,596 億円あまりに上るとの試算もある（内閣府「PFI 制度関係資料」(2010 年 3 月 19 日））。こうした削減は「(1) 設計・施工・運営の一括契約によるライフサイクル全体での適正化，(2) 性能発注による民間の創意工夫の発揮，(3) 競争入札の効果」などを通じて実現している。

　もっとも，サービス購入型の場合，公共部門は今期の事業費を避けることはできても，将来的には PFI 事業者（特定目的会社（SPC）等）へのサービス購入料は発生する。これは一種の債務負担行為にあたる。理想的には，独立採算制のように現在・将来に渡って公費（税金）を充てることなく，事業が完結することが財政上，都合が良い。

　コストの削減に留まらず，民間の経営手法の活用は公共施設の利便性を高め，サービスの質の向上にもつながるだろう。施設の利用方法（催し物の企画）や開館時間など公共部門にはない発想も生まれる余地がある。我が国では施設等ハード面に偏り勝ちな PFI だが，その真の便益は「創造性」（アイディア）のようなソフト面にあるのかもしれない。民間からアイディアを募る手法として 民間提案制度 がある。「町有地の利活用について，民間からの自由な提案を募った上で，町民も含めた検討を重ね」，官民連携で利用計画を策定した岩手県紫波町の事例もある。

■ 発想の転換

　改正 PFI 法（2011 年 6 月）で導入が決まった**公共施設等運営権**（コンセッション）は「利用料金の徴収を行う公共施設について，施設の所有権を公共主体が有したまま，施設の運営権を民間事業者に設定する」仕組みである。自己採算性が見込まれる事業が対象だ。運営権を独立した財産権（疑似的所有権にあたる）とすることで，あたかも所有権を有しているかのように，抵当権設定や譲渡等が可能になる。加えて，運営権の取得に要した費用は減価償却（法人税の課税所得からの控除）できる。政府は 2013 年〜 2022 年度の 10 年間で PFI 事業の規模を 21 兆円にするという目標（アクションプラン）と合わせて，空港 6 件，水道 6 件，下水道 6 件，道路 1 件，文教施設 3 件，公営住宅 6 件のコンセッションを実施するとしている。2017 年現在，既に関西国際空港などでこの形式の PFI が実現している。

　無論，全ての PFI 事業が採算性を有しているわけではない。とはいえ，収益施設を併設したりすれば，事業の収益性を高めることはできるだろう。公共性と収益性を一つのパッケージとして組み合わせるのである。選定事業者が校舎の建て替えを行うとともに，校舎の余剰地を活用して民間住宅賃貸事業を実施，建設費用は家賃収入により償還するスキームを構築する。

　仮に老朽化の進んだ複数の学校施設を一つに集約化するとすれば，学校の敷地（公有地）が余ることになる。この公有地を使ったホテル・マンション等の収益事業を認める（運営権を付与する）代わり，新しい学校施設の建設・維持管理を一括して委託することもあり得る選択肢だ。そうすることで放置（塩漬け）されかねない公有地の有効活用にもなる。

12.4　PFI の課題

■ PFI の失敗？

　理論的にも，いくつかの事例をみても公共部門の効率化（財源負担の抑制とサービスの質向上）の手法として PFI への期待は高い。しかし，課題も少なくない。自治体では，現行の PFI 制度では手間がかかり，使い勝手がよ

くないという認識から，PFI の採用に対し消極的な動きもみられるという。従来の公共事業的な考えから脱却できず民間事業者の創意工夫を引き出せないことが低調な理由として挙げられる。

また，PFI が失敗した事例も散見され，その「神話が崩壊」しているとの主張もある。その具体例としては，①需要リスクを民間事業者が負う事業（独立採算型）で経営悪化に伴う事業の廃止・見直し等が生じたケース（タラソ福岡，ひびきコンテナターミナル，名古屋港イタリア村）や途中で契約解除となった事例（高知医療センター，近江八幡市民病院）などがある。地域医療を含めて公共性の高い分野は PFI に馴染まないという見方もある。

他方，PFI 自体の課題というよりも，後述の通り，PFI のような新たな手法を受け入れる人的・制度的素地が公共部門に欠けているという評価もあるだろう。たしかに PFI は，民間事業者の選定やリスク分担を含む契約の決定・締結に時間がかかる。しかし，従前の公共事業が事業者の選定・契約に時間をかけないこと自体が効果的・効率的な事業の選定の観点から問題視されても良いはずだ。

PFI には多くの失敗事例があるが，「PFI だから失敗が露呈した」面も否めない。公共部門が丸抱えした事業であれば，損失の補填などの救済措置（「ソフトな予算制約」にあたる）を続け，事業の廃止・見直しを先送りしていたかもしれない。そうなれば最終的に公共部門が抱え込む損失は甚大になりかねない。

■ 契約の失敗

契約の失敗とは契約の発注主体（プリンシパル）と受注主体（エージェント）の間で「非対称情報」があるとき，情報上優位なエージェントによる自己利益の追求がプリンシパルの利得（厚生）を損なってしまうことを指す。こうした非対称情報がもたらすのが逆選抜（エージェントが正しい情報を顕示しない）であり，モラルハザード（エージェントが非効率な選択をする）である。

情報のほかに契約を制約する要因としては，その「不完備性」が挙げられる。すなわち，全てのあり得る事象（天候や経済状況など）を織り込んで，各々の状況に適した形で契約を交わすことはできないということである。そ

の典型例が官民のリスク分担である。

　実際，選定事業の適正かつ確実な実施を確保する上で，リスクが顕在化した場合，当初想定していた支出以外の追加的な支出が現実に必要となると見込まれることがあるという。例えば，用地確保の遅延や，用地確保費用が約定金額を超過することが起こるほか，建設に係るリスクには工事の完成が遅延すると選定事業者には労務費等の追加的負担，借入金利子払増等の損失が，公共施設等の管理者等には代替サービスの購入費等の損失が発生しかねない。このため，契約・協定等においては，リスク分担に曖昧さを避け，具体的かつ明確に規定することに留意する必要がある。

■ 時間整合性

　さらに，契約が契約通りに執行されるとは限らない。ここに**コミットメント（時間整合性）問題**がある。事業者が経営努力をして，コストの適正化に努めた後，自治体等事業の発注主体（プリンシパル）はサービス購入料等の引き下げを要求するかもしれない。削減努力は既にサンクしているため，事後的にはこうした再契約は（少なくともプリンシパルの観点からすれば）望ましい。

　PFI事業が極端にうまくいくと事業者は「儲け過ぎ」との批判も出てきそうだ。サービス購入料等引き下げへの政治的な圧力となる。無論，サービス購入料等を途中で見直すことはないよう予め契約を交わすことはあり得るが，「如何なる事象」においてもこれを堅持することは，必ずしも望ましくないし，実効性にも欠く。燃料費や人件費の高騰などの外部要因でむしろ原価に応じた料金の見直しが求められる局面もあるだろうからだ。

　逆に事業者が損失を出したとき，本来，事業者が最終負担者であるべきにも関わらず，破綻等による事業の中断を避けるべく，プリンシパルが救済に乗り出すこともあり得る。事前の契約上，救済しないと規定していても，公共サービス提供の途絶はかえって地域住民の厚生を損ないかねない。よって事後的には救済が望まれることになる。

　こうした損失補填は**予算のソフト化**にあたる。これらが予め事業者（エージェント）によって見越されているならば，彼らの事前の誘因を歪める（非

効率）にする要因となる。あえてコスト削減の努力をしたり，経営効率（収益性）の改善に努めたりしなくなるだろう。特に契約が不完備なほどプリンシパルの事後的な裁量に制限を課すことは難しくなる（契約の不完備性はコミットメント問題を助長する）。

■ 政府の失敗

　2〜3年ごとの定期的な配置転換を前提とした現行の公務員制度では，公共部門の中でPFI事業の専門家を育成することは難しい。「人事異動などによって当初携わっていた職員が異動してしまい，新たな職員が担当することになり，担当者間の事務手続は行うもののレベル維持が非常に難しくなってくるものと思われます」との指摘もある（東根市健康福祉部長ヒアリング（PFI推進委員会）（2010年3月30日））。PFIのように民間事業者とリスク分担や要求水準を含めて詳細な契約を詰めた上，契約通りに事業が実施されているかどうかを監視（モニタリング）するには高い専門知識が必要だ。そうした専門性が現在の公共部門，特に地方自治体では培われ難いのが課題として挙げられる。

　そもそも，PFIを含めて民間への事業の委託は「丸投げ」と同義ではない。プリンシパルとして事業者（エージェント）の行動を監視（モニター），実績（パフォーマンス）を評価することが求められる。しかし，管理者（プリンシパル）のモニタリングが重要にも関わらず，それが十分でなかったため，施設が破損し，負傷者が発生した事例や契約書に規定された要求水準を満たしているかについて，公共施設等の管理者等が確認していない事例があるという。公共施設等の管理者が財務状況をモニタリングする意識が乏しく，民間事業者に財務状況に関する書類の提出を求めていなかった上，事業者の経営悪化の報告を受けた後も，迅速に対応しなかったケースも報告されている。

12.5 本講のまとめ

　非営利な公共部門は往々にして生産非効率に陥りやすい。営利企業のように利潤を追求しない反面，コストを最小化する規律も働きにくいからである。この非効率を是正する手段として近年注目されているのが，PPP/PFI として知られる民間活用である。ここでは公的供給と生産＝執行は区別される。民間事業者は生産＝執行を担う（なお，この民間事業者には営利企業だけでなく，NPO なども含まれる）。PFI の場合，合わせて財源調達も民間事業者が行っていた。

　PPP/PFI などの民間委託に対しては，しばしば「公共サービスの質を低下させる」といった懸念がある。しかし，医療であれインフラであれ，自治体等公共が直接公共サービスを提供するとき，その質が測定・公表されたりすることは滅多にない。そもそも，質自体が定量的に測られていないのが実態だ。むしろ，民間委託であれば，道路なら混雑の緩和，医療なら救急患者の受入体制の整備など民間との契約（＝「要求水準」）の中でサービスの質が定量的に明記されたりする。民間委託はサービスの質を損なうというより，それを明確にする良い機会ともいえるだろう。「公共の方が何となく安心」という向きもあるかもしれない。しかし，それは財源が十分あって無駄が許容できることが前提だ。限られた財源を有効活用するには，効率化とサービスの質の定量化（明確化）が欠かせない。

　公共部門の役割はサービスの公的供給（＝政策のデザイン），つまり，その水準を定めることにある。具体的には「要求水準」として民間事業者と契約を交わすことになる。無論，PPP/PFI にも課題は少なくない。PPP/PFI は公共サービスの民間への「丸投げ」ではないことに注意されたい。公共には民間事業者と契約を交わした上で，そのパフォーマンスを評価・監視する責任がある。その意味で公共部門の在り方自体も問われるのである。

■ **Active Learning**

《理解度チェック》・・・
- □ 1　非営利の国・自治体ではなぜ生産効率が実現しにくいのか説明せよ。
- □ 2　「技術効率性」とは何か，その定量的測定の方法論を合わせて述べよ。
- □ 3　「費用対効果分析」について例を取り上げつつ，説明せよ。
- □ 4　公的生産と公的供給の違いを説明せよ。
- □ 5　PFIとは何か，その特徴と課題を説明せよ。

《調べてみよう》・・・

　政府はPFIアクションプランの一環として人口20万人以上の地方自治体に対して公共施設等の更新にあたってはPFIの活用を必ず検討するよう要請している。実際，PFI事業の多くは地方自治体によって担われてきた。自治体を一つ取り上げて，PFI事業の取り組みについて調べてみよう。

《Discussion》・・・

　収益性と公共性は矛盾するものではない。公共施設の中にレストラン等商業施設を取り入れるのは両者を両立させる試みの一つである。他方，公共部門内に民間事業者を活用することには地域住民をはじめ抵抗感も多い。特に営利事業者は利益を優先させて住民サービスを低下させるのではないかとの懸念もある。こうした懸念を解消するためには民間活用（PPP/PFI）と合わせてどのような取り組みが求められるのだろうか？

■ **文献紹介**

PFI全般については
- 内閣府「民間資金等活用事業推進室（PFI推進室）」（2017年10月閲覧）http://www8.cao.go.jp/pfi/
- 赤井伸郎『行政組織とガバナンスの経済学——官民分担と統合システムを考える』有斐閣，2006年

第13講
財政赤字と財政再建

■ マクロ経済学の観点から財政政策（財政出動）の効果と財政赤字（公債の累積）の経済的帰結について学ぶ。

13.1 財政政策の効果？

■ アベノミクスとは？

　日本経済がデフレ（＝物価の持続的な下落）に陥り，低迷する中，政府は経済安定化機能＝景気対策として財政政策を発動してきた。合わせて中央銀行は金融緩和措置を講じることで一国経済（＝マクロ経済）の底上げを図った。

　2012年に発足した第2次安倍政権は「アベノミクス」と称される経済政策を推し進めていた。その柱は「大胆な金融緩和」（第1の矢）と「機動的な財政出動」（第2の矢）でもって日本経済をデフレ経済から脱却させ，「構造改革」（第3の矢）を徹底することで持続的な成長を実現することを掲げてきた。

　具体的には①日本銀行は異次元の金融緩和として国債を年間80兆円規模で購入し，市場金利を低く（近年ではマイナス金利まで）誘導するとともに（国債購入の対価として市中銀行等に支払う形で）貨幣供給（＝マネタリー・ベース）を拡大した。②政府は財政出動として公共事業を含む政府支出を拡大させた。他方，③構造改革には働き方の見直し（女性や高齢者の従業促進を図る労働市場の改革）や規制緩和・（働き方に中立な）税制改革が含まれる。

　実際のところ，こうした景気対策や構造改革に対するマクロ経済学の見方は様々だ。伝統的なケインズ経済学は景気変動（好不況の波）を市場経済の構

造的欠陥（「市場の失敗」）とみなす。特に不況期における消費・投資の落ち込みによる需要不足の自律的な解消は困難であり，政府が公共事業等でもって需要不足を埋める必要がある。アベノミクスの第2の矢は典型的なケインズ経済学の処方箋といえる。

他方，マネタリストは市場経済に信頼をおくところに特徴がある。マネタリストによれば健全に機能するはずの市場を阻害するのは，誤った金融政策であり，その矯正こそが処方箋となる。そもそも「デフレは貨幣的な現象」であり，マネタリー・ベースの増加が物価の引き上げ，つまりデフレ脱却につながる。よって，「異次元の金融緩和」（第1の矢）のアプローチはマネタリストに近い。

マクロ経済学の中でも新古典派経済学は需要サイドよりも供給サイドを重んじる。デフレであれ，賃金水準の低迷であれ，原因は生産性の伸び悩みが元凶であり，その是正に向けては「構造改革」（第三の矢）が必須となる。

このようにデフレの原因一つとっても，ケインズ経済学＝マクロの需要不足，マネタリスト＝貨幣的な現象，新古典派＝生産性の低下と診断は違ってくる。実際のところ，マクロ経済学は「百家争鳴」なのである。

■ 財政政策の効果

本講では，はじめにケインズ経済学に即して財政政策（出動）の効果を説明しよう。三面等価というがGDP（国内総生産＝一国の経済規模）は生産＝産出量と分配，支出＝国内外からの需要が等しくなる。①生産されたものは②（賃金や配当所得などとして）誰かに所得分配され，③消費，投資といった形で支出されることになるということである。このうち生産と需要に着目すれば次の式が成立する。

産出量＝民間消費＋民間投資＋政府支出＋（輸出－輸入）　　　(13.1)

ただし，輸出－輸入＝海外からの純需要である。デフレ経済では，先行きの見通しへの不安などから消費や投資が低迷して，需要が供給を下回る。これをデフレギャップという。このとき，企業は製品の売れ残り（在庫の増加）を避けるため，生産量を抑え，よって雇用を少なくしたり，設備投資を控え

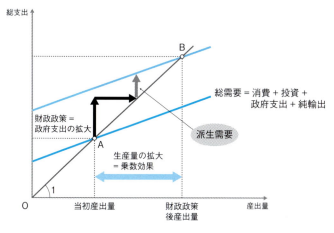

図 13-1　財政政策の効果

たりする。雇用の悪化は家計の消費を一層低迷させるだろう。つまり，需要はさらに落ち込むことになる。このことが「悪循環」となって不景気が深刻になっていく。

　これを避けるには，需要不足を埋めるよう①減税を実施して家計の可処分（課税後）所得を増やし消費を喚起する，あるいは②政府が公共事業などで雇用（よって所得）を創出する財政政策が望まれる。こうした有効需要管理政策は，需要の喚起⇒生産の拡大による雇用の拡大⇒新たな雇用による所得増⇒民間消費（派生的需要）の増加という好循環をもたらすことで，当初の減税や公共事業の規模を上回る有効需要を生み出すとされる。これが財政政策の乗数効果であり，財政の機能たる経済安定化機能の一つに挙げられる（図13-1）。

　財政政策の中でも公共投資は雇用創出に即効性があり，前述の乗数効果は高いものと期待されている。そのため，1990年代の景気対策においても公共投資は多用されていた。また，公共投資が地方圏で雇用を確保するセイフティーネット（財政の所得再分配機能）であったことも見逃せない。公共事業がなければ職を得られない，あるいは他地域への転出を強いられる人々に雇

用の機会を与えているわけだ。雇用された人々が地域内で消費を行うならば，地元商店街も潤うなど当該地域内の有効需要が喚起されて，それが更なる雇用を生み出す。

このように公共投資を通じた乗数効果は民間経済の基盤が弱い（という構造問題を抱えた）地域経済の底上げとしての役割を果たしてきた面が否めない。実際，経済力の乏しい地域ほど，公共投資に多く依存する傾向にある。

■ 金融緩和の効果

大胆な金融緩和（第1の矢）もマクロ需要を高める方向に作用する。低金利は民間投資を喚起するほか，円安を誘導，輸出が増えることになる。日銀が民間銀行などから国債を大量に購入すれば，（需要が増えると価格が上がるという市場の需給関係から）国債価格が上昇，金利（＝利息÷国債価格）は低くなる。このとき，国債金利に連動して他の市場金利（貸出金利等）も低下する。民間企業からすれば，資金を借り入れて設備投資をしやすくなる。

「デフレは貨幣的な現象」とは物価と貨幣供給量（マネタリーベース）が比例的な関係にあるという貨幣数量仮説（物価×実質GDP＝貨幣流通速度×貨幣供給量）による。仮に，この関係が家計にも理解されており，貨幣供給増⇒物価上昇という予想が浸透すれば，デフレ期待が払しょくされ，民間消費も拡大に転じるだろう。消費者は（特に住宅や家電などの耐久財について）今日消費するか将来に消費を先送りするかを選択する。将来の物価が上がるとなれば，先送りするよりも今日消費した方が「安上がり」になる（消費税増税前の駆け込み需要を想起せよ）。消費増は先述の好循環をもたらす。

13.2 構造改革＝成長戦略

■ 構造改革とは？

機動的な財政政策や異次元の金融緩和はデフレ＝不景気からの脱却を狙いとした景気対策である。ただし，景気と成長は違うことに注意されたい。ヒトの体に例えるならば，景気は体調にあたる。他方，成長は経済の体力だ。

体調管理のための政策＝景気対策と体力増進のための政策＝成長戦略は自ずと異なる。体調不良＝不景気にはカンフル剤＝景気対策が効くかもしれないが，体力の低下＝低成長には生活習慣＝経済・財政の在り方の見直しが求められよう。後者にあたるのが構造改革（第3の矢）である。(13.1) 式に即して区別すると，マクロの需要に働きかけるのが景気対策であれば，主に供給サイド（(13.1) 式の左辺）の拡大を図るのが構造改革といえる。

　潜在的なマクロの産出量は一国経済が利用できる資源＝生産要素，具体的には資本ストックと労働力，及び経済の生産性（技術力）によって決まる。ここで「潜在的」としたのは景気によって資源の稼働率が変わるため，実際の産出量とは必ずしも一致しないからだ。この潜在的産出量の成長率の決定要因を成長会計というが，これら変数の伸び率となる。

$$\text{成長率} = \text{生産性の伸び率 (TFP)} + \alpha \times \text{労働力の増加率} \\ + (1-\alpha) \times \text{資本ストックの伸び率} \quad (13.2)$$

　ただし，α は生産における労働のウェイト（寄与度）にあたる。（残り＝$1-\alpha$ は資本による寄与）。では日本の潜在的な成長率はどれくらいだろうか？ 日本銀行などの推計によれば，ゼロから1%程度に過ぎない。アベノミクスが目標とする実質成長率2%には及ばない。1960年代・70年代の高度成長は昔の話，成長力が乏しいのが我が国の実態だ。

■ 潜在的成長率の低迷

　その要因の一つに挙げられるのが少子高齢化である。少子高齢化のマクロ経済的含意は労働人口の減少である。2020年度までに400万人減少すると見込まれている。この労働人口は (13.2) 式の労働力に直結する。働き手が減れば生産活動が滞るのは当然だろう。実際，高齢化の著しい地方圏では建設，介護の分野を含めて労働力不足が深刻になっている。

　この問題への対処としてはしばしば移民の受け入れの是非が論じられる。他方，我が国には「眠れる労働力」も少なくはない。それが女性である。保育所の不足などで子育て中の女性の就業機会を阻害されていることなどが問題視されてきた。女性，特に30代女性の就業率は最近，上昇傾向にあると

はいえ，まだ欧米並みになっていない。働ける（かつ，その意欲のある）女性の登用は「女性が輝く社会づくり」だけでなく，成長促進の観点からみても重要だ。

生産性の伸び（TFP；Total Factor Productivity＝全要素生産性）も低迷気味だ。その理由には技術進歩の立ち遅れがある。確かに情報技術（ICT）の発展は目覚ましいが，中小企業を含む全ての企業や部門に行き渡っているわけではない。（新しい技術に対応した）新たな産業の創出やベンチャー企業などの新規参入も進んでいない。つまり日本経済はダイナミズムに乏しいところがある。人口だけではなく産業・企業も高齢化して新陳代謝を欠いていると言えるかもしれない。

関連して，資源の配分にも問題がある。既存の労働力や資本が収益性の低い，競争力のない部門（産業や地域など）に留まっているならば，当該資源を最大限有効に活用していることにはならない。ミクロ経済学でいえば，資源配分が「生産非効率」的ということだ（生産効率性は第8講参照）。農業を含む産業保護などはこうした非効率を助長しかねない。特定の部門・企業を優遇する租税特別措置も（外部便益の内部化といった経済合理性が認められなければ）同様だ。

13.3 財政の持続可能性

■ 政府の借金

1990年代以降，国・地方の財政は悪化の一途を辿ってきた。その借金（債務）残高は2016年度末で1,000兆円以上，GDPの2倍を超える。主要先進諸国の中でも最も悪い（図13-2）。これは税収を大幅に上回る歳出が続けられてきた結果である。こうした中，財政の持続可能性への懸念が高まっている。

政府（公共部門）の借金も将来的には返済が求められる以上，返済できる範囲に留めておかなければならないところは家計の借金と変わりはない。ただし，家計とは違って①（革命でも起きない限り）政府という組織は永続す

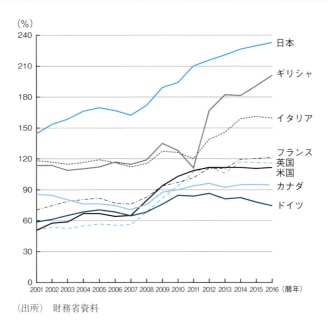

図 13-2　国の借金（対 GDP 比）

る，②借金返済の原資には税という強制的徴収手段が行使できるといった特徴がある。無論，③政府の借金は（政治家や官僚の個人的な債務ではなく）究極的には国民全体が負うものとなる。

1. 財政赤字は問題か？

　財政赤字の多くは景気の低迷による税収の落ち込みや景気対策の要請に起因しており，景気が上向けば自ずと財政赤字が解消して，借金の返済に充てられる余剰（財政黒字）を捻出できると楽観視する向きもあるだろう。ここで財政赤字（収支）を大きく①構造的財政収支と②循環的財政収支に区別しよう。構造的財政収支は課税の税率や社会保障の給付の水準など政府の政策・裁量を織り込み，景気変動を除いた（経済の実力に相当する）潜在的 GDP の下で算出される。一方，循環的財政収支は景気変動の影響を抽出した収支であり，実際の収支と潜在的財政収支の差額にあたる。例えば，税率や控除等税制度は構造的財政収支に，課税ベース（法人利益など）の変動は循環的財

政収支にそれぞれ反映される。無論，循環的財政収支は景気が上向けば，改善することが見込まれる。

実際のところ，財政赤字の拡大は社会の高齢化に伴う社会保障費の増加によるところが大きい。国の一般会計から出る社会保障費（医療，介護，年金，生活保護などの国庫負担）は30兆円を超えてきた。国の予算全体の三分の一にあたる。社会の高齢化が構造的である以上，財政赤字も構造的といえる。景気任せではなく，財政再建の努力（課税の強化や歳出抑制）なしでは赤字の解消は見込めない。

2. 国民の国民による借金

政府の借金は国民全体の借金である一方，政府に貸し付けているのも多くは国民である。国・地方の公債の主たる購入者は国内投資家や金融機関ということだ。これは個人金融資産が18,400兆円（2016年末）に上るなど国内貯蓄ストックの大きさによる。

国内で消化される公債は①内国債と呼ばれ，外国投資家向けの②外国債と区別される。内国債が多い我が国は，いわば，総体としての国民（＝納税者）が国民（＝公債保有者）に借金としている状態にあたる。とすれば，借金返済のために増税しても，納税者から集められた税は公債保有者としての国民に還元されるだけということになる。資金は日本経済の中に留まり続ける。しかし，課税には「超過負担」（歪み）が伴うことに留意されたい（**第8講**）。課税の過程で課税された金額を超える効率の損失（投資・勤労意欲の阻害など）が伴っていた。従って，内国債であっても機会コストはゼロではない。

■ 政府の財政破綻？

そもそも，政府が破綻するということはあり得るのだろうか？　政府は民間企業とは異なり清算されることはない。2007年に破綻した北海道夕張市は地図上から消滅したわけではない。国の管理の下で財政再建団体になったということだ。

政府の財政破綻は政府が資金繰りに窮して（＝新たな借金をするのが難しくなって）①現行の借金の債務不履行（デフォルト），②「財政インフレ」，ある

いは③大規模な増税や大幅な歳出削減など厳しい財政再建を伴うものと理解するのが妥当だろう。このうち，債務不履行は途上国や新興国ではしばしば起きるものの，主要先進諸国では（政治的に）選択肢となりそうにない。

一方，財政インフレは中央銀行が政府の借金を肩代わりすることで生じる。中央銀行が公債の購入と引き換えに貨幣を発行する結果，市場に出回る貨幣供給量が膨張するからだ。「貨幣数量説」として知られるように貨幣供給とインフレ率には対応関係がある。ただし，現行法（財政法第5条）では公債を日銀（中央銀行）が直接的に引き受けることは認められていない。

結局，財政の悪化はいずれ，増税・歳出削減という形で痛みの伴う財政再建を迫るだろう。再建時の世代にとってみれば，政府からサービスの受益もない．（見返りのない）まま税負担だけが高くなる。彼らがツケを払わされる格好だ。財政赤字とは所詮，借金を重ねる現在の世代が将来世代に負担を転嫁するものに他ならない。（受益と負担との関係でみて）世代間で不公平が出てくる。

■ 財政再建 ≠「パレート改善」

現在であれ，将来であれ財政再建には増税や補助金・給付カットなど「痛み」が伴う。誰かの厚生が損なわれるという意味で「パレート改善」にはなっていない。ただし，パレート改善できない以上，経済学の定義に従えば現状は効率的というのはミスリーディングだ。パレート効率（最適）とは，「現行の実行可能な資源配分に対して，パレート改善する実行可能な資源配分が他に存在しない」ことに他ならない。

「実行可能」は，「持続可能性」と読み替えることができよう。効率性云々は本来，持続可能な資源配分間での比較による。ここでは現行の消費税率8％，社会保障給付の水準を含む財政の現状の「持続可能性」自体が問われているわけだ。財政再建は持続可能性（将来に渡る資源配分の実行性）を担保するためにある。

■ 持続可能性の条件

（国・地方の）財政が持続可能であるには，公債の残高が経済にとって「身

の丈」に合った水準に留まってなくてはならない。具体的には，公債残高の対 GDP 比が（上方に）発散しないこと，言い換えると分子＝公債残高の増加率が分母＝経済の成長率を上回らない状態を指す。公債残高の増加率＞成長率ならば，公債は GDP の 2 倍，3 倍…と際限なく増加を続け，当該経済では支えきれなくなるだろう。財政は破綻してしまう。

　公債残高の増加率は①公債の金利水準に応じて高くなり，②基礎的財政収支（＝税収－（利払いを除く）歳出）が改善すれば低くなる。金利が高ければ利払い費が嵩み，借金（既発債の元利償還）を借金（新規の公債発行）で返す状態に陥りやすい。基礎的財政収支が黒字ならば，その黒字分（余剰資金）を借金の返済に充てられる。結果，財政の持続可能性の条件（公債残高の増加率＜成長率）を満たすには，①成長率が金利に比して高い，あるいは②基礎的財政収支が十分に黒字でなければならない。成長率＞金利であるほど，基礎的財政収支の改善による財政再建に要請は少なくて済む。逆に，成長率＜金利ならば，財政の持続可能性を担保するための基礎的財政収支の黒字幅（確保のための財政再建の痛み）は大きくなる。

> 基礎的財政黒字（対 GDP 比）
> 　　＝（成長率－金利）×公債残高（対 GDP 比）

　これをドーマー条件という。公債残高対 GDP 比を安定的に抑えるのに必要な基礎的財政収支は成長率と金利の差に依存する。金利＜成長率である限り，仮に基礎的財政収支が赤字のままでも公債残高対 GDP 比が発散しない（借金が経済の身の丈を超えて拡大し続けることはない）という意味で財政の持続性は確保される。よって金利が低いうちに大規模な財政出動で成長率を上げれば，赤字が残っても財政は持続可能という主張もある。

　しかし，そう都合良くはいかない。景気が良くなれば企業も設備投資を拡大するだろう。国・企業の資金需要が増えれば，金利は上昇に転じることになる。実際，内閣府の試算（「中長期の経済財政に関する試算」（2017 年 7 月 18 日））でも足下では金利（概ね 0％）が成長率（2.5％）を下回るが，中長期的には金利（4.3％）が成長率（3.9％）を超過する。金融政策で低金利を続けようにも，市場原理（金利の上昇圧力）にいつまでも抗することはできない。

再びドーマー条件によれば，このとき基礎的財政収支を黒字化しないと財政は持続しないことになる。

■ 財政再建の先送り

現実の財政赤字は経済合理性（規範）規範に即した「最適化の解」としてではなく，政治家，官僚，利益団体など利害当事者らの政治ゲーム（駆け引き）の「均衡解」として導かれる（**第4講**）。我が国のように政策決定過程が分散している（政治的リーダーシップに欠如している）と利害当事者らは比較的裁量的（非協調的）に国から自身の権益のために補助金等予算を引き出す（政治的要求を通す）ことができるだろう。ここで国の財政は，彼らが自由にアクセスできる「共有地」となっている。その帰結は「共有財源問題」として**第4講**で学んだ通り。予算（歳出）は膨張，今期の税収で賄いきれない分は，財政赤字となって累積していく。財政赤字は政治ゲームの当面の帳尻合わせというわけだ。財政の健全化・財政収支の均衡に誰も責任を果たそうとしない（本来，責任を果たすべき内閣や財政当局が主導権を握れない）。

そもそも，財政の持続可能性を担保するにも，赤字の増減をいずれの政策変数で調整するかが予め明らかでなければならない。しかし，①歳出カットならば，削減対象の公共サービス（社会保障，公共事業，教育など），②増税ならば，増税対象となる税目（消費税，法人税，所得税，タバコ税など）について明示的なルールがあるわけでも，社会的な合意があるわけでもない。「総論」として財政再建には賛成でも，「各論」になれば自身に関わる公共サービスの削減や増税に反対が出てくるのも，このためだ（**表13-1**）。

よって，財政赤字は自律的に是正されることはない。「高齢化に対応するには社会保障の充実が必要」，「地方の雇用を守るには公共事業は不可欠」，「子どもの医療の無料化や児童手当の引き上げは少子化対策」といった具合に，誰も自身の権益は譲ろうとはしないだろう（それぞれの言い分にもっともなところがあっても，限られた財源を価値の高い用途に優先順位を付けて充当していくという効率化の視点はない）。ここで，各々の利害当事者は他の誰かが予算要求を控えることを当てにしているのかもしれない。他人の財政再建への貢献に只乗りする誘因を持つわけだ。状況は公共財の自発的拠出に関わる

表 13-1　財政再建の先送り

利益団体A ＼ 利益団体B	財政再建に協力	既得権益に固執
財政再建に協力		総論賛成各論反対
既得権益に固執	総論賛成各論反対	財政再建の先送り

「囚人のジレンマ」に似ている。皆が既得権益に固執する結果，財政再建が先送りされてしまう。

13.4　財政赤字の経済学

■ 良い財政赤字と悪い財政赤字

　財政赤字＝悪ではない。財政赤字は財政の「経済安定化機能」を担うからだ。実際，景気の後退局面では（累進所得税等の）税収が減少（その分，家計の可処分所得の変動が緩和），失業給付・公共事業などの支出が増加することから財政赤字が拡大する。逆に好景気には税収が増え，景気対策の支出が減る分，財政収支は好転する。この過程で政府は景気の変動リスクを民間（家計・企業）とシェアしている。

　財政赤字の規範的役割は最適課税の観点からも説明できる。財政赤字を出さないとすれば，政府は毎年均衡財政を強いられることになる。義務的経費が多く政府支出の増減が困難だとすれば，一定の税収（＝税率×課税ベース）確保が必要となる。所得税であれば，景気低迷期，課税所得の減少に対しては税率の引き上げ，逆に好況期，課税所得の拡大するときには税率を下げるといった具合だ。しかし，景気循環に呼応した税率の増減は，その変動を助長，経済の安定を損なう。合わせて，課税に伴う超過負担も時間を通じて変わってくる（超過負担の定義については**第8講**参照）。

> 不況（好況）⇒ 課税ベース↓(↑) ⇒ 税率↑(↓)
> ⇒ 課税に伴う超過負担↑(↓)

　次善（効率）の観点からすれば，異時点間に渡る超過負担を最小限に留めることが望ましい。これは異なる課税財を通じた超過負担の最小化が効率に適っていたことと同様だ。異なる「財貨」を異なる「時点」に読み替えればよい。経済の基本構造に大きな変化がないとすれば，所得等，各期の課税ベースの弾力性に違いはない。このとき，最適課税ルール（ラムゼー・ルール）の下で税率は時間を通じて一定となる。支出に対する税収の過不足は財政赤字・黒字で対応する。財政収支は長期（平均）的に均衡していれば良い。

　ただし，支出の拡大が恒久的で，さもなければ財政赤字が慢性化するようならば，その放置は将来的な増税幅を拡大し，超過負担を高めてしまう。経済のコストを平準化する観点から早期の増税が必要となる。これを課税の平準化という。つまり，①一時的な税収の変動に対しては，税率は一定に保つことが最適となる。他方，②高齢化などで支出の拡大が恒久的（構造的）であれば早期の増税が望ましい。

■ 財政赤字の副作用

　ただし，前述の通り，放置される財政赤字は将来世代への負担の押し付けになりかねない。また，将来的に政府は借金の返済を優先せざるを得なくなり，予算を教育や社会保障など他の用途に回すことが難しくなるかもしれない。財政が「硬直化」してしまう。さらに，財政赤字を埋めるための公債の大量発行は資金需要を増加させ，資金市場における需給が逼迫する。結果，市場金利が上昇，これに応じて民間の設備投資などに充てる資金が減少する。これはクラウディングアウト効果として知られる。

■ リカード・バローの中立命題

　財政赤字は将来を見越した家計の消費・貯蓄の選択に影響するかもしれない。現在と将来からなる簡単な2期間モデルを想定しよう。ここでは政府予算は2期間でバランスする。

公共支出をそのままに，今期，減税を行うとしよう。減税分だけ，財政赤字＝借金が増えることになる。異時点間で予算収支を均衡させるには，その借金は将来の増税でもって返済されなければならない。この政府の予算制約を織り込んだ合理的な家計は，今期の減税相当分，将来に増税があることを予見するはずだ。家計は，将来の増税に備えて，減税で増えた可処分所得を今期，貯蓄に回すだろう。その分，減税による消費の拡大効果は弱められる。

図13-3 では代表的家計の異時点間消費選択が表されている。現在・将来の可処分所得の組み合わせは当初，E点で与えられる。E点を通る傾き $1+r$ の直線が，この家計の生涯予算制約にあたる。ただし，$r=$市場利子率。

今期，ΔT だけ減税が実施させ，財政赤字が同額増えたとしよう。利子を合わせると将来時点で必要増税額は $(1+r)\Delta T$ に等しい。同じ家計がこれを負担するならば，2期間の可処分所得の組み合わせは同じ生涯予算制約式上のB点に移動するに過ぎない。①家計の予算制約式が同じである以上，今期と将来の消費の選択にも変わりはなく，②減税分，貯蓄が増えるに留まる。このとき，財政赤字は家計の選択に対して中立的となる。③公債増発（＝今期の財政赤字）分，家計の貯蓄も増えるから，民間の資金需要が締め出されることもない。実体経済は財政赤字によって影響されない。これがリカードの中立命題である。

ここでは，税の生涯負担に変わりがないことが仮定されている。増減税は課税のタイミングを変更しているに過ぎない。実際のところ，減税を享受する家計が相当分，将来の増税を被るとは限らない。従って，中立命題が厳密に成り立つことはなさそうだが，増税への期待が今期の減税の効果を減じるよう働くことに留意されたい。特に政府の債務が累積する中，いずれ増税が不可避とみなされる状況では，減税による消費の喚起は限られそうだ。減税時の世代と増税を負担する世代は全く異なることもあり得る。その場合であっても，現世代が自身の子どもたちに対して利他心を持っているならば，彼らの負担増に配慮して，減税分を遺産という形で彼らに残すかもしれない。ここで遺産は財政赤字を通じた世代間の所得移転（将来世代の負担による現在世代の受益）を相殺する（バローの中立命題）。

よって，将来の増税期待があるとき，財政赤字を出してまで減税をしても，

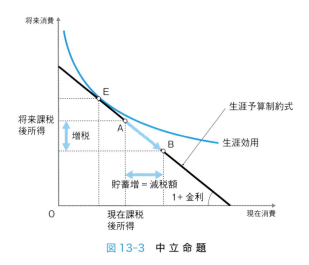

図13-3 中立命題

今期の消費を喚起しそうにない。その一方で，貯蓄が増えるため，公債が民間投資を締め出すこともない。中立命題は財政赤字がマクロ経済にとって（クラウディングアウト効果のような）問題にはならないが，景気対策（有効需要管理政策）としての効果も乏しいことを示唆している。

■ 物価の財政理論（FTPL）

　従前，公共経済学において政府の財政収支は予算「制約式」として理解されてきた。この制約式が制約するのは将来に渡る基礎的財政収支＝税収－支出である。今期，減税や支出拡大で収支が赤字になった場合，制約式を満たすよう将来，増税や支出削減で収支を黒字化しなければならない。前述の「リカードの中立命題」では，今期の減税が納税者に対して将来の増税を予見させる，よって増税に備えた貯蓄を促して消費の拡大につながらないのも財政が長期の財政収支のよって「制約」されているからに他ならない。これをリカード型財政政策という。

　一方，FTPL（Fiscal Theory of Price Level；物価の財政理論）は政府の長期財政収支を制約ではなく「均衡式」としてみなす。通常の財貨・サービス市場

13.4　財政赤字の経済学

における需給バランスと同様だ。ここで需給をバランスさせるのが「（今期の）物価水準」ということになる。物価の財政理論の肝となるのは以下に与えるような政府の長期財政収支である。仮に財政が破綻しない（公債のデフォルトはない）として政府の長期の財政収支は現在の公債残高の実質価値（＝名目金額÷物価水準）と実質ベースでみた現在から将来に渡る基礎的財政収支（黒字）の現在価値に等しくなる。家計に例えると生涯消費が概ね生涯所得に等しくなることに相当する。

$$\frac{公債残高（名目額）}{今期の物価水準} = \text{将来に渡る基礎的財政収支（実質ベース）の現在割引価値の総和} \quad (13.3)$$

左辺の公債残高（名目額）は過去の財政政策の経緯で与えられている。我が国でいえば国・地方の長期債務残高は1,000兆円（2016年度）を超えている。「リカード型財政政策」とは異なり、FTPLは借金を将来の基礎的財政収支の改善（＝黒字の拡大）でもって返済することは求めない。将来に渡る基礎的財政収支は与えられたものとすれば、物価水準が帳尻を合わせてくれる（＝バランスさせる）。つまり、①公債残高（名目額）が増加する＝左辺の分子が大きくなる、あるいは②将来の基礎的財政収支黒字が減る＝右辺の分子が小さくなると今期の物価水準は高くなる＝脱デフレにつながる。他方、③右辺の割引現在価値を決める割引率＝実質利子率の低下は（13.3）式の右辺を大きくして物価水準を下げる方向に働くことになる。

実際、我が国を含め各国政府はリーマンショック以降、金融緩和を続けてきたにも関わらず、デフレ基調から脱却できていない。その要因としては①世界経済が「長期停滞」に陥って実質金利＝割引率が低下、結果（13.3）式の右辺が増加したことが挙げられる。また、②大型の景気対策＝財政出動も、それが将来的に財政再建のための増税＝リカード型財政政策（右辺はそのまま、ないし増加）を予見させるならば、同様に物価水準は低迷し続けることになる

このとき政府があえて基礎的財政収支を改善しないとなれば、インフレで公債残高の実質価値が減じられなければ「帳尻」が合わない。よって脱デフレと借金の圧縮が同時に実現する。

こちらも随分と都合が良い話だが，鍵となるのは「期待」だ。当面，財政再建がない，つまり将来に渡って増税がないことを家計が期待すれば，消費も拡大する。マクロ需要の増加は物価の引き上げ要因になる。しかし，家計は違う期待をするかもしれない。財政悪化は将来不安を増すかもしれない。公債への信認が低下すれば，デフォルトリスクを織り込んで金利が高騰するだろう。利払い費が増加して財政悪化は加速する。FTPLはこれらを結果としてではなく，仮定でもって排除しているに過ぎない。

13.5　本講のまとめ

本講では財政の「経済安定化機能」としての財政政策の効果（乗数効果）を紹介した上で財政赤字の経済的帰結について概観した。この問題は経済学者の間でも意見が分かれるところである。仮に成長率が金利を継続的に上回るなら，あるいは「物価の財政理論」の通り，物価水準で調整されるなら，あえて痛みを伴うような財政再建は求められないかもしれない。

他方，成長率も金利も市場で決まるもので，財政・金融政策が影響を与えることはあっても直接コントロールが利かない。物価の財政理論についても人々の期待（増税はないが財政は破綻しない）によるところが大きい。「奇策」は特にはギャンブルにもなることに注意が必要だろう。

政府の財政収支は最終的には帳尻が合うかもしれない。だから大丈夫なのではなく，その合わせ方が問題なのである。政府は既存の借金の棒引き＝デフォルトという形で帳尻合わせを図るなら，国内の金融機関は大きな打撃を受けるだろう。政府は身軽になるかもしれないが，金融機関は信用不安に苛まれ，金融システムが不安定化する。

ヘリコプター・マネーとも称されるが，中央銀行（日銀）が国債を市場（民間）から引き受け，償還を求めない（中央銀行の中で国債を「塩漬け」＝永久国債化する）ことを求める向きもある。一見すると市場から国債が消えるマジックに思われるが，その結果は大量の通貨（貨幣供給）という中央銀行の債務が残ることだ。大量の貨幣供給はインフレを誘発するかもしれない。あ

るいは（返済の見通しのない資産を抱えた銀行が発行する債券にあたる）通貨に対する信頼が揺らぐリスクもある。デフォルトもヘリコプター・マネーも選択肢ではないとすれば，結局，増税や歳出削減という（ギリシャや国内でいえば夕張市のような）厳しい財政再建に迫られる。デフォルト⇒金融不安も，ヘリコプター・マネー⇒インフレ・通貨不安も，無論，財政再建も最終的には国民生活に打撃を与えることになる。

■ Active Learning

《理解度チェック》
- □1 財政出動（財政政策）の「乗数効果」とは何か？ そのメカニズムについて説明せよ。
- □2 財政の持続可能性の条件である「ドーマー条件」とは何か，述べよ。
- □3 「課税の平準化」とは何か，説明せよ。
- □4 「リカードの中立命題」とは何か，その含意を合わせて説明せよ。
- □5 FTPL（物価の財政理論）について，それが成立するための前提条件を合わせて述べよ。

《調べてみよう》

リーマンショック以降，欧米諸国も財政悪化に苛まれ，ギリシャなどは財政破綻に至った。他方，英国・ドイツをはじめ速やかに財政を健全化させた国もある。こうした国がどのように財政再建に取り組んだのか，国民（全てでなくても多数派）からの同意を取り付けることに成功したのか，調べてみよう。

《Discussion》

財政悪化のツケを最終的に負うのはこのテキストを読んでいる学生諸君を含む若年世代・将来世代である。財政問題は「自分事」なのである。日本としてこの問題にどのように取り組むべきか，「総論賛成・各論反対」の状況を打開するために何が必要なのだろうか？

参考文献

財政赤字の問題については

- 井堀利宏『財政赤字の正しい考え方――政府の借金はなぜ問題なのか』東洋経済新報社，2000 年

財政再建が進まない要因を研究した書籍としては以下を参照。
- 加藤創太・小林慶一郎（編著）『財政と民主主義――ポピュリズムは債務危機への道か』日本経済新聞出版社，2017 年

第 14 講
EBPM という視点

■エビデンスに基づく政策形成（EBPM）の考え方とその方法論としての計量分析やランダム化比較実験について学ぶ

14.1　エビデンスで考える

■ EBPM とは？

　エビデンス（証拠）に基づく政策形成（EBPM；Evidence based policy making）への要請が高まっている。経済学では効率性であれ公平性であれ「成果」によって政策を評価することが多い。しかし，現実の政策において成果に基づく評価は比較的新しい考え方だ。

　従前の政策形成は「理念」に偏重してきた。例えば，「健全な子どもの成長」や「高齢者が安心して暮らせる街づくり」といった具合だ。他方，政策によって理念が実現されたかどうかには必ずしも関心が払われていない。地方経済の再生，教育の機会均等化にしても，地方創生交付金（補助金）や給付型奨学金といった政策が実際に「効果」を発揮したのかどうかの検証は疎かになりがちだ。

　政策の効果は検証の「結果」として導かれるよりも，「効果はあるに違いない」という楽観的な観測と希望の下で「前提」となって議論されてきた感がある。政策の理念が正しければ，その結果は問わないのが政策現場の伝統的なスタンスであったことも否めない。仮に効果をみるとしても，現場レベルの経験や感覚でもって議論される場面も少なくなかった。

　加えて，政策の実施において重んじられていたのは予算の執行（支出）な

ど「手続き」の方だった。例えば政策＝地元商店街への補助金が目的＝商店街の活性化の達成，具体的には集客力や売上の増加に有効だったかではなく，補助金が予算通りに使われたか，使い残しはないか，使い道が法律・規則上，適切だったかどうかの方が重視されてきた。成果の如何は問われて来なかった。極端にいえば，違法性がない限り，補助金が成果につながらないという意味で無駄であっても問題視されることはない。よって政策を見直すという視点もない。

■ 定量的に考える

本講で紹介する EBPM は理念や経験ではなく，データ＝エビデンス＝実績に拠って体系的に政策の効果を検証する。エビデンスを積み重ねることで政策効果の検証とその改善につなげるのである。政策の実施，その見直しのための政治的な合意形成を図るにしてもエビデンスがなければ説得力に欠く。説得のための EBPM でもあるわけだ。

地方経済の再生であれ，教育の機会均等であれ「定量化」された何らかの成果（アウトカム）指標が必要だ。前者であれば雇用や農産物・工業品の出荷額の増加，後者であれば低所得家庭の子弟の高校・大学進学率の向上などだろう。子どもの健全性であれば，不登校児やいじめ問題，少年犯罪の減少などがある。高齢者の安心は転倒など高齢者に関わる街中での事故件数の減少，医療機関へのアクセス等だろうか。成果に基づく政策評価とは定量的な成果目標を掲げた上で，実績がその目標を達成したか否か，目標の達成が数年後であれば，実績が目標に近づいているかどうかの進捗管理を行う。達成度であれ，進捗であれ問われるのは「エビデンス」＝実態だ。仮に目標達成や進捗状況が芳しくなければ，予算を含めて政策の中身を適宜も直すのが **PDCA**（Plan＝計画・Do＝実行・Check＝評価・Act＝改善）**サイクル**である。

無論，教育における子どもの人格形成など全ての成果が数値で表現できるわけではない。政策の効果を唯一の指標で示すことも難しい。こうした場合は完全ではなくても，関連する（相関のありそうな）定量指標を複数設定する。あるいは，PDCA サイクルの過程で指標自体を見直すことだ。公共サービスへの住民満足度などのアンケート調査などが後に利用可能になれば，そ

れを加えることもできる。

　また，成果は政策以外の外生的な要因によっても影響されるだろう。例えば，観光事業（インバウンド）の成果目標として年間の訪日外国人数を掲げたとしても，その数は為替レート（円高になれば外国人にとって訪日は割高になる）や海外の経済情勢（経済が低迷すれば観光需要も下がるだろう）などに左右されやすい。医療政策の究極の目的が健康寿命の増進であるとしても生活習慣など他の要因もある。実際にはアウトカムを最終目標としつつ，政策でもって直接的にコントロールできる指標としてアウトプットが掲げられたりする。訪日観光者数や健康寿命といった究極的成果＝アウトカムではなく，例えば，観光であれば公共交通における外国語表記・案内，街中でのフリーWi-Fi整備（観光客の情報収集に活用できる），医療であれば，救急搬送の平均時間，（救急や回復，在宅など機能の異なる）医療機関の間での連携体制など中間的成果＝アウトプットを目標としても良い。

■ロジック・モデル

　政策を評価する上でエビデンス＝実態と並んで重要なのはロジック＝論理である。ロジック・モデルは各成果指標（数値目標）と達成に向けた政策との因果関係及び外部要因との関係を把握・分析する。こうなったら良いなどという「希望的観測」（楽観的見通し）や「風が吹けば桶屋が儲かる」ような曖昧な関係は排除する。

　例えば，政策＝自治体の庁舎の新築の成果として地域経済の活性化を挙げたとしよう。その根拠が立派な庁舎ができれば，地域住民がそれを誇らしく思い，元気になって消費等経済活動が活発になるからとしたらどうだろうか？　果たして新しい庁舎を誇りに思うかを含めて論理性に欠ける。よって庁舎の新築は地域経済に結びつけるには無理があるということになる。

　生徒へのタブレット（端末機）を配布して学習効果を上げるという政策について考えてみよう。ICT（情報技術）の活用は何となく良い効果を与えそうだが，「何となく」だけではロジックにならない。タブレットをどの授業でどのように活用するのか，学習効果の有無をどのように測定するのか（テストの成績が上がったとしてもそれがタブレットによるか否かの検証が必要だ）

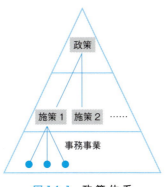

図14-1 政策体系

を明確にして初めて論理になる。

　また，ロジック構築においては目的と手段の整理が必要となる．一口に政策といっても，それは政策―施策―事務事業に階層化（体系化）される（図14-1）．政策が高齢者の健康増進として，それを実現するための施策としては予防医療・介護の充実，高齢者のコミュニティ活動への参加促進などがある．ここで施策は政策の手段と位置付けられる．さらに予防医療・介護の充実を図る具体策＝手段として定期健診の普及に向けた広報，健診の実施，医療機関との連携など個別の事業が挙げられる．こうした政策体系は目的と手段の関係を明らかにするとともに，政策評価を階層的にする．

　個別の事務事業への評価（例えば国の行政事業レビュー）であれば，その成果目標が上位の政策＝施策の目標と整合的になっているか，施策目標の実現に有効か，他により良い手段＝代替可能な事業はないかが問われる．施策評価（国の省庁の政策レビュー，総務省による政策評価など）では施策の政策に対する効果が評価される．いずれも政策手段の精査であり，目的に対する効率的な手段の選択が狙いだ．

14.2　見える化

■ 地域差の「見える化」

　エビデンスは政策の掲げる目的に留まらず，広く現状を把握する上でも有用となる。これに関連して，中央官庁・自治体では見える化が改革のキーワードになりつつある。具体的には一人当たり医療費やPPP/PFI等民間委託の進捗状況など「経済・財政と暮らしに関する様々な地域差」を明らかにする。無論，高齢化や産業構造など地域のニーズの違いを反映した公共サービスの地域差はあって然るべきだろう。その一方で年齢調整をしてもなお残る医療費の地域差，人口規模や経済状況が似た類似団体間でも異なる民間委託の程度などニーズの違いでは「説明できない」地域差については検討を要する。

　こうした地域差は住民にとって有用な情報になる。経済環境の似通った他の地域における政策とその成果は，住民にとって自分らの地方自治体のパフォーマンスを評価するためのベンチ・マークを与えてくれるからだ。例えば，同じ水準（質）の地方公共サービスが近隣地域でより低い費用負担で供給されているとすれば，それは自地域の地方自治地体の財政運営が相対的に非効率であることを示唆する。

　地域差が自治体のパフォーマンス，具体的には公共サービス提供の創意工夫や効率性の違いにあるならば，そうした情報の「見える化」はパフォーマンスの劣ると判断された自治体においては従前の政策の見直しへのプレッシャーとなるだろう。地方自治体は地域間比較という形で競争に晒されていることになる。これをヤードスティック競争という。ヤードスティック＝杖とはここでは評価比較の基準（地域Aの住民にとってはBの業績）に他ならない。このヤードスティック競争を通じて両地域がしのぎを削り合う（切磋琢磨する）ことが，改革の原動力＝インセンティブにつながることが期待される。

　自治体の政策はややもすれば前例踏襲になりやすく，仮に見直しを図るとしても前年までの自分たちのパフォーマンスが比較対象になる。待機児童対

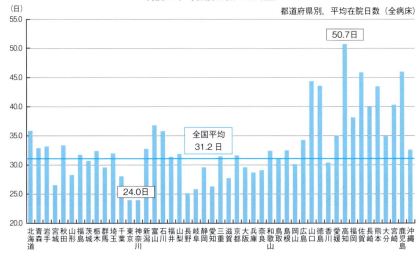

図 14-2　エビデンスとしての地域差

策であれ，医療費の適正化であれ，前年の実績よりも改善がみられれば良しとする傾向である。これに対して地域差の見える化は他の自治体の動向を意識させることを狙いとする（図14-2）。これまでも近隣自治体との比較はあっても比較対象に広がりを欠いていた感は否めない。同じ改善であっても他の自治体の方が改善の程度が大きいとすれば，その自治体のやり方に学ぶべきものがあるだろう。人口減や高齢化により，自治体財政の悪化はある程度「やむを得ない」としても，現状に甘んじることなく，現状打開の努力をする自治体もある。見える化はこうした「優良事例」の普及にもつながる。

14.2　見える化

14.3 分析としての EBPM

■ 分析としての EBPM

ここまでの EBPM は（説明できない）地域差の見える化を含めて「実態把握としての EBPM」だった。これをさらに進めて政策の効果を検証するのが「分析としての EBPM」である。例えば，地方創生事業が地域経済の成長・出荷額，雇用等にインパクトを及ぼしたのかどうか，新たな教育カリキュラムが子ども学力の向上につながったのかどうか，患者の自己（窓口）負担の軽減が受診（医療需要）を高めているかどうかを「データ」を用いて分析する。理論（ロジック・モデル）上，予想される効果を実証的に検証するのである。そこでは必要なデータの収集と合わせて，どのような分析テクニック（例えば，計量経済学の手法）を用いるかが問われてくる。

■ 計量経済分析

分析にあたっては政策と成果指標との間で単純な相関関係をみるだけでは十分ではない。地方における雇用の増加は政策に効果ではなく，全国的に景気が良くなったためかもしれない。低所得家庭の子弟の進学率も奨学金といった金銭的な支援だけではなく，教育に対する両親の意識を含む家庭環境，学校教育の中で勉学への関心が引き出されたか，進学後の将来に希望が持てるかなどに左右される。

景気であれ，家庭環境であれ政策にとっては「外的要因」だ。これらをうまくコントロールしなければ政策と成果指標の関係は単なる見かけの相関（関係）に過ぎないかもしれない。計量経済学では成果指標を従属変数に，政策を説明変数にするほか，政策以外で成果指標に影響するだろう経済変数＝コントロール変数を加えることでこの問題に対処する。これを**重回帰（多変量）分析**という。具体的には以下のような回帰分析による。

$$y_{it} = \alpha + \beta z_{it} + X_{it}\gamma + \varepsilon_{it} \tag{14.1}$$

ただし，y は従属変数（政策効果），z は政策，X はコントロール変数，ε は

かく乱項である。i は個人・地域等の主体を現す変数，t は時間を指す。この回帰式では政策に係る説明変数が効果＝従属変数に対して統計的に有意（偶然ではなく，一貫性のある）な効果を及ぼしているか否かが検証される。

　ここでは回帰分析の統計的（＝計量経済学的）な正確な分析結果を得るにはかく乱項が実際にかく乱的＝ランダム（平均ゼロ，分散が一定，かつ政策を含めて回帰式の説明変数と相関しない）でなければならない。このとき，最小二乗法（左辺と（かく乱項を除く）右辺の乖離＝残差の二乗を最小化する）でもって回帰式の係数を推計できる。さもなければ，かく乱項の「癖」を考慮した計量経済学の技法が求められる。一般に計量経済学では主にかく乱項のへの対処法を学ぶことになる。

■ データの利用可能性

　データの収集は必ずしも容易なことではない。教育支援が子どもの進学率に与える効果について考えよう。政策以外で影響する（コントロール変数として考慮すべき）要因としては両親の所得，両親の学歴などがあろう。進学率の多寡を市町村レベルで比較（つまり，市町村内の対象学年の生徒数のうち大学に進学した比率）するならば，両親の所得も同じ市町村単位平均となる。両親の学歴がコントロール変数として加えられるのは，一般に学歴の高い両親の方が子どもにも高い学歴を求める（教育に熱心な）傾向があるからだ。もっとも，両親の学歴などはデータの入手が難しい。しかし，不十分なコントロール変数では成果指標への外的要因を十分に織り込んだことにはならない。

　必要なデータが公開されていない場合も少なくない。人口の高齢化や技術の高度化（高額医薬品など）で医療費が増加し続けている。これを適正化するために地方自治体では健康リスクの高い個人や高齢者の健康指導等や同じ疾病（例えば風邪）で複数の医療機関を渡り歩いている患者への受診指導を講じてきている。こうした政策が効果を持ったかどうかは健康指導等を受けた個人の受診行動＝医療需要を知る必要がある。それがレセプトデータ（医療機関が保険者に診療報酬を請求するときの明細書）である。

　しかし，個人レベルのレセプトデータは一般には公開されておらず，厚労

省などの関係者を除けばアクセスが難しい。データがなければ実証のしようがない。EBPM に向けた政策の検証を進めるにはデータ・ベースの構築と公開が不可欠である。このデータ・ベースは政策実施後，あるいは政策対象となった個人・集団，地域をカバーするだけでは十分ではない。政策の実施前，対象にならない個人・集団，地域との比較ができればより精緻な検証が可能になる。後に RCT として紹介する。

■ データの正確性

　データの正確性自体が問われることもある。子どもの健全な育成を定量的に測るため学校における「いじめ件数」を指標として掲げたとしよう。しかし，学校からいじめの件数が正しく自治体（教育委員会など）に報告されているとは限らない。いじめへの認知が高まることで対策を進める結果，かえって報告件数が増えることもあり得る（ここでは対策以前の報告数が過少だったということになる）。子育て支援のための待機児童の解消にしても，待機児童の定義が従前，自治体によって違っていたり，（保育所探しを諦め，自宅で育児をしてきた）潜在的な待機児童が統計には現れなかったりする。

　データの取り方にも課題があったりもする。例えば，家計の消費動向（何をどれくらい買っているか）を調べたデータとして家計調査がある。総務省が約 1 万世帯を抽出しているが，家計簿の調査項目が細かいため，共働き世帯や若い世帯が調査を敬遠してサンプルが高齢者世帯，専業主婦世帯に偏っているのではないかとされてきた。サンプルが全世帯を代表していないため，家計調査から導かれる消費支出額や貯蓄額が経済全体の消費・貯蓄の推移と合致しないというわけだ。これでは家計調査を使って給付や増減税を含む経済政策の効果を検証することは難しい。

　同様のことが国内総生産（GDP）の測定についてもいえる。国内総支出（＝支出面からみた GDP）を構成する民間投資の速報値（対象期間が終了してから約 1 か月と 2 週間後に一次速報が公表）もサンプルとなる企業に偏りが指摘されている。家計であれ企業であれ，サンプルが全体を「代表」していないとすれば，その値への信頼は損なわれてしまいかねない。実際，政府は EBPM の普及に向けて，統計データの見直しを進めてきている。

■ データ分析の例

　一般に「理想的」なデータ・ベースを得るのは難しい。よって，今あるデータの性質に応じた計量的な手法を駆使することが肝要となる。ここではデータ分析（計量分析）の手法として①自治体等個体間で比較検証する「クロス・セクション分析」と②これに時間軸を取り入れた「パネル分析」を紹介する。例えば，地域経済の活性化，業務 ICT 化・民間委託など自治体の取り組みに差異があるならば，その効果（地域経済の成長・雇用増，業務改革であれば住民書の発行など自治体の総務費）は改革を進めた自治体とそうではない自治体の実績＝パフォーマンスの違いから検証できる（図 14-3）。

　特定の年に着目するとすれば，自治体レベルのデータを用いた**クロス・セクション分析**が妥当であろう（(14.1) 式でいえば，時間＝t の変数を除き，主体＝i のみを含むケースにあたる）。繰り返すが，分析にあたっては政策と成果指標との間で単純な相関関係をみるだけでは十分ではない・コントロール変数でもって，政策以外の効果を取り除く必要がある。このコントロール変数は上述の地方経済の再生であれば労働人口，産業構造（例えば，第一次，あるいは第三次産業に従事する労働者の割合），主要都市へのアクセス（距離），道

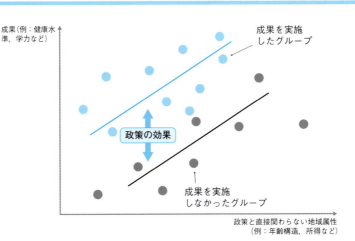

図 14-3　計量分析による EBPM（例）

路等社会資本ストックなどである。こうした自治体間など主体間の相違に着目したクロス・セクション分析と異時点間の影響をみる時系列分析を合わせたのがパネル分析である（(14.1) 式の主体=i と時間=t の双方を含むケースにあたる）。データさえあれば，パネル分析は幅広い分野で活用されうる。

　自治体の待機児童対策等子育て支援，例えば，保育園の定員確保や子育て世帯への給付金について考えてみよう。この政策は自治体レベルで実施されるため，内容や水準に地域差がある。よって効果は全国一律ではない。取り組みの地域差を実績，例えば地域間での待機児童数の減少や女性の就労促進の違いに関連付けることができる。加えて，政策変数の変化，具体的には保育園の定員増や給付金の充実による同じ自治体内での成果の変化をみることもできる。パネル分析は横=自治体間比較と縦=経年変化を組み合わせることで子育て支援の効果，(14.1) 式でいえば政策に係る係数の検証をより堅実に（確からしく）する。

　こうしたデータの性格に応じた計量経済分析の手法については補論で言及する。

14.4　ランダム化比較実験（RCT）

■ 比較検証する

　住民の健康増進であれ，子どもの学力向上であれ，その政策効果を知る上で有用なのは，サンプル，政策の対象が地域であれば全国自治体を①政策を実施したグループ（=介入群）と②政策が実施されなかったグループ（対照群）に分けた上で，健康水準，学力といった成果指標の差異を検証することである。

　政策の例としては健康リスクの高い個人に対する健康指導・受診指導の強化やICTを活用した新たな教育カリキュラムなどがあろう。政策の実施前後で，介入群（Tグループ）の成果指標が平均的に改善したとしても，それだけでは政策に効果があったのを実証したことにはならない。政策以外の要因，健康増進であれば医療技術の進歩，学力であれば指導要領の変更など全

国的に影響する他の変化に原因があるかもしれないからだ。こうした外的な要因をコントロールするには対照群（Cグループ）の成果指標との比較が有用となる。全国的な影響であれば，これらの集団もTグループ同様に影響を被っているだろう。Tグループの成果の改善（ここでは住民の健康増進や子どもの学力向上）とCグループの成果改善との間に統計的にみて有意な違いがあれば，政策効果が確認されることになる。差＝各グループ内での平均的な成果改善と差＝グループ間での平均的な成果の違いをみているならば，差分の差分分析（DID（Difference in Difference）分析）と呼ばれる。

　パネル分析でも同じように介入群と対照群の間でのパフォーマンス＝成果の差から政策効果をみることができる。データとして自治体のパネル・データが使えるとする。(14.1) 式の通り，成果指標を従属変数とする回帰式は政策変数＝政策実施のダミーを含む，その他，コントロール変数として年齢構造等，地域的な属性，景気や技術進歩，他の政策変更など全国的な影響を勘案した変数（例えば，変化のあった年以降に1をとるダミー変数等），及び固定効果を想定すれば地域ダミーなどがある。政策実施ダミーは政策が適用された自治体＝介入群かつ政策実施年以降，1の値をとる。ここでは政策変数が統計的に有意か否かでもって政策効果が実証される。

■ うまくデザインする

　ただし，政策効果を正しく検証するには介入群と対称群が恣意性のない形で「ランダム」に分かれていること，パネル分析の場合，政策変数に内生性バイアスがないことが条件になる。元々，子どもの学力向上に熱心な，あるいは教育機会に恵まれた地域において率先して政策が実施されている（かつ，そうした地域差が検証において適切にコントロールされていない）ならば，対照群とのパフォーマンスの違いは必ずしも政策効果を反映しない。この問題は政策の実施が自治体の選択に委ねられているときに顕著になる。

　実際，我が国では特区制度のような実験的な規制緩和や先駆的な事業を行うにあたっては，手上げ方式，つまり，自治体が立候補して政府の認可を得るケースが多い。政策の実施自体が内生的な選択の上，介入群はやる気のある，成功の見込みの高い自治体に偏ってしまう。これをサンプル・バイアス

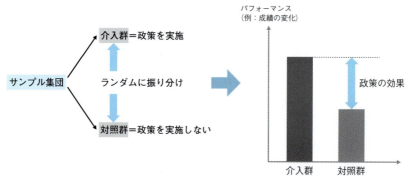

図 14-4　ランダム化比較実験

という。

　対象が自治体ではなく個人（家計）であっても同様のことがいえる。失業者や非正規雇用の安定就労（正規雇用）の促進事業について考えてみよう。就労のための技能訓練などへの参加が個人の選択に委ねられるならば，当然，措置群＝技能訓練の参加者は就労意欲の高い個人が多くを占めることになる。元々働く気があるのだから，技能訓練に参加しない対照群よりも雇用されやすい，よって事業の成果が上がりやすいのは当然だろう。

　こうしたバイアスを回避するには，介入群と対照群を選ぶにあたって自治体であれば人口規模や産業構造，財政力，個人であれば年齢・性別，学歴など属性（回帰式のコントロール変数の値）の近いサンプル同士を比較（＝マッチング）できるようにするか，グループの分かれ方・政策実施の内生性（サンプル・バイアス）を織り込んだ計量経済学のテクニックを駆使する必要がある。あるいは政府自身がランダムに政策を行う地域，あるいはプログラムに参加する個人を選んでしまうことだ。これはランダム化比較実験（RCT；Randomized Controlled Trial）として知られる。健康増進等，先駆的な政策を全国展開する前に実験的に施行して，成果のエビデンスを検証するものである（図14-4）。

　（この RCT は，）英国において 1997 年ブレア労働政権以降，EBPM の一環

として教育・医療，徴税などの分野で幅広く行われてきた。行動経済学の知見を利用した納税率の向上については**第15講**参照。他方，我が国では地域差の「見える化」を含めて現状把握のEBPMは進みつつあるが，RCTのような形での政策分析としてのEBPMは未だ実例が少ない。

■ 不連続回帰デザイン

　RCTは効果を検証するために集団をグループ分けするという作業（時間・労力，及び費用）を伴う。「実験」ではないが，制度をうまく使えば同様のランダム化を「疑似的」に行うことができる，例えば，医療の自己負担（窓口負担）が医療需要（患者の受診行動）に与える効果について考えよう。ランダム化比較実験では保険加入者を自己負担の高い（例えば3割）集団＝介入群と低い（1割）集団＝対照群にランダムに分け，受診行動を比較検証することになる。一方，我が国では70歳を境に自己負担は3割から（一部の高所得層を除けば）1割に減じられてきた。年齢はコントロールできないからどちらの集団（自己負担3割か1割か）に属するかは個人の選択によらない。つまり，グループ分けは（ランダムではないが）外生的に定まる（換言すれば，内生性バイアスは回避できる）。

　仮に70歳直前，例えば69歳と70歳との間で外来受診の回数が異なるならば，（僅か1歳の違いで健康上大きな変化はないことを踏まえると）自己負担の違いによると結論づけられるだろう。こうした閾値＝境界（ここでは70歳）の前後での政策上の扱いの相違に着目した分析を**不連続回帰（RD）デザイン**という（図14-5）。

　手当や保育料の減免など育児支援に所得制限がある場合も，その所得制限の前後（僅かに下回る家計と僅かに上回る家計）の間での育児時間や費用，子どもの成長等の差異が統計的に有意であれば，育児支援の効果と結論づけられよう。あるいは学業成績など奨学金の支給基準を少しだけ下回って奨学金を受けられなかった学生と基準を少し超えて奨学金を受給できた学生との間で，その後のパフォーマンスの違いが顕著であれば，これは奨学金の効果といえる。このようにRCTと並んで不連続回帰デザインもEBPMの有望なツールとなっている。

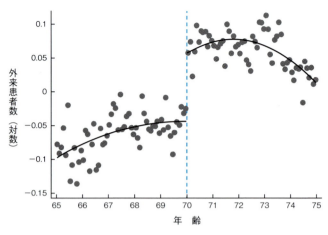

(出所) Hitoshi Shigeoka (2014) "The effect of patient cost sharing on utilization, health, and risk protection," *American Economic Review*, Vol.104, No.7.

図 14-5　不連続回帰分析

14.5　本講のまとめ

　EBPM は学問分野に留まらない。現実の政策形成の潮流になりつつある。本講で紹介した定量的な分析は経済学では当たり前でも政策の現場では新しい。従前の政策形成は理念優先，評価も手続き偏重だったことは否めない。EBPM はこうした政策形成・評価の在り方を根本的に変えるものとなろう。無論，課題は少なくない。評価に必要なデータの整備，RCT のような評価のためのデザインの発展などが求められている。

補論　計量的手法

以下では計量分析に係る留意点と代表的な対処法をいくつか紹介しよう。

■ 内生性バイアス

（14.1）式中の政策等の説明変数と政策指標＝従属変数の間に逆に因果関係があるかもしれない。地方経済の再生事業の取り組みを考えてみよう。実証したいのはこの事業が地域の雇用や出荷額等に与える影響である。しかし，事業実施の決定自体が地域経済の現状に対応したものかもしれない。このとき，経済の低迷⇒事業実施という関係が生じてくる。事業の実施⇒地域経済（雇用等）をみているつもりが実は反対の関係を見出すことになりかねない。事業の実施が経済の停滞を受けてのものであれば，当然，因果関係はマイナスになる。そのままでは政策効果は負という誤った結論を導きかねない。

同様のことは「医師誘発需要」（**第5講**参照）にもいえる。地域内での医師数の増加＝競争の激化が患者の囲い込みといった誘発需要を喚起しているかどうかを検証するため，人口10万人当たりの医師数を人口一人当たりの医療費に回帰させたとしよう。プラスの関係が統計的に優位に見出されたとしても，実際は医療費＝医療需要の高い地域に医師が集中的に開業している（よって，因果関係は医療費⇒医師数）結果かもしれない。回帰式よりかく乱項⇒従属変数の関係があるため，逆の因果関係（従属変数⇒説明変数）があれば，結果的にはかく乱項と説明変数が相関してしまう。これを計量経済学では内生性バイアスという。これに対処するには内生性の疑われる経済・政策変数（地域経済活性化事業や医師数など）と相関しつつ，雇用や医療費など説明したい変数とは直接関連しない，正確には回帰式のかく乱項と相関しない変数＝操作変数を活用するといった工夫が必要になる。

■ 時系列

データは時系列の形をとることがある（（14.1）式でいえば，主体＝iを除き，時間＝tのみを含むケースにあたる）。政府の景気対策，税制改革，社会保障制

度の見直しなど効果が一国全体に波及するとき，クロス・セクション分析のように地域間での違いに着目することはできない。むしろ「異時点間」の変化をみる方が良い。

具体的には政策の実施の前後で経済成長，インフレ（物価上昇）率等，政策に期待される成果＝実績に変化があったかどうかを検証する。2014年4月，消費税率が5%から8%に引き上げられた前後で民間消費が大きく変動した（増税前の駆け込み需要と反動減が生じた）とされるが，その効果をみるのも時系列データによる。いわゆる「ゆとり教育」など学校教育のカリキュラム（教育要領）が子どもの学力に与えた効果を調べるにも，カリキュラムの変更の前後の時系列データが活用できよう。この時系列データの単位＝時間はデータの利用可能性や分析の性格に応じて年次，（1年を4期間に区分した）四半期，あるいは月次となる。株価や金利，小売であればデータの単位は一日にもなり得る。

ただし，時系列データにも厄介な癖がある。インフレ率等，ある期間（年次データであれば例えば2017年）の値は前の期間（＝2016年）や前々期間（＝2015年）に依存するという意味で異時点間の相関が見受けられるかもしれない。加えて各期の値は景気の変動等，かく乱的要因＝ショックの影響を被ったりする。このとき，ある期間（＝2015年）の変動＝ショックは同じ期の変数，例えばインフレ率に影響するだけでなく，異時点間の相関を通じて次の期間（2016年）の同じ変数に波及，さらに次々期（＝2017年）の変数に及んでいくことになる。

仮に時間を通じてショックが減衰していかなければ，例えば，ある時点での1%の物価上昇の上振れ＝ショックが将来的に残るのであれば，この時系列データは毎年のショックを蓄え続けることになる（2017年データの値は同年だけでなく2016年以前の全てのショックを反映する）。これは時間の経緯とともにデータのバラツキ＝分散が拡散していく傾向を示唆する。過去を説明するにも，将来を見通す上でも，こうした時系列データは安定的ではない。

時系列データの安定性を検証することを単位根検定という。データが単位根（ショックが半永久的に波及する）と判断されれば，今期と前期のデータの差，例えば，2017年と2016年のインフレ率の差＝階差をとるなどして，安

定的な変数を作る工夫が求められる。元のデータが単位根でも，その階差であれば単位根にならないこともあるからだ。

関連するが，インフレ率と雇用，金利など時系列データ間で見かけではない安定的・体系的な因果関係があるかどうか，例えば，金利でもって安定的・体系的にインフレ率を説明できるかどうかを検証する手法として共和分検定などがある。

■ パネル分析

パネル分析にも留意すべきことが少なくない。人口規模や年齢構成，産業構造など地域の属性を表すコントロール変数では表しきれない（定量的なデータとして観察されない）地域固有の特徴が成果指標＝回帰式の従属変数に影響しているかもしれない。例えば，ソーシャル・キャピタルといった地域社会の人間関係・信頼などがある。リベラル・保守といった政治的な志向にも地域性があり得る。前述の通り，これらが回帰式中でコントロール変数として扱うことができず，かく乱項に反映される一方，他の説明変数と相関するならば「内生性バイアス」が生じてしまい，正しい推計ができなくなる。

パネル分析では①地域ごとにダミー（データが当該地域であれば1，それ以外の地域であればゼロ）変数を与えた固定効果や②他の変数とは相関せず，時間を通じて一定だが，地域の特徴に応じたかく乱項を（通常のかく乱項の他に）加えた変量効果モデルを用いる。パネル分析として固定効果と変量効果のいずれを採用するかは，ここでもデータの性格による。

結論だけ言えば，問題の地域属性が他の説明変数と相関を持たない限り，変量効果の方が統計的には望ましい。他方，相関があれば，変量効果の推計には内生性バイアスがあり，固定効果を用いるべきということになる。これはかく乱項と説明変数との相関関係の有無を検定（ハウスマン検定という）した上での判断となる。

なお，ここでは地域データを想定してパネル分析を説明してきたが，同様のことが家計・消費者，労働者など個人を対象にしたデータについてもいえる。固定効果ないし変量効果で勘案すべき変数は個人の属性（例えば，生来のスキルや選好など）ということになる。

表14-1　主な計量的手法

時間＼個体(例：個人・地域)	A	B	C	D	E	F
T＝1	X	X	X	X	X	X
T＝2	X	X	X	X	X	X
T＝3	X	X	X	X	X	X
T＝4	X	X	X	X	X	X
T＝5	X	X	X	X	X	X
T＝6	X	X	X	X	X	X
T＝7	X	X	X	X	X	X

（時系列／パネル／クロス・セクション）

■ Active Learning

《理解度チェック》

- □1　政策の PDCA サイクルとは何か，述べよ。
- □2　政策評価の「ロジック・モデル」とは何か，例を挙げつつ説明せよ。
- □3　「ヤードスティック競争」とは何か？「見える化」をキーワードに述べよ。
- □4　データを用いた分析（計量分析）の課題についてまとめよ。
- □5　RCT（ランダム化比較実験）の特徴を説明せよ。

《調べてみよう》

　RCT は英国をはじめ諸外国でも教育・福祉，医療等の政策効果を実証するツールとして活用が進んできている。海外における RCT の事例を取り上げてみよう。合わせて日本への適用可能性について考えよ。

《Discussion》

　EBPM（エビデンスに基づく政策形成）は（経済学では常識でも）日本の政策現場にとっては比較的新しい考え方である。効果を定量的に把握すること，結果を評価されること，従前の政策を見直すことには国・自治体の現場では抵抗感が大きい。EBPM を日本で普及させるために必要な取り組み，課題について議論せよ。

文献紹介

- 中室牧子・津川友介『「原因と結果」の経済学――データから真実を見抜く思考法』ダイヤモンド社，2017年
- 経済セミナー増刊「進化する経済学の実証分析」日本評論社，2016年

第 15 講
行動経済学で考える

■近年，注目を集めている行動経済学を概観しつつ，その知見に基づいた公共経済学の諸課題（貯蓄選択・徴税など）への取り組みについて紹介する。

15.1 人間≠経済合理人

■ 標準的な経済学の考え方

　一般に経済学では個人は消費であれ，貯蓄や労働供給であれ，何事も「合理的」に選択をするものとされてきた。ここで合理性とは現在，利用可能な全ての情報・知識をフル活用しつつ，将来を冷静に見据えた（＝客観的な期待を形成した）上で，意思決定することを指す。無論，値上がりを見込んで購入した株が翌日，下落して損失を被ったり，利益を期待していた事業が失敗したりすることもある。合理的な選択は結果的には正しくないかもしれない。しかし，その選択をした時点では最も賢明な判断をしたのであり，株の下落や事業の失敗は天災を含めて予想しようのなかった（＝想定外の）事態が生じたからに過ぎない。

　実際，株式市場の参加者（投資家）が皆，合理的に振る舞うならば，明日の株価の最も優れた予想は今日の株価であることが知られている（効率的市場仮説という）。今日の株価には企業の収益やマクロ経済の見通しなど入手可能な全ての情報が織り込まれている。さもなければ，優位な情報を持った投資家たちがそれを生かして裁定取引を働かせるだろうからだ。仮に明日の株価に変動があるとすれば，それは今日の時点ではなかった新たな情報が得られたからである。

仮に個人が合理的であれば，一見奇妙（アノマリー）な選択・現象にも何らかの良い理由があるはずだ。過去の傾向から逸脱した株式・土地等資産価格の高騰もあくまで画期的技術の登場や市場の開拓を含む経済の生産性（ファンダメンタルズ）を織り込んだもので，「根拠なき熱狂」などではありえない。貯蓄形成をしない個人は将来の所得増か両親からの遺産等を期待しているからなのであろう。喫煙・薬物のような中毒性のある財の消費にしても，健康被害を正しく認識した上であえて止めないことが効用最大化の結果ということになる。あるいは，ギャンブラーが競馬などで負けが込んでも賭けを続けるのは挽回の機会を冷静に見込んでいるからに他ならない。このとき，政府による金融引き締め（による資産価格の抑制）や貯蓄の奨励（あるいは強制化），喫煙・薬物やギャンブルへの規制は「余計なお世話」であり，市場の健全な機能や個人の主体的かつ賢明な選択の機会を損ないかねない。このように合理的個人の「仮定」に慣れ親しんでしまうと，全てのことが「合理的」に説明できるものとしがちだ。

　もっとも，よほどの経済学信者でもない限り，こうした主張を真に受ける者はいないだろう。経済学で個人は合理的と「結論」付けられているのではなく，そのように「仮定」されているに過ぎない。実際のところ，我々は日本のバブル経済，21世紀初頭のITバブル，2008年のリーマンショックとその後の経済危機などの経験から市場は「根拠なく熱狂」することがあり，その後の経済・財政に対して多大な損害を与えることを知っている。貯蓄もなく公的年金にも未加入のままの高齢者が貧困に陥り生活保護を受けるケースも増えている。喫煙・薬物，ギャンブルの中毒や中毒患者の生活破綻は社会的な問題だ。つまり，生身の人間は「誤り」を，しかも現行の情報・知識から予想の付く（想定内の）「誤り」を犯すものである。

■ 行動経済学へ

　個人が経済合理人と違うから，これまで学んだ経済学が無用と言っているのではない。彼らは生まれついて合理的でなくても，合理的に選択するのを「学ぶ」ことはできる。経済学で実態＝エビデンスと論理＝ロジックに基づく思考を学習するのもその一環だ。一時の感情に流されるのではなく，将来

を見据えた判断ができるのも，そうすることを学べばこそ身につく習性である。

　正しい情報の提供も重要だろう。喫煙・薬物の健康リスクについてネット上の口コミではなく，専門的な情報があれば，個人の行動も変わってくるかもしれない。老後にかかるだろう生活費について何も知らないまま備えるのは土台無理がある。とすれば，個人の年齢や家族構成・職業，住宅ローンの有無等に応じて推計される老後の生活費を情報提供すれば，賢明な貯蓄判断を促せるだろう。

　とはいえ，全ての個人が学習と情報だけで合理的になれるわけでもなさそうだ。**行動経済学**は個人の不合理性を前提に彼らの選択を再定式化，貯蓄から就労・消費行動，健康管理，納税まで様々な分野に応用されてきた。ただし，不合理＝いい加減というわけではない。不合理な振る舞いに（予測可能な）一定の規則性を見出すのが行動経済学の特徴である。その一つには実際に解こうと思えば，時間と手間のかかる複雑な効用最大化問題に代えて，個人は簡便な思考方法（＝**ヒューリスティック**）をとるといったことがある（**15.2 節**参照）。この類の思考方法は日常生活における意思決定を容易にすることから便利であるが，誤った選択が正され難いという問題を抱える。

　いずれにせよ，一旦，こうした規則性が判明すれば，改善の方法も出てこよう。ただし，全ての個人が合理的でも不合理でもないとして，その識別ができない（誰が合理的か否かを観察できないばかりか，本人もいずれか認識していないだろう）以上，政府の介入は慎重を要する。前述の通り，合理的個人を前提に彼らの選択を放任することは望まれないかもしれないが，個人の不合理性を強調するあまり，一律な規制でもって彼らの自由意志を抑制するのも過度にパターナリズム（父権主義）的であるばかりか，合理的な判断による選択まで阻害しかねない。つまり，**合理的選択を妨げない一方，不合理な選択を矯正することが求められる**。こうした相反する要請に応える政策手法として知られるのが**ナッジ**（強制に代えた誘導）である。後述の通り，ナッジは貯蓄の奨励や健康増進，納税協力の促進など現実の政策分野で活用が進んでいる。

15.2 不合理な人間の意思決定？

以下では行動経済学からの基礎的な知見として，①個人の簡便（ヒューリスティック）な意思決定，②問題設定の表現方法（フレーム）に応じた選択の変化，③リスクへの選好（プロスペクト理論）及び④保有効果を紹介しよう。

■ ヒューリスティック

個人は日常生活において，例えば，コンビニで買い物をするにあたり，逐一，効用最大化問題を解く，具体的には今日の予算が一定として，いま手にとっている財貨（例えば，スナック）とこれを購入したときに諦めなければならない他の財貨（飲料水など）との受益の比較（＝限界代替率）といったことに思いを巡らせるだろうか？ 悩む時間ばかりが長くなり買い物もままならないだろう。普段の生活習慣通りに振る舞う，スナックを買う習慣があれば続け，なければあえてしないとした方がよほど簡便だ。気になっている新商品を買うかどうかにしても，企業のホームページなどで独自に情報を収集して吟味するよりはネットでの評価や他の消費者の動向に応じた方が簡単だろう。

今日働いていくらアルバイト代を稼ぐか，今日いくら貯金をするかにしても賃金率や金利を勘案して「最適化」（消費・労働選択や異時点間消費選択）を図るより，予め目安（＝目標）を定めておくと良いかもしれない。個人は往々にして合理性よりも簡便（ヒューリスティック）な思考を好むものである。消費，就労，貯蓄にしても一旦生活習慣として定着すれば容易には変わらない。

ヒューリスティックは日々様々な意思決定をしなければならない人間の「知恵」ともいえる。しかし，弊害がないわけではない。第1に当初の生活習慣が長い目でみて彼にとって望ましいとは限らない。塩分過多など健康に害のある消費習慣であれば，本来見直した方が良いだろうし，収入や貯蓄の当初の目安も元々低すぎるかもしれない。多数派の選択・口コミ情報がそも

そも正しい保証もない。合理的な意思決定であれば,「最適解」に近づけるべく誤りは適宜修正される。他方,ヒューリスティックな思考は,この修正に欠き,本来好ましくない現状が継続する現状維持バイアスを助長しかねない。貯蓄や就労を促進すべく税制優遇といった「金銭的誘因付け」を施しても効果が出てこないとすれば,こうした現状維持バイアスが働いているためかもしれない。

■ フレーム効果

個人の意思決定がヒューリスティックなとき,その決定は問題設定の表現方法(フレーム)に左右されやすい。例えば,「コップの水が半分しかない」と「コップの水はまだ半分ある」は結局,同じこと指しているが前者の方がネガティブ,後者の方がポジティブな表現になっている。一般にポジティブな方が好意的に受け取られるだろう。生存確率が60％の治療と死亡確率40％の治療も同じであるにも関わらず,こうした治療の是非を訊いた実験では参加者は質問形式が前者のとき多く賛成する傾向が観察される。

消費税にして低い税率(＝8％)を標準税率として飲食料品以外に対して税率(＝2％)を上乗せすると,高い税率(＝10％)を標準として飲食料品に軽減税率(＝8％)を適用するのも等価であるが,明らかに後者の方が政治的には通りやすい(実際,そのように合意された)。

消費税に限らず,所得税・法人税でも本則の税率を高く設定して特定の経済分野(中小企業など)や活動(研究開発等)への課税を軽減するケースが多い。所得税の配偶者控除(現行38万円の所得控除)にしても,同額を全ての納税者を対象にした基礎控除(現行38万円)に上乗せ(控除額＝76万円)した上で,配偶者のいない(及び配偶者はいても所得の高い)納税者に対する基礎控除を半減させても結果に変わりはない。しかし,これは「独身税」といった批判を集めるに違いない。たとえ支払う税額は同じでも減税というフレーム＝表現方法は好まれ,加算税という表現方法は反感を買いやすい。表現方法を変えるだけで人々の印象が変わるとすれば,(良くも悪くも)これを使って彼らの意思決定に影響することも可能になろう。

■ 「プロスペクト理論」

リスクに対する人々の行動原理を説明するモデルとしてプロスペクト理論が知られている（図15-1）。この理論では通常の（危険回避的な）効用関数に代えて、価値関数が用いられる。

価値関数は参照値と呼ばれる状態（現在の所得・消費など）を起点に、そこからの乖離（増減）によって評価される。ここで「価値」は参照値からの相対値に等しい。効用関数のような絶対評価ではなく、参照値が変わるたびに価値も変化する。

この価値関数によれば人々は利得よりも損失を重視する損失回避性を持つ。この損失回避性の性格により、価値関数は参照値で屈折することになる。つまり、1万円の利益からの価値の増加よりも、同額の損失によって価値は大きく低下する。つまり、利得については（効用関数同様）限界便益が逓減する。他方、参照値からの小さな損失による価値の低下は大きいが、損失が大きくなるにつれ、限界的な価値の低下が小さくなる。参照値を境に価値関数は利得の範囲で凹関数、損失の範囲で凸関数の形状を持つのである。これは、結果だけいえば、人々が利得に対して危険回避的、損失に対して危険愛好的

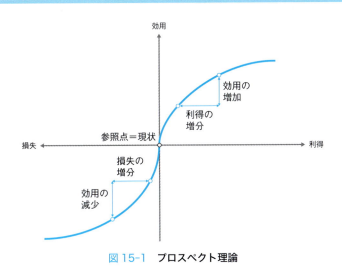

図15-1　プロスペクト理論

に振舞うことを意味する[1]。例えば，株で儲ければ早めに売却して利益を確定する（株価が下落するリスクを回避する）一方，保有する株の価格が下がって，損失（「含み損」という）を抱えているとき，株価が回復する可能性に賭けて，株を保有し続ける（損失を確定しない）ことになる。

プロスペクト理論に関連した研究として主観的確率がある。個人の認識するリスクの発生確率と客観的（真の）確率は一致しない。一般に人々は低頻度・高損害のリスクを客観水準よりも高く評価する（逆に高頻度・低損害のリスクは主観的には低く評価される）ことが知られている。

例えば，インフルエンザに罹るリスクは高くても，「自分は大丈夫」（感染リスクは低いと評価して）予防接種を怠るかもしれない。他方，本来，自動車よりも安全なはずの飛行機については事故の可能性を心配しがちになったりする。

この主観的確率はリスク情報の影響を被る。例えば，事故のニュースや経験が主観確率を高めたりする。海外などで起きた飛行機事故などは（その航空会社を使うわけでもない）自分のリスクとは何ら関係ない（統計的にいえば2つのリスク（事象）は互いに独立している）。しかし，個人はニュースによって飛行機を使った旅行をためらうかもしれない。

他方，こうしたリスクの主観的確率は客観的確率より高くても，感応度は低くなりがちだ。震災のリスクは地震の発生確率のほか，住宅の耐震性など減災投資の程度にも依存する（災害の発生リスクと被災リスクは必ずしも一致しない）。ただし，もともと高い「被災」確率を認知する個人は，減殺の「限界」効果を低く評価する（減殺投資を行っても被災を避けることはできないと考える）かもしれない。このことは，大災害の危険を客観的確率よりも高く評価しているにも関わらず，耐震化を怠る理由となる。

■ 保有効果

ある財貨を購入するために個人が進んで支払っても良いと考える価格＝金

---

[1] ミクロ経済学では個人の限界効用は一貫して逓減するものと仮定される。このことは個人が危険回避的なことを意味する。だからこそ，リスク＝危険を避けるように個人は保険などを購入する誘因を持つのである。

額が WTP（Willingness To Pay），保有している財貨を進んで売っても良いと考える価格が WTA（Willingness To Accept）である。WTP は買い手が当該財貨を購入することで諦める他の財貨からの便益を，WTA は売り手が保有し続けることで（現金収入がなく）購入できない他の財貨の便益に各々等しい。

個人が合理的で取引市場が円滑に機能する（同じ財貨であれば同一価格で取引される一物一価が成立する）ならば，買う機会コストも売る機会コストも同じ価値を持つはずだ。しかし，実験ではマグカップを参加者に配り，彼らの WTA＝マグカップにおく価値を訊いたときの平均金額と同じマグカップを持たない他の参加者の WTP を比較すると前者の方が高くなることが知られている。

これは買い手と保有者＝売り手の間でマグカップへの選好等の違いに帰すことはできない（実験ではマグカップはランダムに割り当てられている）。保有は当該財貨に対する「執着心」を個人に与えるようだ。これを行動経済学では保有効果という。前述の「プロスペクト理論」に即すれば，人々は（現在保有していることを参照点＝基準に）マグカップを売ることによる利得よりも，それを失う損失の方が効用（評価）に与える影響が大きいと考える。たとえ空き地・空き家，耕作放棄地であっても，保有効果から所有者が売り惜しみする（客観的な評価額よりも高い対価を要求する）ならば，これら不動産の利活用が進まないことになろう。

15.3　行動経済学の応用

■ 時間への選好

夏休みの宿題であれ，ダイエットであれ，「明日から始めよう」が決まり文句になりやすい。実際，明日が来れば，また「明日から始めよう」という決意が続く。厄介なことを先送りするのは，結果的に将来の効用を下げてまでも現在の効用を重んじるからであり，これは将来の利得を割り引いて評価しているからに他ならない。時間選好率といって将来の効用を割り引くことは合理的な意思決定にも当てはまる（個人の生涯効用は生涯に渡る効用を割り

引いて，現在価値化して与えられる）。問題になるのは直近の将来ほど高く割り引かれる傾向にあることだ。

　例えば今からちょうど1年後に1万円貰えるのと1年と1日後に1万1千円貰えるという選択肢があたったとき，多くの個人は1日待てば千円増という高い収益率（10％！）の魅力から後者を選ぶだろう。しかし，今日の1万円と明日の1万1千円の間での選択であれば，前者を好む者が多くなる。同じ1日あたり10％の収益率でも現在と1年後では評価が異なるのは1日あたりの割引率が違う（現在の方が高い）ことを示唆する。これは双曲型割引率として知られる。直近を大きく割り引く傾向は人々が難しい決定を先送りしやすい，「近視眼的」に振る舞いやすいということだ。禁煙・禁酒を含む生活習慣の改善もその類になろう。

　加えて個人は「衝動」に走りやすくもある。明日の仕事に備えて早く寝れば良いものを明日の寝不足による不快を低く評価して（割り引いて）テレビやゲームで夜更かしする衝動に駆られたりするのである。

　こうした双曲型の割引率は本人にとっても好ましいものではない。仮に明日からの禁煙・禁酒を決断したとして，一旦明日になれば，喫煙・飲酒からの今日の効用＝満足を優先して，先送りを続けることになる。ここでは事前＝今日の選択（喫煙・禁煙）と事後＝明日の選択が一致していないという意味で時間不整合が生じている。生活の不摂生は長い目でみれば，個人にとって不利益だ。このとき，（ダイエットであれ，禁煙であれ）「初志貫徹」をすべく個人はあえて自身の日々の選択を制限しようとするかもしれない。例えば，老後に備えた貯蓄にしても，「明日から」という選択の繰り返しで老後の生活が困難になることが予想されるとしよう。個人は貯蓄を（先送りの衝動に耐えられない）自身の裁量ではなく強制貯蓄を含め第三者の判断に委ねることに合意するだろう。これは資産形成のためのコミットメント装置になる（第11講）。

■ お金への認識

　経済学では「所詮お金に色はない」ことを学ぶ。仮に大学の講義のテキスト代に使うようにと親から1万円仕送りをされて，そのお金をテキスト代に

する一方，本来テキスト代に充てるはずだったバイト代をコンパに使うとすれば，購入する教科書の数が特段増えるわけでもない。よって使い道を無条件に1万円を貰うのと効果に変わりはない。同様に子どもの保育料に使途を限った給付金にしても，両親はそれを保育料に充てる代わりに自分たちが充てていたお金を他の生活費に回すかもしれない。お金はテキスト代とコンパ代，保育料と他の生活費の間を完全代替することになる。

しかし，実際のところはどうだろうか？　良く知られた実験で①予め購入した劇場チケット（例えば値段は5千円）を途中で落としたとき，窓口で改めて同じ値段のチケットを購入するかという設問と②当日チケットを買うつもりで出かけたが途中で5千円を落としたとき，それでもチケットを購入するかという設問が与えられたとき，参加者の多くが前者ではチケットを買わない（観劇するのを諦める），後者ではチケットを買うと回答している。チケットであれ現金であれ5千円相当を失ったことに変わりはない。無くしたのがいずれであれ，鑑賞するには5千円のお金が必要なことに違いはない（無論，鑑賞しなければ5千円のお金の支払いはない）。お金に色がない限り，本来選択はどちらの設問でも同じでなければならない。

行動経済学ではメンタル会計といって個人は遊興費や衣食住費，教育費など使途に応じた帳簿を心の中に作って管理していると考える。この帳簿ごとにお金は分類される。劇場チケットを購入した時点で遊興費＝5千円という帳簿が開設される。無くしたチケットを改めて購入すると帳簿上，追加で5千円の支出が生じたことになり，（観劇の価値が5千円なのに対して）予算オーバーにあたる。他方，チケットを購入していなければ，帳簿は開かれていないので，追加の支出への抵抗感は少ない。

ここで無くした5千円は回収できないという意味で「サンクコスト」である。経済学ではサンクコストは合理的な個人の意思決定に影響しない（影響するのは選択から「新たに」生じる利益とコストである）。しかし，個人がメンタル会計で（予算全体ではなく）使途ごとの収支を合わせようしているならば，サンクコストであっても帳簿に残る費用である以上，個人の意思決定を左右する。

不採算の続く事業であれ，負けの込んだギャンブラーにしても，これらを

メンタル会計として持っているならば，過去の支出をサンクコストとして諦めるのではなく，これを取り戻す（＝収支を均衡させる）よう同じメンタル会計の不採算事業，ギャンブルを続けることで当該事業の収支・ギャンブルの収支を合わせようとするだろう。不採算事業以外の事業の収益やギャンブル以外の生活費の切り詰めなど埋め合わせれば良いにも関わらずだ。無論，このことは彼らにとって状況はさらに悪化しかねない。

15.4　ナッジ＝行動経済学の実践

■ リバタリアン・パターナリズム

　資産形成や生活習慣等にかかる個人の選択が不合理とすれば，これは新たな「市場の失敗」にあたる。外部性同様，これを矯正するための政府の介入が必要になるかもしれない。ただし，合理的な意思決定をする個人もいること，本来，個人の選択は（「自己責任」という観点からも）尊重されるべきであろうことを勘案すれば，「強制」や「禁止」といった形をとることは必ずしも望ましくない。特に個人主義（リベラリズム）を尊重する社会では，政府による（その人のためと称して逐一行動を指示するような）温情主義（パターナリズム）的な政策は好まれないだろう。

　合理的な選択は妨げず，個人のエラー（誤った意思決定）を矯正する，かつ，それを個人が率先して選択するよう促す政策手法が以下で説明するナッジ（誘導）である。行動経済学では個人主義の枠内で温情主義的な政策を志向するという意味でリバタリアン・パターナリズムと称される。ナッジの特徴は不合理な個人の選択がヒューリスティック（簡便法）なことを逆手にとり，現状＝デフォルトの操作や表現方法に工夫を施すことによる効果を重視しており，（合理的な個人の選択を誘導するときに必須な）金銭的な誘因付けを必ずしも要さないことにある。また，ナッジの効果検証にあたっては**第14講**で紹介した「ランダム化比較実験」（RCT）が積極的に活用されている。「証拠に基づいた政策形成」（EBPM）の一環でもある。

■ デフォルトの活用

　意思決定がヒューリスティックな個人は生活習慣等の「現状」の変更を忌避する傾向にあった。老後に備えた貯蓄であれ，面倒な「最適化」の計算は避ける結果として，現行の（最適水準に比して）過少な貯蓄習慣が続いてしまう。個人年金や企業年金など貯蓄の機会があっても，申請書類の作成など現状を変える僅かな（一過的な）手間を嫌がり，あえて利用しない。あるいは双曲的な割引率によって申請を「先送り」する誘因が働きやすい。

　米国の企業年金 401k（退職後に引き出しが認められた確定拠出年金）ではこの問題をデフォルトの変更によって劇的に改善したことで知られる。従来，企業年金は従業員が書類の同意欄にチェックした上で給与の一定割合を年金に拠出（＝貯蓄）していた。当然，同意がなければ拠出が行われない。こうした企業年金は税制上の優遇措置（＝金銭的誘因付け）があるにも関わらず，なかなか普及してこなかった。普及促進のため，401k はデフォルトを「原則加入」に切り替えた。つまり，個人は特段，不同意の意思を表明しない限り，企業年金に加入することになる。個人には未加入の選択が認められているという意味で，これは強制ではない。また，合理的な個人であれば原則＝未加入（同意の上，加入）であれ，原則＝加入であれ，その意思決定が影響されることはない。最適解の追求は現状＝原則がどこかによらないからだ。しかし，行動経済学が予見する通り，デフォルトの変更は 401k への加入率を著しく高めた。個人の選択は「原則」に影響されることが実証されたのである。

　この 401k ではもう一つの工夫が施されている。給与からの拠出率を昇給といった機会に応じて将来，段階的に引き上げるようにしたのである。加入時点での拠出率があまり高いと近視眼的（割引率が双曲的）な個人は加入に躊躇するだろう。拠出率は現在ではなく将来高くなるのであれば，原則加入に従いやすい。401k はこうした個人の貯蓄へのコミットメント装置としての役割を果たす。

　デフォルトの活用は企業年金に留まらない。欧州諸国では臓器の提供にも活用されてきた。死亡時に自身の臓器を他の人に提供するにあたっては予め本人の意思表明あるいは家族からの同意が必要になる。運転免許の更新時等

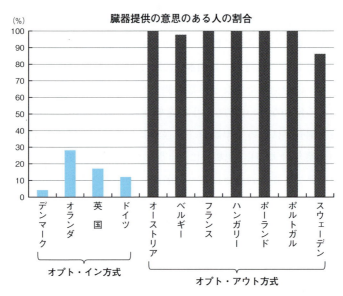

（出所） Johnson, Eric and Daniel Goldstein（2003）"Do defaults save lives?", *Science*, 302（5649）, pp.1338-1339.

図15-2　デフォルトの力

に臓器提供の意思を確認する，あるいは運転免許証の裏面に「私は臓器提供に合意します」といった項目を設け，そこにチェックがあるか否かで同意を確認するのである（オプト・イン方式）。臓器の提供なしが原則＝デフォルトで同意があって初めてこれを変えられる。他方，欧州諸国の中にはオーストリアをはじめ臓器提供を原則とする国がある（オプト・アウト方式）。金銭的な誘因付けが伴わないにも関わらず，臓器の提供表明の比率はこうした国々の方が圧倒的に高い（図15-2）。ここでもデフォルトの設定が個人の選択に大きく影響している。

■ フレーム効果

　表現方法を工夫するだけでも個人の選択が変わることがある。その事例の一つが英国で行われた税金の滞納者に対する督促状のランダム化比較実験で

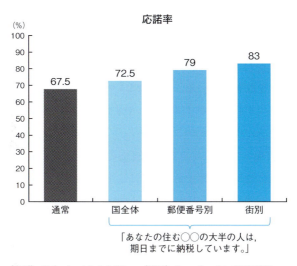

(出所) Behavioral Insight Team (2011), Annual update 2010-2011, Cabinet Office London.

図 15-3　納税のフレーム効果

ある。滞納者とは納税額が確定しているにも関わらず、期日までに税金を納めていない者を指す。どの国でも税金の滞納者に対してはいきなり財産の差し押さえなど強硬的な手段を講じることはない。滞納者にも手元現金の不足などやむを得ない事情があるかもしれない。そもそも、強硬的手段は政治的に好まれない傾向もある（滞納者とはいえ有権者であることに変わりはない）。できれば穏便に納税を促したいところだ。

　そこで英国の税務当局は4種類の督促状を用意してフレーム＝表現方法の効果について検証した（図 15-3）。1つ目は速やかな納税を求める通常の督促状だ。2つ目は英国では大半の納税者が期日までに納税している旨を付す。納税が社会規範であることを指摘したものである。公共財供給実験（**第3講**）が明らかにした通り、個人は一定の規範に即した行動をとるかもしれない。最後の2種類は同様の規範に訴えるものだが、英国全体に代えて郵便番号あるいは街別に納税者の居住地域を特定して、当該地域内では大半の納税

15.4　ナッジ＝行動経済学の実践　279

者が納税していると表現した。税の滞納者をランダムに分け，各々の集団に異なる表現の督促状を送った。結果，納税を規範とする記載を付した督促状を受け取ったグループの滞納税の回収率は通常の督促状を受け取ったグループよりも高くなった。特に，(郵便番号別・街別の) 居住地域内での納税規範の強調が回収率を改善している。国全体という一般論よりも，自分の住んでいる地域内で納税規範の方がイメージしやすいこと，自分だけが逸脱していることへの罪悪感が生じやすいことがあろう。

このように表現＝フレームの工夫は督促の手間とコストは変えないまま，個人の納税行動に効果を発揮する。ただし，同様のランダム化比較実験で効果が確認できない国もある。国によっては納税規範ではなく滞納による罰則という「脅し」の文言を督促状に加えた方が効果的という。同じフレームがどの国でも同じ効果をもたらすわけではないことに留意が必要だ。

■ 第3の選択肢の影響

個人が合理的であれば，選択肢 A と B のいずれを嗜好するかは第三の選択肢 C の存在によって左右されない。あくまで両者の間での比較によるというのがポイントだ。これを独立性という。例えば，イタリアンと中華の間では中華の方が好きな個人がいたとして，選択肢に和食が加わったとして，中華とイタリアンとの間での好みに変わりはないはずだ。

実際のところ，新たな選択肢は個人の選好に影響するかもしれない。筆者は公的地震保険制度の加入意思についてインターネットでアンケート調査を実施したことがある (佐藤・齊藤, 2010)[2]。公的地震保険とは地震等の災害時に自宅が被害を被ったときに保険金が支払われる制度で民間の損害保険会社が火災保険に付帯する形で販売するが，「再保険」(保険の保険) という形で政府がバックアップする制度である。なお，地震保険だけを購入することはできない。この制度自体は「非営利」であり地震保険料は純粋に地震の発生確率や耐震構造等家屋の属性を反映するように定まる。その意味で「保険数理的に公平」だ。しかし，保険料が高いことから長らく加入率が向上しな

---

[2] 佐藤主光・齊藤誠「地震保険加入行動におけるコンテクスト効果について」一橋大学経済学研究科 Discussion Paper, No.2010-12, 2010 年。

かった（ただし，調査を実施したのが東日本大震災（2011年）前だったこともある）。

アンケート調査では被験者に対し，最初に（彼らの住んでいる地域や住宅の構造に応じて仮想敵に設定された）火災保険料と公的地震保険料を提示して，火災保険・地震保険への加入意思を訊いている。例えば，東京都で昭和56年以降に建てられた木造住宅であれば，火災保険料は保険金2,000万円あたり2万円，地震保険料は1,000万円あたり28,200円となる。回答者の38％は火災保険のみに加入すると回答した。次に公的な再保険のない純粋な民間地震保険料を加え，火災保険のみ加入，火災保険と公的地震保険に加入，さらに民間地震保険を合わせて加入を選択肢として提示した。先と同じ条件の住宅であれば，民間地震保険料は約5万円（保険金1千万円あたり）に等しい。

結果，当初の火災保険のみ加入と回答した個人の2割が公的地震保険への加入に選択を変えた。第三の選択肢＝民間地震保険料が公的地震保険への選好に影響したことになる。その理由としては最初の質問で被験者は簡便（＝ヒューリスティック）に本来リスクの異なる火災と地震の保険料に比べて公的地震保険料が割高なことから加入を回避していたことが挙げられる。一方，民間地震保険料と比べると公的地震保険料が「割安」という情報が伝わり選択を変更したのかもしれない。

15.5　本講のまとめ

　行動経済学は合理的経済人を「仮定」してきた従前の経済学に一石を投じて注目を集めてきた。実験・実証研究でもって裏付けられたその理論には説得力がある。

　ただし，合理的経済人によるこれまでの経済学のアプローチが無用というわけではない。実際，個人・企業の選択には一定の合理性が見出されることもある。彼らの税や補助金への反応（就労・投資など）は概ね伝統的経済学が予想した通りになることが多い。人々は時や状況に応じて合理的あるいは

不合理に振る舞う，もしくは集団の中に合理的個人（＝最適化行動をする）と不合理な個人（＝ヒューリスティックな選択をする）が混在しているのかもしれない。

このため前者の行動を歪めることなく，後者の行動を矯正する（合理的な選択に近づける）工夫が求められよう。デフォルトやフレーム効果を駆使したナッジはその実例である。ナッジは新たな政策の処方性の可能性を示唆している[3]。

■ Active Learning

《理解度チェック》……………………………………………………………

- □1　行動経済学でいうヒューリスティックな意思決定（選択）とは何か，説明せよ。
- □2　「フレーム効果」について説明せよ。
- □3　プロスペクト理論とは何か？ 利益，損失に対する個人の反応の違いの言及しつつ，説明せよ。
- □4　なぜ人々は近視眼的に振る舞うことがあるのか？「双曲型割引率」をキーワードに説明せよ。
- □5　「メンタル会計」について例を挙げて説明せよ。
- □6　リバタリアン・パターナリズムとは何か？ その特徴について述べよ。
- □7　ナッジに基づく政策としてデフォルトの活用がある。例を取り上げつつ，その効果について説明せよ。

《調べてみよう》……………………………………………………………

英国では政府が「行動経済学チーム（Behavioral Insights Team）」を立ち上げ，健康増進や徴税などの政策分野に行動経済学の知見を積極的に活用してきた。この行動経済学チームの実績について調べてみよう。

---

[3] 行動経済学の更なる学習には『セイラー教授の行動経済学入門』（リチャード・セイラー，篠原勝（訳），ダイヤモンド社，2007年），『行動経済学入門』（筒井義郎・佐々木俊一郎・山根承子・グレッグ・マルデワ，東洋経済新報社，2017年）などがある

《Discussion》
　経済学は個人の「合理性」を前提にしてきた。他方，行動経済学はこの前提に疑問を呈している。個人の行動パターンは医療，税を含む政策のデザインにも大きく影響する。仮に個人の合理性が限定的として，公共政策の在り方はどのように変わるのだろうか？　結果，政府の介入が過ぎるリスクを合わせて議論せよ。

文献紹介

- リチャード・セイラー『セイラー教授の行動経済学入門』篠原勝（訳），ダイヤモンド社　2007 年
- 筒井義郎・佐々木俊一郎・山根承子・グレッグ・マルデワ『行動経済学入門』東洋経済新報社，2017 年

索　引

あ　行

悪循環　14
足による投票　49, 50
新しい公共経営　217

異時点間消費選択　105, 240, 269
医師誘発需要　85
一物一価　273
一括還付　102
一括税　100, 138
逸失利益　3, 127, 134, 149
一般医　84
一般均衡分析　111
移転価格税制　127

エージェンシー問題　59, 67
エビデンス（証拠）に基づく政策形成　246

応益原則　6, 97
応能原則　6, 97, 138, 154, 155
大き過ぎて潰せない　202
大きな政府　16, 66, 72
オークション　183, 187
恩返し　54
温情主義　276

か　行

外国債　234
外部経済　21
外部効果　49, 179
外部性　10, 20
外部費用　21, 25, 31, 48

外部不経済　14
外部便益　21, 34
開放経済　121
価格弾力性　83, 113
価格メカニズム　7
貸し渋り　80
過剰需要　83
可処分権　32
課税の平準化　239
寡占　10
価値関数　271
家庭医　84
貨幣供給量　230
神の見えざる手　7, 46
ガラパゴス化　28
環境税　30
頑健性テスト　216
間接税　95, 166
間接民主主義　61

機会コスト　3, 127
技術効率性　210
技術的外部性　26
規範分析　3
規模の経済　49
逆進的　164
逆選抜　75, 222
逆弾力性命題　142
キャップ・アンド・トレード　36
キャピタルゲイン　87, 122, 142
競合性　11
協調の失敗　46
共有財源　70
共有地の悲劇　29, 35

285

金銭的外部性　26

クラーク・メカニズム　178
クラウディングアウト効果　239
クラブ財　50
クロス・セクション分析　255
クロヨン問題　87, 157

経済安定化機能　12, 97, 229, 238
契約の失敗　222
ケインズ経済学　227
ケインズ政策　15
限界費用　7, 21, 43, 136, 214
限界便益　7, 21, 42, 83, 136
現金給付　88
現状維持バイアス　270
源泉地主義　125
源泉徴収　95
現物給付　88

公共財　11, 13, 39, 176
公共財供給実験　53
公共施設等運営権　221
公共選択論　60
厚生経済学の第2基本定理　153
合成の誤謬　82
構造の財政収支　233
公的供給　46, 216
公的生産　216
行動経済学　268
公平　4, 97
効率　4
効率的市場仮説　266
コースの定理　33
国家公共財　48
コミットメント（時間整合性）問題　192, 223
コミットメント装置　274
混雑現象　47

さ 行

サービス購入型　220

最小二乗法　253
最適課税　137
差分の差分分析　257
サマリア人のジレンマ　197
サムエルソン条件　43, 176
参加制約　181
サンプル・バイアス　258
三面等価　228

仕入れ税額控除　148
死荷重　135
時間整合性問題　194
時間選好率　273
シグナリング　88
時系列　261
資源配分機能　12
自己選抜　158
事後的救済　201
事後的モラルハザード　83
資産課税　94
市場化テスト　217
市場の失敗　3, 7, 21, 42, 96, 153, 215, 228, 276
次善　11, 139, 158, 175, 197
実効税率　121, 161
執行可能　159
実証（事実解明的）分析　3
質調整生存年　213
私的費用　20
私的便益　21
自動安定化装置　96
支配戦略　175, 179
慈悲深い専制君主　60
資本化　122
社会厚生関数　6, 97, 154
社会資本　15
社会的費用　21
社会的便益　21
社会的余剰　5, 22
重回帰（多変量）分析　252
囚人のジレンマ　45, 195, 238
収入同値定理　186

十分統計量　162
従量税　30
主観的確率　272
循環的財政収支　233
準公共財　41, 47
純粋公共財　41
勝者の呪い　187
乗数効果　229
消費者主権　10, 57
情報の非対称性　50, 55, 68, 74, 146, 173
所得課税　94
所得効果　99
所得再分配機能　12, 153
所有権　29
シルバー民主主義　63
新古典派経済学　228
人的資本　152
信用割当　80
診療報酬制度　85

推移性　65
スクリーニング　86, 157

生産可能性フロンティア　146
生産効率　211
生産効率性命題　144
正常財　100
正常利潤　147
成長会計　231
税等価　107
セイフティーネット　13, 229
セカンドベスト　11, 139, 158, 175, 197
世代間格差　64
世代間再分配　63
競り上げ方式　184
競り下げ方式　184
ゼロサム・ゲーム　71
選好顕示メカニズム　50
全体最適　138
戦略型ゲーム　195

双曲型割引率　274

操作変数　261
相対価格　99
ソフトな予算制約　201
損失回避性　271

た　行

第一価格オークション　184
代議員制　61, 66
大数の法則　76
耐戦略性　174
代替効果　99
第二価格オークション　184
ダウンズ・モデル　67
多数決投票　61
只乗り　11, 40, 78, 99, 176, 237
単位根　262
単位根検定　262
単峰型　64

小さな政府　16, 60
地方公共財　48, 69
中位投票者　62
　——定理　63
超過収益利潤　169
超過負担　135
徴税費用　97
直接顕示原理　174
直接顕示メカニズム　174
直接税　95
直接民主主義　61

積立年金　205

定額税　138
定常状態　121
出来高払い　85
デフォルト　234
展開型ゲーム　195

投票のパラドックス　65
ドーマー条件　236
特定目的会社　219

独立採算型　220
トリガー戦略　54
取引費用　33

な 行

内国債　234
内生性バイアス　257, 261
ナッジ　268, 276
ナッシュ均衡　129
ナッシュ戦略　175

二元的所得税　143
二重の配当　31
ニスカネン・モデル　67

ネットワーク外部性　27

納税費用　97

は 行

ハーベイ・ロードの前提　12
排出量取引　35
排除可能性　11
排除不可能性　39
ハウスマン検定　263
派生的所得　167
パネル分析　256
パレート改善　31, 33, 44
パレート効率性　5
バローの中立命題　240

ピークロード・プライシング　48
非競合性　39
非協調ゲーム　44
ピグー税　30
ヒューリスティック　268
費用対効果　211
　──分析　213
費用対便益　211
評判効果　205
費用便益分析　215
ビルトインスタビライザー　96

プーリング均衡　87
複峰型　65
物価連動債　206
物品税　99
負の所得税　161
部分均衡分析　22, 111
部分最適化　137
フレーム効果　270
不連続回帰（RD）デザイン　259
プロスペクト理論　271
分離均衡　87

閉鎖経済　121
ベイジアン戦略　175, 185
ヘリコプター・マネー　243
ベンサム（功利主義）型　156

包括的所得税　143
法人擬制説　119
法人実存説　119
法人税　144
包絡分析法　212
保険数理的に公平　77
保有効果　273
本源的所得　167

ま 行

マネタリーベース　230
マネタリスト　228

見える化　250
民間委託　210
民間提案制度　220

無知のベール　156

メカニズム・デザイン　174
メリット財　13
メンタル会計　275

モラルハザード　52, 80, 180, 197, 204, 222

や 行

ヤードスティック競争　250

誘因効果　2, 98
有効需要管理政策　229

予算のソフト化　223

ら 行

ラムゼー・ルール　142, 164
ランダム化比較実験　258

利益誘導政治　69
リカード型財政政策　241
リカードの中立命題　240
リバイアサン　60
リバタリアン・パターナリズム　276
隣人効果　28

累進所得税　6, 96

レセプトデータ　253
劣等財　100
レモン市場　74
レント・シーキング　70, 164

ロールズ型　156

わ 行

ワルラス法則　146

数字・欧字

401k　277

Atkinson=Stiglitz 命題　165
BEPS　126
DEA　212
DID 分析　257
EBPM　4, 246
FTPL　241
GP　84
PDCA サイクル　247
PFI　13, 210
PPP　210
QALY　213
RCT　258
VCG　188
VFM　213
WTA　273
WTP　273

著者紹介

佐藤　主光（さとう　もとひろ）

1969 年　秋田県生まれ
1992 年　一橋大学経済学部卒業
1998 年　クイーンズ大学（カナダ）経済学部 Ph.D. 取得
1999 年　一橋大学大学院経済学研究科専任講師
2002 年　一橋大学大学院経済学研究科助教授
2007 年　一橋大学大学院経済学研究科准教授
現　在　一橋大学大学院経済学研究科／国際・公共政策研究部教授
　　　　政府税制調査会委員，財務省財政制度等審議会委員，
　　　　内閣府経済財政一体改革推進委員会専門委員などを歴任

主要著書・論文

「ソフトな予算制約と税源委譲の経済効果」（井堀利宏，岡田　章，伴　金美，福田慎一編『現代経済学の潮流 2001』第 4 章，71-109 頁，東洋経済新報社，2001 年）

『地方交付税の経済学——理論・実証に基づく改革』（赤井伸郎・山下耕治との共著，有斐閣，2003 年）第 47 回日経・経済図書文化賞，NIRA 大来政策研究賞，租税資料館賞受賞

『地方財政論入門』（新世社，2009 年）

『財政学』（放送大学教育振興会，2010 年）

『地方税改革の経済学』（日本経済新聞出版社，2011 年）第 52 回エコノミスト賞受賞

『税と社会保障でニッポンをどう再生するか』（森信茂樹・梅澤高明・土居丈朗との共編著，日本実業出版社，2016 年）

"The political economy of interregional grants", Robin Boadway & Anwar Shah eds., *Intergovernmental Fiscal Transfers: Principles and Practices*, The World Bank, 2007.

"Too big or too small? A synthetic view of the commitment problem of interregional transfers", (with Nobuo Akai) *Journal of Urban Economics*, Vol.64, Issue 3, November 2008, pp.551-559.

ライブラリ 経済学15講［APPLIED編］1

公共経済学15講

2017 年12月25日 ⓒ　　　　初 版 発 行
2024 年 9 月10日　　　　　初版第 4 刷発行

著　者　佐藤主光　　　　発行者　森平敏孝
　　　　　　　　　　　　印刷者　篠倉奈緒美
　　　　　　　　　　　　製本者　小西惠介

【発行】　　　　　　　株式会社　新世社
〒151-0051　東京都渋谷区千駄ヶ谷1丁目3番25号
編集 ☎(03)5474-8818(代)　　サイエンスビル

【発売】　　　　　　　株式会社　サイエンス社
〒151-0051　東京都渋谷区千駄ヶ谷1丁目3番25号
営業 ☎(03)5474-8500(代)　　振替 00170-7-2387
FAX ☎(03)5474-8900

印刷 ディグ　　　　　　製本 ブックアート
《検印省略》

本書の内容を無断で複写複製することは，著作者および出版者
の権利を侵害することがありますので，その場合にはあらかじ
め小社あて許諾をお求め下さい．

サイエンス社・新世社のホームページのご案内
http://www.saiensu.co.jp
ご意見・ご要望は
shin@saiensu.co.jp　まで．

ISBN 978-4-88384-265-0

PRINTED IN JAPAN

グラフィック[経済学] 4

グラフィック
財 政 学

釣 雅雄・宮崎智視 著
A5判／320頁／本体2,600円（税抜き）

財政学をはじめて学ぶ人が，経済学に関する予備知識がなくても，無理なくその基礎を理解できるよう配慮した入門テキスト。実際の経済の状況や政策動向を踏まえた内容を扱うことで，現実の経済と財政の仕組み・政策の効果との関係を考えながら読み進めることができる。本文解説と豊富な図表・コラムが対応する見開き構成とし，直観的理解にも配慮した。2色刷。

【主要目次】
イントロダクション：政府の経済活動
Ⅰ 制度——日本の財政制度／租税制度／財政運営／地方財政
Ⅱ 理論——政府介入の基礎理論1：市場の失敗，外部性と費用逓減／政府介入の基礎理論2：公共財と公共選択／租税理論
Ⅲ 政策——日本財政の変化／所得再分配政策／マクロ経済政策／財政と金融

発行　新世社　　　発売　サイエンス社

経済学叢書 Introductory

財政学入門

西村幸浩 著
A5判／304頁／本体2,700円（税抜き）

わが国が直面している経済政策課題を，正しい知見と分析力で考察できるようトピックを厳選し，発展的議論，ケーススタディ，応用例などを豊富に掲載。また，数式とリンクさせたグラフを多用して直観的な説明を充実させ，その上で必要な限り経済モデルを明示的に用いた分析を紹介することで，理解の定着を目指した。さらに発展的学習のため，章末に練習問題も用意し，解説を充実させた。もう一度学び直したい方や，財政への経済学的アプローチに興味のある方にもおすすめの一冊。2色刷。

【主要目次】
経済における財政の役割／政府支出・減税の効果Ⅰ／政府支出・減税の効果Ⅱ／世代間資源配分の問題／社会資本と地方財政／マクロ経済学の新展開と財政政策のあり方／租税と社会保険料／租税の経済効果Ⅰ／租税の経済効果Ⅱ／所得税制／税制改革の視点

発行　新世社　　発売　サイエンス社

経済学叢書 Introductory

地方財政論入門

佐藤主光 著
A5判／368頁／本体2,800円（税抜き）

近年，日本では中央集権から地方分権に向けて改革が行われており，その中で地方財政のあり方も大きく変わりつつある。本書は，その現状・課題を経済学と財政論の視点から理解し，さらに解釈・評価することを試みるテキストである。初学者のために，難解な数式を極力避け，初級レベルのミクロ経済学の理論のみで理解できるよう配慮した。行政関係者にもおすすめの一冊である。

【主要目次】
地方財政入門／地方財政の機能／地方財政の理論／地方分権の経済的・政治的帰結／地方税と地方の財政責任／政府間財政移転の理論／わが国の政府間関係の実際と課題／地方分権改革に向けて

発行　新世社　　　発売　サイエンス社